고기의 인문학

고기의 인문학

미안하고 불안하지만 끊을 수 없는 고기의 매력이 만든 역사

초판 1쇄 발행 | 2019년 9월 30일
초판 2쇄 발행 | 2022년 4월 20일

지은이 | 정혜경

펴낸곳 | 도서출판 따비
펴낸이 | 박성경
편 집 | 신수진, 차소영
디자인 | 이수정
출판등록 | 2009년 5월 4일 제2010-000256호
주소 | 서울시 마포구 월드컵로28길 6(성산동, 3층)
전화 | 02-326-3897
팩스 | 02-337-3897
메일 | tabibooks@hotmail.com
인쇄·제본 | 영신사

ISBN 978-89-98439-72-9 03380
값 17,000원

이 도서의 국립중앙도서관 출판예정도서목록(CIP)은 서지정보유통지원시스템 홈페이지
(http://seoji.nl.go.kr)와 국가자료종합목록 구축시스템(http://kolis-net.nl.go.kr)에서
이용하실 수 있습니다. (CIP제어번호 : CIP2019037297)

2018년 대한민국 교육부와 한국연구재단의 지원을 받아
수행되었습니다(NRF-2016S1A3A2924243)

미안하고 불안하지만
끊을 수 없는
고기의 매력이 만든 역사

고기의 인문학

정혜경 지음

따비

왜 《고기의 인문학》을 쓰는가? 이를 두고 많이 고민했습니다. 저는 《밥의 인문학》과 《채소의 인문학》을 잇달아 썼습니다만, 고기에 관한 책을 쓸 것이라 생각해본 적은 없습니다. 개인적으로도 고기를 좋아하지 않았고, 고기를 먹는 것이 건강을 위해서도, 또 지구 환경 및 동물복지의 측면에서도 바람직한 선택은 아니라고 늘 생각했기 때문입니다. 그러나 생각해보면 인류는 고기를 수천 년 동안 먹어왔으며, 지금도 매우 즐기고 있습니다. 심지어 고기를 너무 사랑하는, 고기 밝힘 신드롬에서 자유롭지 않습니다. 인류가 생긴 이래 고기를 끊임없이 먹어왔다면 분명 이유가 있을 것이라는 생각을 떨치기 어려웠습니다.

음식문화를 공부하면 할수록 고기를 빼고 인류 음식사를 이야기하기 어렵다는 사실을 깨달아야 했습니다. 게다가 일찍이 마빈 해리스의 《음식문화의 수수께끼》에 나오는, 1981년 폴란드인들이 정육점 앞에서 몇 시간씩 긴 줄을 서서라도 고기 배급을 받았던 이야기에 대한 인류학적 설명은 큰 충격을 주었습니다. 최근 출판된 《고기를 끊지 못하는 사람들》에서도 인류가 고기에 그렇게 집착하는 이유를 수많은 문헌과 실험자료를 통해 밝혀놓았습니다. 반면, 마이클 폴란의 《잡식동물의 딜레마》는 옥수수 사료로 사육되는 공장식 축산 고기에 관한 새로운 관점을 선사했습니다. 물론 한국인도 고기를 무척 좋아한 민족입니다. 하지만 한국인이 고기를 먹어온 역사와 문화를 알려주는 책은 보이지 않았습니다.

저는 대학에서 서구의 현대 영양학을 공부하고 이후 대학에 자리를 잡고 영양학을 가르치고 있습니다. 하지만 우리 음식을 알아야겠다는 생각으로 30여 년 전 한식 조리부터 배우기 시작했습니다. 지금은 고인이 되신 강인희 선생님께 한식 조리를 배우기 위하여 거의 1년 동안을 매주 이천까지 다녔습니다. 많은 음식 중에서도 적어도 이틀 이상 걸려 고아내는 설렁탕에 크게 감동했던 기억을 지금도 잊을 수가 없습니다. 외식으로 많이 먹던 그저 그런 설렁탕이 아니었습니다. 또한, 족편足片과 전약煎藥이라는 쇠고기 음식도 저에게 강한 인상을 남겼습니다. '소의 족(발)으로 이렇게 아름다운 음식들을 만들어내다니!'라는 생각이 들었습니다. 고기 맛 자체에 집착하는, 소위 육식민족이라 할 수 있는 서구인은 감히 생각해낼 수 없는 고기 조리법이었습니다. 놀라웠습니다.

이후 우리 음식의 다양한 조리법을 공부할수록 고기를 이용한 다양한 음식에 빠져들어 헤어나기 어려웠습니다. 세계인이 즐기는 한식으로 비빔밥과 김치를 거론하지만, 역시 코리안 바비큐라고 부르는 불고기를 좋아하는 외국인이 더 많습니다. 무엇보다, 우리의 간장과 고추장을 활용한 양념치킨은 이미 외국인들에게 매력적인 고기 요리로 등극했습니다.

저는 이 책에서 오래전부터 우리 민족이 조리해온 다양한 고기 음식, 특히 지금은 상당 부분 사라졌다고 판단되는 고기 조리법의 역사와 문화를 소개하고 싶었습니다. 그리고 고기를 어떻게 조리하고 먹느냐에 따라 건강에 깊은 영향을 미친다는 점도 함께 알리고 싶었습니다. 그러니까 '고기를 피할 수 없다면 제대로 건강하게 즐기자'라는 것이 이 책을 쓰게 된 소박한 동기라고 할 수 있습니다. 그러나 이 책을 쓰는 동안 수렁에 빠진 듯한 느낌도 들었음을 고백합니다. 한민족의 고기에 대한 자료와 문헌 기록은 너무 방대했고, 이를 다 담아내기는 역부족이었기 때문입니다. 그래서 부족한 대로 제가 생각하고 고민한 우리 고기문화에 대한 내용들을 정리해서 내보내기로 합니다.

이 책은 다음과 같이 총 5부로 구성되었습니다. 1부에서는, '고기를 밝힌 한국인'이라는 주제로 우리 고기문화의 역사를 선사 시대로부터 현대에 이르기까지 정리하고, 특히 문학과 그림 속 우리 고기문화를 살펴보았습니다. 2부에서는 우리 민족이 즐겨 먹어온 상용 고기 이야기를 풀어보았는데, 현재 가장 많이 먹는 돼지고기, 끈질기게 사랑한 쇠고기, 닭고기를 비롯한 다양한 고기에 얽힌 이야기와 그에 투영된 우리의 정서를 살펴봤습니다. 3부에서는 제가 가장 소개하고 싶은 우리 민족의 다양한 고기 조리법을 고ㅂ조리서와 근대 조리서를 통하여 설명합니다. 건강하게 고기를 즐기는 우리 전통 조리법이 생각보다 다양한데 놀라실지도 모릅니다. 그리고 4부에서는 고기는 왜 맛있는가, 그리고 고기를 어떻게 하면 건강하게 먹을 것인가를 과학적으로 살펴보려 합니다. 그때그때 유행하는 건강 비결이 아닌, 과학적인 설명이 무엇보다 필요한 내용일 것입니다. 마지막으로, 아무래도 고기문화의 미래를 다루지 않을 수 없었습니다. 최근 지구 환경과 인류 건강을 해치는 주범으로 고기가 지목되는 상황에서, 어떤 방식으로 고기 문제를 풀어야 하는가에 대한 소박한 제 의견을 담았습니다.

《밥의 인문학》을 쓰면서 요리를 다시 시작하게 되었고 이는 제게 큰 기쁨을 주었습니다. 이후 《채소의 인문학》으로 저는 참 과분한 사랑을 받았습니다. 많은 분이 우리 나물문화를 다시 생각하고, 나물을 지구의 미래 대안 음식으로 받아들여주셨기 때문입니다. 그런데 생각해보니 이 두 책은 저 자신에게 익숙한 주제를 다루었을 뿐 아니라 독자들이 이해하기에도 쉽게 쓰였습니다. 그러나 《고기의 인문학》은 제게 너무 어려운 책이었습니다. 중간에 쓰기를 몇 번이나 그만두고 싶었습니다. 그런데도 이 책을 쓸 수밖에 없었던 이유는 고기가 이 시대에 가지는 의미가 너무나 크기 때문이었습니다. 우리가 그렇게 고기에 집착하고 좋아한다면 그 이유를 밝혀보고 싶었습니다. 무엇보다, 제가 늘 주장해온 한식의 건강함에는 당연히 고기문화도 포함되어야 한다는 생각과 우리 조상들이 고기를 즐긴 방식은 건강하다는 믿음이 있었기 때문입니다. 바로 이러한 것들을 독자들과 나누고 싶었기 때문에 이 책을 썼고, 두려운 마음을 안고 이제 세상에 내보냅니다. 그런데 쓰고 보니 어렵고 딱딱한 것 같습니다. 너무 힘이 많이 들어간 탓일까요? 쉽게 읽히지 않더라도 필요할 때마다 찾아서 꺼내 볼 수 있는 책이 되어준다면 더 바랄 것이 없겠습니다.

이 책의 출판에는 감사해야 할 분들이 정말 많습니다. 한식을 사랑하게 해준 故강인희 선생님, 역시 무엇보다 많은 자료를 남겨주신 존경하는 故이성우 선생님, 그리고 음식학계의 선학들께 깊이 감사드립니다. 《밥의 인문학》출간부터 지금까지 7년을 함께 먹거리에 대해 공부해온 한국연구재단의 SSK 먹거리 지속가능성 연구단의 전체 연구원들에게도 감사를 전합니다. 그리고 어려운 출판 현실에서도 변함없는 애정으로 세 번째 음식 인문학 책을 맡아준 도서출판 따비 식구들에게도 깊이 감사드립니다. 무엇보다 우리 고기문화를 즐기고 사랑하는, 이 땅을 살아왔고 살아가는 모든 분에게 감사를 전합니다.

2019년 9월
아름다운 호서동산에서 정혜경

| 차례 |

한국인에게
고기란 무엇인가

　백과사전적 정의에 의하면 고기는 소, 돼지, 양, 염소, 토끼 등의 수육獸肉과 닭, 오리, 꿩, 칠면조 등 조육鳥肉을 총칭한다. 그래서 전문적으로는 이를 합하여 '수조육류獸鳥肉類'라는 표현을 쓴다. 재밌게도, 우리 민족은 고기를 얼마나 사랑했는지 생선도 물고기라 불렀고, 해안이나 섬에서는 생선을 그냥 고기로 불렀다. 서구에서 고기와 생선을 meat와 fish로 명확하게 구분해 부른 것과는 대조적이다. 이 책에서는 다루는 고기는 물고기가 아닌, 수조육류에 한정한다.

　세계인이 즐기는 인류 공통의 음식은 고기인 것 같다. 서구의 음식문화를 고기 없이 설명하기 어렵다. 그렇다면 서구와 다른 아시아의 음식문화는 어떠한가? 아시아에서도 한국과 중국

그리고 일본은 비슷한 음식문화를 가졌다. 민족 간 문화 교류도 활발해 음식문화를 서로 주고받아왔다. 그런데 개화기 외국인들이 바라본 세 나라 백성들의 모습은 다소 달랐던 것으로 보인다. 이 시기에 한국에 들어온 외국인 선교사인 언더우드는 자신의 풍속기에서 매우 흥미로운 기록을 남겼다.[1] 세 나라를 다 여행해보니 한국인이 가장 체격이 컸다는 것이다. 55개의 다양한 민족으로 구성된 중국인보다, 그리고 섬나라라는 배경을 가진 일본인보다 우리 체격이 더 컸다. 많은 외국인은 우리를 대식大食 민족으로 보기도 했다. 일본인은 자신의 나라를 '순할 왜倭' 자를 쓴 왜국이라 했지만 우리는 오랫동안 '작을 왜矮' 자의 의미로 왜국이라 불렀다. 이 세 국가의 체격 차이는 아무래도 육식의 역사와 연관이 있을 것이다.

일본은 근대화의 기치를 내건 메이지유신에서 가장 중요한 목표를 국민 체격의 강화로 잡고 육식을 중요한 개혁 과제로 내걸었다. 그래서 메이지유신은 육식혁명으로 불린다. 일본의 정책 입안자는 서구와의 경쟁에서 체력이 무엇보다 중요하다고 보았다. 그래서 서구의 육식문화를 받아들여 일본음식화하는 전환점을 이루었다. 이것이 잘 알려진 돈가스의 탄생[2]을 가져왔고, 이 밖에도 함박스테이크, 샤브샤브와 스키야키 등 자신만의 방식으로 고기 요리를 즐기게 되었다.

한국은 삼국시대와 특히 불교국가의 길을 밟은 고려 이후 채식을 주로 하게 되었지만, 거슬러 올라가면 부족국가 시절 유목민족의 전통이 남아 있다고 보인다. 우리 음식 중에 맥족이 즐겨 먹은 맥적이 있으니, 아무래도 우리의 DNA 속에는 육식의 전통이 살아 있나 보다. 우리는 독특한 고기문화를 가진 민족으로, 오래전부터 다양한 고기를 먹어왔다. 예민하게 쇠고기를 분류하고 버리는 부위 없이 잘 조리해 먹었다. 우리 조상은 고기에 여러 가지 채소나 해산물 그리고 장醬을 활용해 서구와는 차별되는 다양한 고기 조리법을 만들어냈다.

그러나 이런 섬세한 우리만의 고기 조리법이 사라지고 있다. 서구식 스테이크가 가장 맛있는 고기 음식의 대명사로 불리고 있다. 우리는 고기를 고기 자체로 즐기는 조리법보다는 채소와 함께 맛을 배가시키는 음식문화를 가졌다. 우리 고기문화를 제대로 이해하는 것은 한국인의 정체성 찾기에서도 매우 중요하다. 고기문화는 한국인의 정체성을 잘 드러내는 메타포(은유)이기도 하다.

1부

고기를 밝힌
한국인

과거 우리나라 고기구이의 명성은 중국에까지 이름을 떨쳤다. 중국 동진東晋(317~419) 시대의 학자인 간보干寶가 지은 일종의 소설인 《수신기搜神記》에 흥미로운 구절이 나온다. "맥적貊炙은 이민족의 음식인데도 태시 이래 중국 사람들이 이를 즐긴다. 귀인이나 부유한 집의 잔치에 반드시 내놓고 있으니 이것은 그들이 이 땅을 침범할 징조다."[3]라는 것이다. 중국인들을 홀린 맥적은 우리 옛 조상의 고기구이로서, 맥적의 전통은 조선 시대 눈 오는 날 운치 있게 즐겼던 설하멱적雪下覓炙으로 이어진 것으로 보인다. 이 설하멱적이 너비아니를 거쳐 지금의 불고기로 발전했다고 보는 견해도 있다. 현재 불고기는 세계인이 가장 좋아하는 한국식 고기 요리의 대명사다. 이렇게 우리 고기 음식의 역사는 유구하다. 그러나 삼국시대 불교가 국교로 채택된 이래 고려 시대를 거치면서 채식의 전통이 만들어지고, 조선 시대에는 우금령을 반복하는 우여곡절을 겪었다.

우리는 예로부터 고기를 밝힌 민족이다. 이런 고기문화의 역사를 선사시대로부터 현대에 이르기까지 간략히 살펴보려 한다. 특히 쇠고기 맛에 빠져 있던 조선 시대를 살펴보고 이후 근대화의 길을 밟은 고기의 속사정까지 살펴볼 것이다. 마지막으로 조선 시대 풍속화에 등장한 고기의 풍경, 그리고 서민문화를 대변한 판소리소설 속 고기 묘사를 통해 민중의 고기문화도 들여다보려 한다.

1장

간추린 고기 역사 1:
선사 시대에서 고려까지

신석기인들은 야생 육류를 먹었다

구석기 시대(250만 년 전~1만 년 전)와 신석기 시대(약 1만 년 전
~3,000년 전) 사람들은 생명 유지를 위해 자연환경에 대응해 음
식을 먹고 역사를 만들어갔을 것이다. 구석기 시대 이후 기원전
5000년경이 되면 이 땅에 신석기인들이 정착해 살게 된다. 신석
기인들은 작은 집단을 이루어 움집을 짓고 공동생활을 했는데,
자급자족 경제로 사유재산이 없었다. 이들은 사냥도 했으나 위
험하고 지속성이 없는 사냥보다 생선 잡이, 조개 줍기 등의 어
로 생활을 주로 했다. 남겨진 패총(조개무지)이 말해주듯이, 신
석기 시대에는 어패류를 많이 먹었다. 그러나 추운 겨울에는 어

패류 채집이 어려웠을 것이므로 건어류와 짐승고기를 먹었을 것이다.

차츰 대륙인들이 이동해 옴에 따라 수렵법이 발달하고 야생 육류를 먹을 수 있게 되었다. 어떤 야생 육류를 먹었는지는 확실하지 않지만 주로 멧돼지, 사향노루, 사슴, 소, 말, 노루, 토끼, 늑대 등[4]을 먹었다고 추측된다. 수렵을 위한 도구로는 활과 창이 사용되었다. 지금은 돌화살촉과 뼈화살촉이 남아 있는데, 주로 새나 작은 짐승을 사냥하는 데 사용했을 것이다. 뼈로 된 화살촉은 큰 동물의 뼈를 가공해 만들었다. 큰 동물의 수렵을 위해서는 돌창이 사용되었다. 이런 산짐승들은 식품뿐만 아니라 가죽이나 털을 얻기 위해서도 필요했다. 돼지가죽 옷이나 개가죽 옷을 입었다.

야생동물들이 식품으로 이용되었다는 증거는 유물에서 찾을 수 있다. 부산 동삼동의 조개무지에서는 사슴, 멧돼지, 노루 등과 함께 야생 개와 산토끼 등의 뼈가 발견되었다. 또 평남 궁산리의 조개무지에서는 새, 삵, 멧돼지, 북경얼룩사슴, 영양 등의 뼈가, 그리고 함북 굴포리에서는 사슴의 뿔과 함께 개의 두개골이 발견되었다.[5] 사슴과 멧돼지의 흔적을 가장 많이 발견할 수 있는데, 멧돼지는 그 풍부한 고기 때문에 애용되었던 것으로 보인다.

초기의 개는 야생 개였으리라 추측되나 빗살무늬토기 시대(신석기 시대) 초엽부터는 이미 개의 사육이 시작되었을 것으로 보인다. 개는 식용뿐만 아니라 사냥을 위해서도 필요했다. 함경도나 평안도 등 주로 추운 지역의 유적들에서는 꿩이나 야생 닭 등의 뼈가 발견되어 조류도 식용했음을 알 수 있다. 이 밖에도 강이나 바다에서 생활하는 오리 등의 조류와 그 알 등도 먹었을 것이다.[6]

선사인들의 육류 조리법

그러면 선사인들은 이러한 야생 육류 등을 어떻게 조리하여 먹었을까? 구석기 시대에는 이미 조리하는 데 불을 사용했다. 어패류, 야생 열매, 근채류 등은 날로 먹었겠지만, 육류는 날것을 먹기보다는 불에 구워 먹는 것을 선호했을 것이다. 어떤 방식으로 조리해 먹었는지는 알 수 없지만 흥미로운 유물이 발견되었다. 1983년 6월에 서울 암사동 선사공원 조성을 위한 예비 조사에서 숯이 많이 섞인 불에 탄 돌더미가 발견된 것이다.[7] 이로써 지금도 하와이 등지에서 볼 수 있는, 돼지 등을 통째로 쪄내는 불탄 돌 조리법이 이미 선사 시대의 이 땅에 있었음을 추측할 수 있다.

신석기 시대의 주거지에는 대부분 화덕 터가 발견되고 있어, 식품을 불에 굽거나 완전히 굽지는 않더라도 불에 그슬려 저장하는 방식은 사용했으리라고 짐작된다. 연기 훈연법은 부패를 방지하는 데 효과적이다. 이 같은 선사 시대의 저장 방식이 소금에 절인 고기를 나무의 훈연으로 말려 보존하는 원시적 훈연법의 시초가 되었다.

《요리 본능》[8]은 우리 삶에서 중요성을 더해가고 있는 음식과 요리를 불과 진화라는 주제로 바라본 책이다. 불에 음식을 굽게 되면서 소화 흡수율이 높아지고, 이렇게 섭취한 음식이 두뇌에 에너지를 공급함으로써 문명을 발전시키는 원동력이 되었다는 것이다. 인류와 요리의 기원, 그리고 인류와 요리가 함께해온 오랜 역사를 되짚어봄으로써 요리의 가치를 재조명하고 인류의 탄생 신화를 밝히고 있다. 2010년 영국 BBC에서는 《요리 본능》의 주요 내용 및 실험, 리처드 랭엄과의 인터뷰를 토대로 〈요리가 우리를 인간으로 만들었는가?Did cooking make us human?〉라는 제목의 다큐멘터리를 제작 방영하기도 했다. 우리 조상도 이미 육류를 불에 조리해서 먹으면 맛도 좋아질 뿐 아니라 소화 흡수에도 효율적이라는 사실을 알았다. 그래서 고기를 불에 구워 먹었고 그 흔적들을 이 땅 곳곳에 남겼다.

암각화에 드러난 선사 시대 음식문화

선사인들은 수렵과 채집을 생활의 방편으로 삼았다. 한데 사냥은 매우 위험한 행위였으므로 주술로써 위험을 피하기를 기원하기도 했다. 세계적으로 큰 동물의 포획을 염원하며 짐승 그림을 그려놓은 동굴이 많다. 프랑스 구석기 시대의 동굴벽화인 〈덫에 걸린 매머드〉와 스페인의 석회동굴에 그려진 〈화살 맞은 들소〉가 좋은 예다.

이 땅의 선사인들도 큰 사냥을 나가기 전에는 죽어가는 동물을 그려 그 앞에 음식을 차려놓고, 어떤 주술적 행위를 했던 것으로 보인다. 이런 의식은 이후 부족국가 시대의 영고迎鼓나

그림 1 울산 대곡리 반구대 암각화(장승포 고래박물관)

무천舞天*등의 제사를 여는 제천의식으로 발전했을 것으로 보인다.

우리에게도 바위에 새겨진 선사 시대의 그림이 있다. 울산시 울주군 언양읍 대곡리 반구대 암각화(국보 제285호)다. 육지동물과 바닷고기, 사냥하는 장면 등 총 200여 점의 그림이 바위에 새겨져 있다.[9] 그림은 왼쪽의 고래 중심 바다동물류와 오른쪽의 사슴 중심 육지동물류로 나눌 수 있으며, 가운데에서는 고

---

* 영고는 초기 부족연맹체 국가인 부여夫餘의 제천의식으로,《삼국지》'위지魏志 부여전'에 전한다. 추수를 마친 12월에 백성이 동네마다 한데 모여서 하늘에 제사를 지내고 회의를 열었는데, 의식 직전에 '맞이굿[迎神祭]'을 벌였고, 며칠 동안 계속 음주가무를 즐기고, 죄가 가벼운 죄수를 풀어주었다고 한다. 무천은 예濊에서 해마다 음력 10월에 공동으로 하늘에 제사를 지내고 춤과 노래로 즐긴 제천의식이다.《삼국지》'위지 동이전'에 "常用十月祭天 晝夜飮酒歌舞 名之舞天(항상 10월에는 하늘에 제사를 지내고, 밤낮으로 술을 마시며 노래하고 춤추는데, 이를 무천이라 한다)."라고 기록되어 있다.

래와 바다거북 등의 바다동물류와 육지동물류가 중첩된다. 여기서 육지동물은 호랑이, 멧돼지, 사슴 등이고, 탈을 쓴 무당, 사냥꾼, 배를 타고 고래를 잡는 어부 등의 모습이 묘사되어 있으며 그물이나 배도 그려져 있다. 사냥활동이 원활하게 이루어지기를, 또 사냥감이 풍성해지기를 기원하는 마음으로 바위에 새긴 것이다.

대곡리 암각화는 약 7,000년 전의 수렵인이 그린 것으로 보이는데, 암각화 기법으로 보면 면새김으로는 바다짐승인 고래를 위주로 표현했고, 선새김은 투시법을 사용해 육지짐승인 사슴을 위주로 표현했다. 육지짐승인 사슴류와 멧돼지는 신석기 시대부터 철기 시대까지 거의 모든 패총에서 발견된다. 동삼동 패총에서도 멧돼지 토우가 많이 출토되었고 대곡리 암각화에도 표현되어 있다. 이를 통해 가축으로 길들여지기 이전에 야생의 멧돼지가 한반도 전역에 자생했으며 당시 사람들이 이를 식용한 것으로 추정할 수 있다.

대곡리 암각화는 신석기 시대 수렵·어로의 남성적 식생활문화의 일면을 보여준다. 한때 바다동물인 고래는 면새김으로, 육지동물인 사슴류는 선새김으로 표현한 것이 시대에 따른 지역 환경 변이를 반영한 것이라고 해석했다. 그러나 실측조사를 통한 또 다른 연구에서는 선새김과 면새김이 시기를 달리하였다고 보기는 어렵고, 오히려 선새김으로 외형을 그리고 내부는 면새김하여 전체 형상의 모습을 마무리한 것으로 분석했다.[10] 아무튼 선사 시대의 음식문화에 대한 해석은 아직 현재진행형이다. 새로운 유적들이 더 발굴될 수도 있으니 단언하기 어렵다. 앞으로 더 많은 연구가 이루어지기를 기대한다.

부족국가 시대, 가축을 사육하다

부족국가 시대에는 주식과 부식이 분리되고 벼의 재배가 본격적으로 시작되었다. 그렇다면 이 시대의 고기문화는 어떠했을까?

한반도 북부에 살던 부여* 부족에 대해《삼국지》'위지 동이전'의 '부여전夫餘傳'은 "부여인들은 짐승 기르는 데에 능숙하다."고 설명했다. 부여의 벼슬 이름에 마가馬加, 우가牛加, 저가豬加, 구가狗加, 견사犬使가 있다. 이들은 목축에 관여한 관리라고 추측되는데, 당시 말, 소, 돼지, 개 등을 많이 키웠음을 알 수 있다. 그러나 말은 식용보다는 교통수단으로서 더 많이 이용되었고, 당시 중국에 공물로 보낼 정도로 훌륭한 말이 산출되고 있었다. 또한, 부여 사람들이 소를 잡아서 중국에 헌납했다고《삼국지》'위지 동이전'에 나온다. 부여에서는 여러 가축 중 소와 말을 특히 중히 여겨 결혼할 때 선물로도 주고받았다. 후에 고구려 영토가 된 만주 지방에 살던 읍루挹婁라는 이름의 부족은 돼지를 길러 고기는 먹고 그 가죽으로 옷을 만들어 입었으며 그 기름을 몸에 발라 추위를 막았다고 고서에 전한다. 또 사람이 죽으

---

* 부여는 기원전 2세기부터 서기 494년까지 만주를 중심으로 발전한 부족국가다.

1부 고기를 밝힌 한국인

면 장사지낼 때에 돼지를 잡아서 관 위에 올려놓았으니 죽은 사람의 양식으로 바치는 습속이 있었다고 한다.

한편 한반도 남부에서도 소, 돼지, 닭 등을 사육했던 것으로 보인다. 《삼국지》 '위지 동이전'의 '한조韓條'에 제주도에서 소와 돼지를 길렀고 변진弁辰에서는 소와 말을 탔으며, 마한馬韓에 꼬리가 5척에 이르는 닭이 있다고 기록되어 있다.

이 시대 사람들은 말, 소, 돼지, 개 등을 키워 고기를 먹고 가죽으로 옷을 만들고 기름은 몸에 바르며 생활했다. 또 그 뼈는 바늘과 칼자루에 사용했다. 이는 골기骨器가 이미 무늬 없는 토기 시대(청동기 시대)부터 발달했음을 보아도 알 수 있다. 한편, 야생동물을 수렵하는 일 또한 여전히 있었으며, 주로 활을 사용했다. 《삼국지》 '부여전'에는 여우, 너구리, 곰, 담비 등을 사냥한 것으로 기록되어 있고, 같은 책 '예전濊傳'에는 표범이 나온다. 한반도 남부에서도 어느 정도의 사냥을 했는데, 철기 시대 초기 유적지인 경남 김해와 마산의 조개무지에서 멧돼지, 사슴, 노루의 뼈가 발견되기도 했다.

부족국가 시대에는 육류나 어류를 조미해서 먹는 방식이 개발되었다. 소금에 절이는 방식도 있었다. 함경도 경성군의 신석기 시대 주거지에서는 땅을 파고 묻은 큰 독이 발견되었는데 그 속에서 진흙, 재, 숯 같은 것들이 나오는 것으로 보아 불을 사용하여 식품을 쪄 먹었던 것으로 보인다.[11] 생선이나 육류는 구워 먹었을 것이다. 최남선은 《고사통》에서 이 당시에 한대로부터 갱자羹煮와 맥적貊炙이라는 숙육熟肉법이 들어와 연향의 내용을 성대하게 만들었다고 했다.[12] 그는 자는 고기찜, 적은 고기구이를 말하며, 갱은 서북의 유목민족, 맥은 동북의 부여계 민족을 가리키는 것으로, 맥적은 부여식 고기구이이며 맥적을 중심으로 한 식탁을 맥반貊盤이라고 한다고 설명했다. 이로 미루어볼 때 당시에 육류의 조리 방법으로 찜과 구이가 있었음을 짐작하나, 최남선 역시 여러 자료를 인용했을 뿐이므로 확실한 것은 알 수 없다.

삼국시대, 고기 음식의 시대

삼국시대에는 불교를 받아들여 고기문화가 발달하지 못했다. 그러나 귀족층에서는 고기를 먹었던 것으로 보인다. 그리고 전시대와 마찬가지로 육류는 목축과 사냥을 통해서 얻었다.

신라는 목숙전苜蓿典이라는 관아를 두었는데, 가축에게 먹일 사료를 담당하는 기관이었다(《삼국사기》 권39, 직관). 목숙은 거여목이라는 콩과 2년생 목초로, 특히 말이 좋아하는 사료라고 한다. 그 이름을 따서 목숙전이라 한 것이다. 예나 지금이나 가축을 키우기 위해서는 사료가 중요하다. 당시 신라에는 다른 가축을 관리하는 관청도 있었다. 양을 사육하는 양전羊典, 고기를 다루는 육전肉典이다. 당나라의 기록(《당서》 동이전, 신라)에 신라에서는 도서 지방에 방목장까지 가지고 있었다고 했으므로, 목축이 꽤 체계화되었음을 알 수 있다. 또한 신라 서원경(지금의 청주) 지방 4개 촌의 민적이 기록되어 있는 신라민적 문

그림 2 안악3호분의 부엌과 고깃간

서*에 의하면, 사해 점촌은 연호 수는 11호, 사람 수는 147명이며, 가축으로 말이 25마리, 소는 22마리가 있으며, 전부터 있었던 것이 17마리, 3년간 보충된 것이 5마리라고 했다.[13]

고구려의 고기문화는 고분벽화를 통해서 볼 수 있다. 안악3호분**은 널방에서 보이는 벽면과 천장이 그림으로 가득 차 있다. 서쪽 칸에는 화려한 비단옷을 입은 무덤 주인이 관리들을

* 일본 나라현 도다이지東大寺에 있는 일본 왕실 유물 창고인 정창원正倉院에서 발견된 문서로, 정창원 문서라고도 부른다.
** 황해남도 안악군에 있는 고구려의 고분이다. 무덤 내부에는 고구려 고분벽화 중에서 가장 크고 화려한 그림이 그려져 있다. 북한의 국보 문화 유물 제67호로 지정되었고, 2004년에 다른 고구려 고분들과 함께 유네스코 세계유산에 등재되었다.

거느리고 나랏일을 보는 모습이 있고, 동쪽 칸에는 부엌과 우물, 방앗간, 외양간, 마구간 등 집 안 부대시설들이 그려져 있다.

이 중 부엌을 묘사한 그림에서는 3명의 여성이 일하고 있는 것을 볼 수 있는데, 이들은 안악 3호분 묘주의 집에서 일하는 노비들로 보인다. 각자 부뚜막에서 조리를 하거나 아궁이 앞에서 불을 지피거나 상을 차리고 있다. 앞뜰에는 개가 서성거리고 지붕 위에는 두 마리의 새가 앉아 있다.

안악 3호분의 벽화에 외양간과 마구간 등이 나옴으로써 소, 말 같은 가축을 사육했음을 알 수 있다. 특히 주목할 부분은 방의 동쪽 벽에 고기를 보관하는 저장고가 그려져 있다는 것이다. 노루, 멧돼지 등이 쇠갈고리에 꿰어 매달려 있다. 조선 시대에는 고기 판매소를 고기를 걸어둔다는 의미로 현방懸房이라고 불렀는데, 이의 원형을 고구려 고분벽화가 보여주는 셈이다. 또한 지금의 고기 저장고와도 유사하다. 부엌 옆에 이런 고기 저장고를 설치한 것으로 보아 안악 3호분의 묘주는 신분이 매우 높았으며 당시 귀족층 사이에서 고기문화가 상당히 발달했음을 알 수 있다.

백제에서도 소, 돼지, 닭 등 가축이 사육되고 있었음을《수서隋書》백제전의 기록을 통해 알 수 있다.

이렇게 삼국시대에 이르면 육류식품은 거의 목축으로 충당되고, 수렵은 직업적인 사냥꾼의 호구지책 혹은 귀족들의 오락으로 바뀌었다. 수렵이 귀족들의 기호가 되어버린 상황은 고구려 무용총의 수렵도에서 볼 수 있다.《삼국사기》에도 "지금 전하

1부 고기를 밝힌 한국인

(진평왕)께서는 날마다 광부狂夫와 사냥꾼을 데리고, 매나 개를 놓아 꿩과 토끼를 쫓아 산야를 뛰어다니시기를 그칠 줄을 모릅니다."(열전 김후직전金后稷傳)라는 신하의 간언이 기록돼 있다.

그러면 삼국시대에는 고기를 어떻게 조리해 먹었을까? 그에 관한 기록은 없지만, 아마도 부족국가 시대의 굽거나 찜을 하던 조리 방식이 그대로 이어졌을 것으로 추측한다. 장작과 숯의 사용도 일반적이었으므로 고기구이가 발달했을 것이다. 그런데《삼국사기》신라본기 신문왕 3년(683)조에는 신문왕이 김흠운의 딸에게 보낸 결혼예물이 기록돼 있는데, 그중에 '포脯'가 있다. 이를 통해 육류를 얇게 저며서 말린 현재와 비슷한 형태의 육포가 이미 삼국시대부터 존재했음을 추측할 수 있다. 물론 육류를 말려 저장하는 방식은 삼국시대 이전부터 있었다. 그러나 이는 대개 고기를 통째로 말리는 것이었고, 삼국시대에 들어 고기를 저며 소금을 뿌려 말리는 포의 형태로 한 단계 발전한 것으로 볼 수 있다. 비슷한 시기에 편찬된 중국의 농서《제민요술齊民要術》에는 육포의 가공법이 많이 등장한다.

또한, 삼국시대에는 띄워서 발효하는 방식의 발효법이 이미 있었다. 유명한 것이 누룩을 이용한 술의 발효법이다. 고기도 마찬가지로 소금에 절여서 발효하는 육장肉醬 등이 발달했을 것으로 추측된다. 여기에는 이 시대에 만들던 메주를 사용했을 수도 있다. 역시 중국의《제민요술》에 육장 발효법이 나온다.

《수서》동이전 고구려조에 "고구려에서는 혼인할 사람이 있을 때 저희끼리 좋으면 당장 혼인하고 남자의 집에서 돼지고기와 술을 보낼 뿐이요, 재물을 보내는 예법은 없다."라고 기록돼 있고,《삼국유사》에는 신라 문무왕의 동생인 차득공이 안길을 맞아 50가지나 되는 찬을 대접했다고 나오는데, 찬 중에 고기도 있었을 것이다. 서라벌의 포석정에서는 술과 시로 연회를 즐겼으니 이에 걸맞은 고기 안주가 발달했으리라 짐작된다.

고려, 불교 숭상과 육식의 쇠퇴

고려는 불교국가였다. 살생을 금지한 불교 계율의 영향으로 고기를 먹는 것 또한 제한을 받았다. 고려 시대 초기부터 조정에서는 목축을 권장했으나, 말은 전투와 운반에, 소는 주로 농경에 이용하기 위해서였다. 고려에서는 불교가 융성하면서 여러 차례 소의 도축 금지령을 반포했는데,《고려사절요高麗史節要》의 기록에 의하면, 광종(재위 949~975) 때 도축 금지령(968년)을 내렸고, 성종(재위 981~997)은 육식을 금하는 칙령까지 내렸다. 뒤를 이은 왕들도 마찬가지 정책을 폈다. 문종(재위 1046~1083)은 3년간이나 도축을 금했고, 예종(재위 1105~1122) 때에도 살생을 금하는 칙령을 내렸다. 충숙왕 12년(1325)과 공민왕 11년(1362)에는 농우 보호를 위하여 금살도감禁殺都監을 설치했다. 따라서 이 당시 식탁에서 고기를 찾기는 어려웠을 것이며, 육식문화 또한 발달하지 않았던 것으로 보인다.

그런데 고려에는 목장이 많았다. 여기서 전마戰馬, 잡마雜馬, 일소인 역우役牛, 송아지인 독우犢牛들이 사육되었다. 이렇게 키운 소나 말이 늙거나 병으로 죽으면 먹기도 했을 것이다. 목축과 관련한 관아들이 있어서 이를 맡았다. 일례로, 예종 13년에는 1년을 두 시기로 나누어 사육식(사료)을 선택하고 가축 한 마리당 하루치 공급량을 정했다. 이때 사료로 쓰인 것은 주로 피와 콩이었다. 원의 침입 이후에는 제주도에도 목장을 만들어 특히 말을 사육하여 원에 바쳤다. 제주도 말은 이때부터 유명해지게 된다.

서긍의 《고려도경》 속 고기 풍경

고려 시대 육식 상황을 살펴볼 수 있는 자료가 있다. 송나라의 사신인 서긍徐兢이 고려 인종 때 개성에 한 달 정도 머물면서 기록한 《선화봉사고려도경宣和奉使高麗圖經》(이하 《고려도경》)이다. 서긍은 《고려도경》 '풍속 편'에서 고려인들의 연회 장면을 소개했는데, 거기 묘사된 상차림은 매우 소박하다. "지금 고려인은 평상 위에 또 작은 소반을 놓고 구리 그릇을 사용하는데, 말린 고기와 생선, 채소를 섞어서 내놓지만 풍성하지는 않다"(《고려도경》 권22, 잡속·향음雜俗 · 鄉飮). 또한, 서긍은 고려인의 육식에 관해 다음과 같이 묘사했다.

고려의 정치는 매우 어질어 부처를 좋아하고 살생을 경계한다. 따라서 국왕이나 재상이 아니면 양과 돼지를 먹지 못한다. 또한, 도축을 좋아하지도 않는다. 다만 사신이 방문하게 되면 미리 양과 돼지를 기른다. 도축할 때는 손발을 묶어 타는 불 속에 던져 그 숨이 끊어지고 털이 없어지면 물로 씻는다. 만약 다시 살아나면 몽둥이로 쳐서 죽인 후에 배를 가르는데 장위腸胃를 모두 자르고 똥과 오물을 씻어낸다. 따라서 국이나 구이를 만들더라도 고약한 냄새가 없어지지 않으니, 그 서툰 것이 이와 같다. 《고려도경》 권22, 잡속·향음)

이 기록을 통해, 고려인들이 도축 및 고기 손질에 익숙하지 않았음을 알 수 있다. 이는 당시 고려 왕실과 귀족을 제외하고는 육류를 섭취해본 경험이 거의 없었기 때문일 것이다. 아마도 고려에서 육식은 잔치나 손님을 접대하기 위한 특별식이었던 것으로 보인다. 물론 고려의 북변 지역은 거란 및 여진과의 접촉을 통해 수렵 부족의 음식문화에 노출되어 있었겠지만, 고려의 내지에서는 상대적으로 육식문화가 보편적이지 않았다.

고려 말, 원과의 교류와 육식 부활

1260년 원 제국과 고려의 화친이 맺어졌다. 이후 고려에서는 육식이 확산된다. 음식문화가 사회경제적 상황에 따라 영향을 받는다는 것을 보여주는 대목이다. 《고려사》에는 충렬왕의 후비 제국대장공주가 어머니의 부음을 듣고서 통곡하면서도 여전히 육류를 섭취했다는 기록이 있다. 고려인의 시선에서는 상중에도 육식을 금하지 않았던 몽골인 후비의 모습이 인상적이었던 듯하다. 육류가 주식이었던 몽골의 공주는 고려 왕실에 와서도 일상적으로 고기를 섭취했을 것이다.

몽골의 칸은 고려와 화친을 맺은 이후 고려 왕에게 양을 하사하기도 했다. 1263년 쿠빌라이는 원종에게 조서를 보내면서 양 500마리를 보냈고, 원종이 이를 제왕(지역 토호) 및 5품 이상의 관리들과 나누었다(《고려사》 권25, 원종세가). 1297년에도 충렬왕의 생일을 맞아 원 제국의 태후가 양 50마리와 고니 10마리, 원 황실의 술을 하사했으며, 충렬왕 시기 고려 왕실에서 개최한 연회에서 술과 양고기로 잔치를 했다는 기록이 나온다(《고려사》 권31, 충렬왕세가). 고려 후기에는 상류층을 중심으로 제사와 연회 시에 양고기나 돼지고기를 먹었다. 그러나 고려의 풍토와 맞지 않는 바람에 양의 사육은 성행하지 못했다. 서민층에서는 닭과 개가 식용되었다.[14] 고려에서도 원나라로 육류를 보냈는데 그 종류는 꿩, 탐라 우육(제주도 쇠고기), 고니고기, 건포 등이었다.

고려에 와 있던 몽골의 매사냥꾼을 통해 도축법을 익히고 원나라에서 제주도를 목장으로 개발함에 따라 목축업을 배우기도 했다. 그런데 고려도 몽골에 '고려하인高麗蝦仁'(새우요리), '고려육高麗肉', '고려유령高麗乳領' 같은 기름에 튀기거나 지지는 음식을 전해주었다. 이렇게 음식은 교류를 통해서 발전한다.

고려의 육류 조리, 육류 회와 설리적

불교를 숭상하는 고려에서 육류는 오랫동안 금지되다가 원나라의 지배를 받는 후기로 오면서 다시 먹기 시작했다. 육류의 조리는 구이의 방식이 유행했다. 최영년의 《해동죽지海東竹枝》(1925)에 의하면, 개성에서는 설리적雪裏炙이라 하여 소의 갈비나 염통을 기름으로 양념해 굽다가 반쯤 익으면 냉수에 담갔다 다시 센 불로 구워 술안주로 썼다.《고려사》열전에도 양관도 안녕사였던 마계량이 소의 염통을 즐겨 먹었다는 기록이 나온다.

육류를 회로 먹기도 했다. 고려 말에서 조선 초기의 학자인 김극기金克己의 〈전가사시田家四時〉에 사냥해 온 짐승을 이웃끼리 둘러앉아 날고기로 먹는 모습이 묘사되었다(《동문선》 권4).

여우와 토끼를 쫓아 달릴 때	馳騁狐兔場
짧은 옷에는 흐르는 피 묻었네	短衣涴流血
집에 돌아오자 온 이웃이 기뻐하고	還家四隣喜
모여 앉아 실컷 먹네	促坐爭哺啜
날고기 먹는 것 무엇이 이상하랴	茹毛何足怪
거처하는 곳이 큰 둥우리와 굴이거니	居處壯巢穴
마른 석장이에 불을 붙이니	晶燊枯櫱火
온 방이 어두웠다 밝았다 하네	滿室互明滅

한편, 고려 말 육식의 보급과 더불어 경작에 활용되던 소를 식용으로 인식하게 되었다. 몽골 지배 초기에는 쇠고기를 양고기나 돼지고기에 비해 적게 먹었으며, 상류층 일부에서만 먹었다는 기록이 있다. 원과 고려가 화친을 맺은 이래로 원의 조정에서는 소와 고니를 징발하여 공납하도록 요구했는데, 원종 12년(1271)에 원에서 농우農牛 6,000마리를 요구한 기록이 있다.

1부 고기를 밝힌 한국인

고려에 와 있던 몽골 둔전병들에게도 소는 경작용뿐 아니라 식용으로 중요했다. 원의 농우 징발에 대응하기 위해 고려에서는 소를 본격적으로 목축하게 되었는데, 이로 인해 소 숫자가 자연히 증가했고 쇠고기를 먹는 식습관이 자리 잡는 데 영향을 끼쳤을 것으로 짐작된다.

고려 말, 원나라의 《거가필용》이 미친 영향

《거가필용사류전집居家必用事類全集》(이하 《거가필용》)의 기집己集과 경집庚集에는 원나라 때 민간의 요리문화가 소개되어 있다. 《거가필용》에 편찬된 조리법들은 조선 시대에 편찬된 문헌들, 《산가요록》을 비롯해 《산림경제山林經濟》《임원경제지》《오주연문장전산고五洲衍文長箋散稿》 등에 인용되었다.[15] 특히 17세기 조선에서 편찬된 실학서인 《산림경제》 치선治膳 편에 60% 이상이 그대로 수록되어 있는데, 이를 보면 고려 후기에 원으로부터 전해진 육류 조리법들이 조선 시대에까지 이어진 것을 알 수 있다.[16] 다만, 원나라 육류 요리의 주재료였던 양고기 대신에 쇠고기와 돼지고기를 주로 활용했다.

원 제국의 형성은 주변 음식문화에도 영향을 미쳤다. 몽골과 몽골 지배하에 있던 주변 지역의 문화가 한반도와 일본열도에 유입된 것이다. 무엇보다 고려 말기, 원과 고려 왕실이 화친을 맺은 이후 고기 섭취가 보편적이 된다. 이전의 고려사회에서 고기는 상류층이 주로 먹었고 불교문화의 영향으로 소비가 제한적이었지만, 원의 지배를 받게 된 후 왕후, 관료, 상인, 군인 등

의 신분으로 고려에 온 원나라 사람들을 통해 고기 소비가 좀
더 보편화되었다. 고려 후기 이후로 한반도에서 고기를 먹기는
했지만 주로 말리거나 조리는 조리법 외에는 발달하지 않았던
상황에서, 북송에서 원대까지의 다양한 조리법을 담고 있는《거
가필용》의 육류 조리와 관련된 풍부한 지식은 한반도에 매우
큰 영향을 미쳤다.*

---

*《거가필용》에 나오는 육류 조리법은 이 책의 3부에서 자세히 다룬다.

2장

간추린 고기 역사 2:
조선 시대에서 현대까지

조선 시대의 쇠고기, 금하고 탐하다

조선이 건국된 후에도, 전기에는 고기를 먹기가 어려웠다. 살생을 금하는 불교 계율 때문이 아니라 소와 말의 유용성 때문이었다. 소는 농경이나 운송에 필요했고 말도 운송과 군용으로 필요했다. 따라서 소나 말의 도축을 금했다.

도살금지령이 내려진 소나 말 말고 고기를 먹기 위해 돼지와 닭, 개를 잡았다. 특히 여름에는 보양식으로 개장국을 많이 만들어 먹었는데, 이 때문에 삼복이면 개가 떼죽음을 당했다고 한다. 개고기가 여름의 계절음식이 된 연유는 확실하지 않다. 아마도 여름에는 땀을 많이 흘리고 기운이 빠지므로 단백질 보충이 필요한데, 그나마 개가 구하기 쉬운 단백질원이었을 것으로 보인다. 부여의 벼슬 이름에 개를 관리한다는 의미의 구가狗加와 견사犬使가 등장하므로, 개는 일찍부터 식용으로도 길렀음을 알 수 있다.

조선 후기에, 중국에서는 한족이 만주족에게 중원의 땅을 넘겨주었고 일본에서는 메이지유신 전까지 계속되는 270년간의 에도막부가 성립했다. 음식문화의 뿌리가 비슷한 세 나라가 격동의 시기에 있었는데, 음식문화도 교류를 통해 발달했다. 무엇보다 조선 후기에는 부식으로서 육류 소비량이 급격히 증가했고, 특히 쇠고기 소비량이 증가했다. 가난했지만 쇠고기 편식이 심했다.

《승정원일기》의 숙종 2년(1676) 1월 14일 기록에 따르면, 당시 국가에서 도축하는 소는 하루에 1,000마리를 넘었다. 그런데 이날이 특별한 날은 아니었다. 조선은 병자호란을 치른 뒤 17세기 후반부터 19세기까지 매일 1,000여 마리의 소를 먹어치웠다.[17] 그러니 연간 도축되는 소가 40만 마리에 가까웠을 터이고, 소는 몇 년에 한 번씩 새끼를 낳으니 100만 마리는 족히 넘었을 것이라고 추정된다.

반면 당대의 박제가朴齊家(1750~1805)는 《북학의北學議》에 "우리나라에서는 날마다 소 500마리를 도살하고 있다. 국가의 제사나 호궤犒饋(군사들을 위로하기 위해 제공하는 특별식)에 쓰기 위해 도살하고, 성균관과 한양 5부 안에 24개 고깃간이 있고, 300여 고을의 관아에도 각각 하나 이상씩의 고깃간이 있다."[18]라고 썼다. 또한《목민신서》에서 다산은《북학의》를 인용하여 다음과 같이 기록했는데, 당대의 지식인들이 조선인의 유난한 쇠고기 사랑을 무척 걱정스러워한 것을 알 수 있다.

중국에서는 소의 도살을 금한다. 북경 안에는 돼지고기 푸줏간이 72개 소, 양고기 푸줏간이 70개 소가 있어서 대체로 푸줏간마다 매일 돼지 300마리를 팔고 양의 숫자도 역시 마찬가지다. 고기를 이같이 많이 먹는데도 쇠고기 푸줏간은 오직 2개 소뿐이었다. 길에서 푸줏간 사람을 만나서 자세히 물어보았다. 대체로 소는 열 달 만에 나서 세 살이 되어야 새끼를 밸 수 있으니, 몇 년 만에 한 마리씩 낳는 것으로는 날마다 500마리씩 죽는 것을 당해내지 못할 것은 명백하다. 이러니 소가 날마다 귀해지는 것은 당연하다. 그러므로 농부들 중에 스스로 소를 갖추고 있는 자가 극히 적어서 항상 이웃에서 빌려 쓰는데, 빌리는 날짜대로 품을 앗아야 하기 때문에 논갈이가 반드시 때를 놓친다. 마땅히 소의 도살을 일체 금한다면 수년 안에 농사를 짓는 데 때를 놓쳐서 한탄하는 일이 없을 것이다. (《목민심서》호전戶典 6조 6. 권농勸農)

이어지는 "하루가 다 지나도 돼지고기는 팔리지 않고 남았다. 이는 사람들이 돼지고기를 좋아하지 않아서가 아니라 쇠고기가 유난히 많기 때문"이라는 대목을 통해 당시 쇠고기 값이 그다지 비싸지 않았음을 짐작할 수 있다. 쇠고기의 가격에 대해서는 한치운의《해동역사海東繹史》에서도 언급된다. 평안도 숙천과 안주,

황해도 봉산과 황주에서 거래되는 고기의 가격이 나오는데, 거위는 한 마리에 4냥이고, 돼지고기는 한 근에 1전錢 2푼分이고, 쇠고기는 한 근에 7, 8푼이었다.[19] 당시 돼지고기와 거위가 쇠고기보다 더 비싸게 거래된 이유는 아무래도 소가 풀을 주로 먹기 때문으로 보인다.

우금령 속에서의 도축 허가

조선의 식량 사정은 금주령과 우금령이 빈번하게 내려진 데서 알 수 있다. 금주령은 술로 사용되는 곡물을 아끼기 위해, 그리고 우금령은 농업 생산력 향상에 필수적인 노동력을 확보하기 위해 실시했다. 1398년(태조 7)에 처음으로 시행된 이후, 역대 조선 왕들은 비록 횟수와 강도에서는 차이가 있었지만 지속해서 우금령을 반포했다. 당연히 우금령 위반자에 대한 처벌 규정도 있었다. 자기 소를 도살한 자, 남의 소를 사서 도살한 자, 남의 소를 훔쳐 도살한 자 순으로 점점 형량이 무거워졌다. 심지어 남의 소를 훔쳐 도살한 자는 교형絞刑에 처하기도 했다.

그러나 기근에는 소 도축을 허가하기도 했다. 현종 11년과 12년(1670~1671)에는 '경신대기근'이라 불리는 심각한 기근이 발생해 이례적으로 식용 소 도축을 허가했다. 이는 조선 민중이 처음으로 쇠고기를 대량으로 도축한 사례인데, 돼지의 대량 도축도 이루어졌다. 그러나 1671년 대사간 이익상이 상소를 올려 이의 폐단을 지적했고, 소 도축은 또다시 금지됐다.

그러나 백성들은 쇠고기의 유혹에서 쉽게 벗어나지 못했던

1부 고기를 밝힌 한국인

것으로 보인다. 《숙종실록》 9년 1월 28일자 기사를 보자.

소의 전염병인 우역牛疫으로 살아남은 소가 없다. 그런데도 쇠고기 맛을 으뜸으로 쳐서 이를 먹지 않으면 못 살 것같이 여긴다. 우금령을 무시하고 있으니 어서 조목條目을 따로 만들어서 중외中外에 반포하라. 그래야 백성들의 실농失農이 한재旱災보다 심해지는 것을 막을 수 있다.

당시 정부는 농경에 소를 투입하지 못하는 것을 자연재해(한재)만큼의 생산력 저하로 본 것이다. 힌두교에서 소를 외경의 대상으로 여기고 잡아먹지 못하도록 종교적 규제를 하는 이유도 궁극적으로는 극심한 기근이 닥쳐도 소를 잡지 않게 하기 위해서다. 이는 당장 소를 잡아먹음으로써 얻는 단기적 이득보다 소를 농사에 투입해 장기적 식량 생산을 꾀한 조치라고 볼 수 있는데, 조선의 우금령도 마찬가지 조치였다. 역설적으로, 종교적 금기나 우금령을 내리지 않으면 안 될 정도로 쇠고기를 밝히는 것은 인도 사람이나 조선인이나 마찬가지였다는 것이 아닐지.

사람이란 모름지기 금지할수록 탐하게 된다. 조선 사람들은 소박한 식사를 권하는 유교적 규율과 우금령이라는 국가적 금지 사이에서 과연 고기 보기를 돌같이 할 수 있었을까? 우리가 알고 있는 많은 사료는 그렇지 않았음을 보여준다. 탐학과 사치의 대명사로 알려진 다수의 권력가들이 고기 또한 탐했다고 알

려져 있다.[20]

중종의 계비 문정왕후의 동생인 윤원형은 선물로 들여온 고기가 마당에 쌓여 썩어갈 지경이라고 하였고, 조선 중기의 문신이자 동방의 갑부로 불렸던 정사룡(1491~1570)은 매끼 산해진미를 즐겼다고 한다. 이렇게 고기를 탐한 이들 중 최고는 《어우야담於于野譚》[21]에 기록된 김계우다. 중종의 재종 외삼촌인 김계우는 "집에 있을 때에 매양 초닷새 날이면 소 한 마리를 잡아 부인과 더불어 중당에서 걸상을 마주하고 앉아서 큰 은쟁반에 잘 삶은 쇠고기를 저며놓고 하루에 세 번씩 대작했다."고 전해진다. 이들이 먹은 고기에서는 아마도 권력의 맛이 났을 것이다.

왕실의 고기 소비

동서고금을 막론하고 맛있고 귀한 식재료였던 고기를 가장 많이 소비한 곳은 역시 왕실이었다. 조선 왕실에서는 일상 식사에도 고기를 많이 올렸지만, 특히 잔치에는 소를 많이 잡았고, 이외에도 멧돼지, 닭, 꿩, 메추라기 등의 육류 식재료를 이용해 많은 고기 음식을 만들었다. 왕실의 음식은 《조선왕조실록》을 비롯해,《일성록》, 의궤儀軌, 등록謄錄, 음식발기 등 여러 왕실 기록을 통하여 살펴볼 수 있다.

기록을 중심으로 살펴볼 때 왕실에서 가장 많이 먹은 고기는 역시 쇠고기였다. 살코기뿐 아니라 우심육牛心肉, 세갈비細乫飛, 골骨, 내장內臟, 양, 천엽千葉, 콩팥豆太, 곤자소니昆者巽(소의 창자 끝에 달린 기름기가 많은 부분), 혀牛舌, 꼬리牛尾, 요골腰骨 등 거의 모든 부위를 식재료로 썼다. 돼지고기 또한 살코기猪肉를 비롯해 돼지갈비猪乫飛와 돼지머리猪頭, 돼지아기집猪胞 등 다양한 부위를 식용했다. 조류 고기로는 닭 외에도 꿩生雉과 메추라기鶉鳥를 먹었다. 왕실 기록을 통해서는 다양한 고기 조리법을 살필 수 있다. 탕과 찜이 보편적이었지만, 전과 적, 구이와 포, 회 등 다양한 조리법을 활용했다. 특히 고기를 삶아 누르는 음식으로 편육과 족편도 다양하게 발달했다.

아무래도 고기는 왕을 위한 식재료였다. 27명 조선 왕들의 식성도 제각각이었지만 특히 육식을 즐긴 왕과 채식을 좋아한 왕으로 대별된다. 조선 역사상 가장 장수한 왕은 영조(1694~1776)로, 83세를 기록했다. 그의 장수 비결로는 소식小食이 꼽힌다. 늘 적게 먹고 채식 위주로 식사했다. 그러나 영조의 아들 사도세자는 대식가에 고기를 즐긴 것으로 알려져 있다. 영조의 뒤를 이어 왕이 된 손자 정조도 적게 먹었다. 그러나 두 왕의 식사에는 차이가 있었다. 영조는 소식과 절식 그리고 채식을 하며 술을 가까이하지 않았지만, 정조는 소식과 절식을 하면서도 술에는 한없이 관대했다고 한다.

대식가이자 육식을 좋아하기로는 성군으로 꼽히는 세종(1397~1450)을 들 수 있다. 《세종실록》에는 연회 때 세종에게 올린 고기의 양이 아랫사람보다 적다고 해서 관련자를 문책했다는 기록(세종 8년 1426년 1월 2일)이 나온다. "큰 상에 놓인 고기가 바깥사람들의 작은 상에 차린 것만도 못하니, 이것은 담당 관청에서 반드시 내가 직접 보지 않을 줄로 알고 이렇게 한 것이다. 어찌하여 이렇게까지 조심하지 아니하는가."

또한, 세종은 고기반찬이 없으면 식사를 하지 못할 정도였기에 아버지인 태종은 "주상이 고기가 아니면 식사를 못 하니 내가 죽은 후 상중에도 고기를 들게 하라."는 유교遺敎(임종 때 남긴 말)까지 내렸다. 유교국가 조선은 상을 치르는 동안 육식을 금지했으므로, 태종의 유교에도 세종은 상중에 육류를 먹지 않았다. 그러자 대신들은 "전하께서 평일에 육식이 아니면 수라를 드시지 못하는 터인데, 이제 고기나 생선이 들어 있지 않은 소선素膳을 한 지도 이미 오래되어, 병환이 나실까 염려되나이다."라며 고기 먹기를 간청했다고 한다(세종 4년 11월 1일).

이처럼 고기와 관련한 기록이 실록에 505차례나 있을 정도로,[22] 세종의 고기 사랑은 유명하다. 불행히도, 이런 육식 선호로 인해 세종은 서른 전후에 소갈증에 걸려 평생 고생했다. 건국 초기의 왕권 안정을 위해 늘 스트레스를 받았을 세종에게, 고기 먹기는 유일한 호사가 아니었을까.

성군인 세종의 고기 사랑이 인간적인 면모 정도로 부각되었다면, 폭군의 고기 사랑은 잔인한 성미와 폭정의 상징이 되었다. 조선의 왕 중에서 쇠고기 탐식으로 세종에 비견되는 이는 연산군이다.

《연산군일기》에 의하면, 연산군 재위 시에는 날마다 소 10마리씩을 잡았다(연산군 11년 4월 20일). 특히 생고기를 좋아해 한양으로부터 가까운 도에서는 생고기로, 먼 도에서는 포脯로 쇠고기를 진상하게 했다고 한다. 또 소의 태胎를 즐겨 먹으니 백성들의 곡소리가 끊이지 않았다고 전해진다(연산군 12년 6월 23일). 그런데 연산군의 쇠고기 탐식은 여기서 끝나지 않았던 듯하다. 또 다른 기록에 의하면, 소 2마리를 늦게 가져왔다는 이유로 사축서司畜署의 담당관을 가두기까지 했다(연산군 11년 12월 21일). 이렇게 갑자기 불시에 고기를 올릴 것을 명하기도 했기 때문에, 사축서에서 준비하지 못한 경우가 많아 백성들의 소를 때려잡아 바치게 했다고도 하니(연산군 12년 3월 14일), 연산군이야말로 쇠고기를 너무 좋아해 백성을 괴롭힌 폭군의 면모를 보여준다.

마찬가지로 반정에 의해 왕위를 잃은 광해군에 대해서도 고기 탐식의 기록이 남아 있다. 광해군에 대한 험담으로 이어지는 궁중비사의 기록인 《계축일기癸丑日記》에서는 광해군이 고기를 덜 익혀 먹고 날고기를 즐겨서 눈이 점점 붉어졌다고 했다. 또 선조가 승하하고 3개월 후 인목대비가 고기를 먹는 육선肉饍을 권하자, 권한 지 두 번 만에 거절하지 않고, 그것도 자신의 취향대로 양즙(소의 위인 양을 곤 국물)을 즐겨 먹었다고 나온다.

제례에 꼭 쓰였던 쇠고기

유교국가였던 조선에서 제사는 무엇보다 중요한 의례였다. 때문에 우금령이 계속 내려지는 와중에도 제사나 큰 연회에서는 예외였다. 가장 귀한 것으로 제물을 올렸는데, 그 중심에는 쇠고기가 있었다.

김장생金長生(1548~1631)의 《사계전서沙溪全書》에는 당시 제사상에 올라간 음식들이 소개되고 있는데, 그중 쇠고기 음식으로 편포片脯, 쇠고깃국, 날고기, 숙육熟肉 등이 있다. 편포는 제물로 가장 많이 사용된 쇠고기 음식이었는데, 송시열의 문집《송자대전宋子大全》에는 제향祭享에 쓸 편포를 징수함으로써 생기는 폐단을 지적하는 대목이 있다. 우금령을 내려 소를 잡지도 못하게 하면서 편포는 징수하니, 그 과정에서 폭리를 취하는 관리가 생겼다. 또한 편포는 편포대로 다른 고기가 섞여 제수로서 불결해지니, 이래저래 백성들만 힘든 것이 아니었을까.

　신이 삼가 생각건대, 무릇 경비에 절실한 물건은 부득불 백성에게 취해야 하겠지만, 지금 쓰지 않아도 될 것으로 백성의 힘만 상하게 하는 것을 이루 다 기록할 수가 없습니다. 신이 한 가지 일을 들어 말하겠습니다. 신의 종형 송시영이 일찍이 각사를 맡았었는데, 신에게 말하기를 "일찍이 제향에 쓸 편포를 징수할 때 각 읍에서 바친 것은 으레 모두 썩어 변질되므로 부득이 물리치면 10배의 값을 가지고 서리에게 청해서 방납하게 되는데, 그 방납된 것은 윤기가 나고 신선하다." 하였습니다. 그에 대해 자세하게 물어보았더니 "쇠고기는 으레 좋지 않기 때문에 말고기를 섞어서 만든다." 하고, "말고기는 어떻게 얻는가?" 물었더니, "자연사한 말이다." 하였습니다. 대체로 읍리가 이미 10배의 값을 가지고 월리를 내어 방납을 도모하고 그 읍에 돌아가서는 또 수십 배를 백성에게 징수하니, 백성이 어찌 지탱할 수 있겠으며, 더구나 제사에 쓰는 물건이 이처럼 불결하니, 복을 받지 못할 것은 의심할 나위가 없습니다.

편포 다음으로 쇠고기를 많이 쓴 제물은 국이었다. 《사계전서》에 의하면 태묘太廟에서 등와갱登瓦羹과 금형갱金刑羹에 쇠고기를 썼다. 등갱은 대갱大羹으로 간을 하지 않은 쇠고깃국이고, 형갱은 고기와 나물을 섞어 간을 하고 끓인 국을 말한다.

조선 시대의 제례에는 날고기도 올라갔다. 이런 전통은 지금도 이어져, 현재 종가의 불천위제례에는 도적都炙이라는 이름으로 날고기가 그대로 올라가는 것을 볼 수 있다. 종묘제례의 제수진설(상차림)에도 쇠고기는 날고기를 그대로 올렸는데, 주로 소의 머리와 네 다리, 어깻살, 갈비, 등심을 썼다. 물론 익힌 고기도 올렸다. 삶은 고기인 숙육은 소의 내장·위·폐를 삶아서 이용했다.

종묘제례에 사용하는 고기는 특별히 목멱산(남산) 아래에 전생서를 설치하여 기른 희생犧牲을 썼다. 전생서는 희생용 황우 3마리, 흑우 28마리, 양 60마리, 염소 14마리, 돼지 330마리를 항상 사육했는데, 이들을 먹일 사료는 호조에서 맡아 매달 황두 150석, 쌀 15석을 지급했다.[23]

고기는 왕실의 하사품이자 귀한 선물이었다

조선 시대에 하사下賜는 일반적이었다. 하사는 왕이 신하에게, 혹은 지체 높은 사람이 아랫사람에게 물건을 주는 것을 말한다. 왕이 관료들에게 하사한 물품은 비단, 술, 말, 의복 등 다양했는데, 쇠고기도 중요한 하사품이었다.

실록에는 왕이 노인들에게 쇠고기를 하사한 기록이 많이 나온다. 노인들에게는 보양식으로, 효자에게는 격려 차원에서 쇠고기를 내렸다. 세종 1년 9월 15일 기사에는 "상왕이 원숙의 노모를 위해 쇠고기와 산 사슴을 하사하다."라고 했으며, 영조 21년 1월 22일 기사에는 한나라 때부터 내려오는 제도를 따라서 특별히 효자에게는 쇠고기를 더 하사했다고 나온다. 순조 14년 3월 5일 기사에는 제주도에서 잔치를 베풀고 80세 이상의 노인들에게 쇠고기를 2근씩, 90세가 넘으면 1근을 더 하사했다고 기록돼 있다.

이덕무李德懋(1741~1793)는 《청장관전서青莊館全書》에 책과 쇠고기를 하사받은 기록을 남겼다.

> (신축년) 10월 25일, 입직하였다. 규장각 봉심奉審에 참여하였다. 《정음통석正音通釋》 1건 1책을 하사받았다. 26일에서 29일까지 본원에 출근하였다. 겨울에 추워서 동상凍傷 걸린 것을 치료하는 육향고六香膏 1합盒과 쇠고기 3근을 하사받았다. 《청장관전서》 권1)

쇠고기는 군인들에게도 하사되었는데, 쇠고기 자체를 하사한 위 사례와 달리, 우호궤牛犒饋라고 하는 특별식의 형태로 제공되었다. 귀한 쇠고기를 특별식으로 내려 고생하는 군사들을 위로하는 일은 조선 시대 전반에 걸쳐서 행해졌다. 선조 25년 5월 13일에 파병하는 장수와 군사들에게 술과 고기를 호궤했다는 기록이 《선조실록》에 있으며, 고종 9년 3월 3일에는 왕을 수행한 군병들에게 쇠고기로 호궤했다는 기록이 《승정원일기》에 나온다.

쇠고기는 또한 중국 사신을 대접하는 음식이어서, 정묘호란 후에는 후금後金의 사신에게 닭 대신 쇠고기를 대접하는 것에 대해 무려 이틀이나 논의했다는 기록(《승정원일기》, 인조 5년 5월 24~25일)이 있다.

조선 시대의 정육점

조선 시대에도 정육점이 있었다. 조선 시대에는 푸줏간을 현방懸房이라 불렀는데, 고기를 걸어놓고 파는 까닭에 '매달 현' 자를 써서 현방이라고 한 것이다. 현방은 성균관의 반인(관인이라고도 불렀다)들이 운영했는데, 이들은 소의 도축과 판매를 함께 맡았다. 도사屠肆 또는 다림방이라고도 불린 현방이 성균관과 관계있는 것은 문묘 제사에 바칠 희생을 성균관의 반인(노비)들이 마련했기 때문이다. 그 대가로 그들은 쇠고기 판매권을 독점했으니, 대단한 이권사업이었다. 대신 형조, 한성부, 사헌부에 세금을 냈다.

1600년대 후반기부터 육류 소비가 더 늘어나고 일시적으로 국가의 우금정책이 다소 완화되는 틈을 타 현방은 급속하게 늘어났다. 양반과 중인이 사는 한양의 북부, 중부뿐만 아니라 여러 곳에 설치됨은 물론 도성 밖의 왕십리, 태평관, 소의문 밖, 마포 등지로 확대되었다. 현방은 초기 독점권을 이용해 많은 이익을 얻자 점차 그 운영을 지방으로까지 확대했다. 그러나 지방관청의 관노비들이 반발했고, 일부 지역에서는 해당 지역의 관노

비들이 직접 현방을 운영했다.[24]

쇠고기만 판매한 것은 아니었다. 꿩은 정릉동의 병문에 있는 생치전과 건치전에서 팔았고, 광통교(현재 종로 서린동)의 닭전과 그 곁의 계란전에서 닭과 달걀을 판매했다. 돼지고기를 파는 저육전은 여러 곳에 있었는데, 국상 때 이 전을 보는 사람들로 하여금 방상시方相氏(왕실의 나례儺禮의식에서 악귀를 쫓는 사람)를 하게 했다.

조선인의 눈에 비친 외국의 고기문화, 외국인의 눈에 비친 조선의 고기문화

우금령 속에서도 쇠고기를 탐한 조선인들의 눈에 외국의 고기문화는 어떻게 보였을까? 마침 이 시기에 중국을 다녀온 조선의 지식인들이 남긴 기록이 있다. 《연행일기燕行日記》는 숙종 39년(1713)에 김창업金昌業(1658~1721)이 청나라를 5개월간 다녀오면서 기록한 여행기다. 그는 청나라의 고기 요리에 대해 평하기를 "부잣집에서 잘 차려도 기껏해야 돼지볶음과 양고기, 돼지고기, 쇠고기, 달걀을 넣어서 끓인 잡탕인 '열과탕熱鍋湯'이 나온다."며 불평했다. 비슷한 시기 조선 왕실의 의궤에 기록된 잡탕은 쇠고기, 돼지고기 외에도 전복, 해삼, 양과 천엽, 소 혀 등 각종 소의 내장과 해산물이 들어가는 화려한 음식이었다. 김창업의 눈에 중국인의 열과탕은 우리의 잡탕에 비해 식재료의 고급스러움이 덜해 보인 것이다.

1828년 나온 저자 미상의 연행록인 《부연일기赴燕日記》에서도 중국에서는 쇠고기는 많이 먹지도 못했으며 맛도 없었던 것으로 기록돼 있다. 저자는 청나라에서는 도축한 소를 통째로 푸줏간에 쇠갈고리로 걸어놓고 이를 육림肉林이라고 표현했다고 소개하면서, 하지만 쇠고기는 딱딱하고 깔깔해서 맛이 없다고 부연했다.

이압李坤(1737~?)은 청나라에 다녀온 사행 기록인 《연행기사燕行記事》(1777)에 다음과 같은 글을 남겼다.

호인胡人은 오직 재리財利만을 성명性命으로 여기어 황자皇子·패록貝勒·각로閣老 이하가 모두 매매하는 가게가 있어 개인들로 하여금 맡게 하고 있다. 지위가 높은 자라도 시장을 지나가면 수레에서 내려 친히 사고팔고 한다. 또 부귀한 집도 연향宴享·제사祭祀의 음식을 모두 음식 가게에서 사다가 쓰므로 원래 별다른 맛이 없다. 꿩·닭·돼지·양·오리 등을 모두 잘 삶지 못하고, 쇠고기는 볼 수 없으나 맛이 우리나라 서북변西北邊의 것과 같다. 항상 조짚을 먹이기 때문에 그렇다 한다.

그는 청나라 사람들이 신분에 관계없이 상업에 종사하고, 제례에 쓸 음식조차 직접 마련하지 않고 사다 쓰는 걸 꼬집었다. 또한 고기를 조리하는 기술이 뛰어나지 못함을 지적했다. 이해응李海應(1775~1825)도 연행록인 《계산기정薊山紀程》(1804)에서 "양고기와 돼지고기는 널리 쓰이고, 쇠고기도 시장에 나오기는 하는데 먹는 자가 적다."고 했다. 이런 기록을 통해, 청나라는 돼지고기나 양고기보다 쇠고기의 이용이 적었고 맛도 떨어진다는 것을 알 수 있다. 송나라 사신 서긍이 고려 사람들의 고기 다루는 솜씨가 형편없음을 기록한 지 600년 만에, 최소한 쇠고기 맛에 관해서는 조선이 청나라보다 낫다는 자부심을 가지게 된 것이다. 오늘날까지도 음식천국인 중국에서는 돼지고기, 양고기, 오리고기로 만든 음식이 더 다양하다.

비슷한 시기에 일본을 다녀온 사신들의 기록을 통해서 당시 일본의 고기문화도 엿볼 수 있다. 일본은 675년 덴무 천황이 육식을 금지한 이래 1868년 메이지유신 이후부터 도축장의 개설과 쇠고기를 비롯한 육류의 판매가 허용되었다. 천 년이 넘게 금지된 육식이 서구화와 함께 다시 찾아온 것이었다. 조선과 마찬가지로 소는 농사짓는 데 필요하며, 또한 불교 숭상 때문에 육식을 하지 않았지만, 서양과의 교역 이후 근력을 기르기 위해서 육식을 허락하기 시작했다는 것이다.

그런데 영조 때 문신인 조명채曹命采(1700~1764)가 일본에 사신으로 다녀와 기록한 견문록인 《봉사일본시문견록奉使日本時聞見錄》(1748)에는 조선의 사신들이 쇠고기를 대접받은 기록이 보인다. 그러니까 일본은 메이지유신 이전에 쇠고기를 전혀 먹지 않았던 것은 아니다. 우육환牛肉丸, 반본환返本丸, 간우환干牛丸이라는 이름으로 환약으로 만들어 복용하는 등 상층계급에서는 고기가 아니라 약을 먹는다는 명목으로 암암리에 향유되고 있었던 것이다. 이는 쇠고기가 '기氣를 더해주고, 비위脾胃를 기르

며, 허리와 다리 힘을 보충해준다.'는 생각이 있었기 때문으로 보인다.[25]

한편, 개항기에 이 땅에 들어온 외국인들이 남긴 기록을 통해 조선의 육식문화가 그들에게 어떻게 비쳤는지 확인할 수 있다. 먼저, 1870년대 조선을 방문했던 W. E. 그리피스Griffis는 《은자의 나라 한국Corea the Hermit Nation》에 다음과 같은 기록을 남겼다.

> 주식은 일본 사람보다 육류와 지방이 더 많다. 일본 사람들의 기억에 의하면 평상시에 조선 사람들은 일본 사람들의 2배를 먹는다. 쇠고기, 돼지고기, 닭고기, 사슴고기, 생선, 그리고 사냥한 새나 짐승을 별로 버리는 부분 없이 먹는다. (…) 일반 푸줏간에서는 개고기를 파는데 조선 사람들은 미국의 인디언들처럼 그 고기를 즐긴다. 그러나 음력 정월에는 종교적 금기로 인하여 개고기를 먹지 않으며, 개처럼 천한 신분들만이 먹도록 되어 있다.[26]

즉, 조선의 천민들이 주로 개고기를 먹으며, 개고기를 푸줏간에서 팔고 있다고 기록하고 있다. 다음 인용문에서도 보듯이, 이렇게 푸줏간에서 개고기를 파는 것은 일반적이었고 그 외에도 다양한 고기를 먹는 조선인들의 모습이 그려져 있다. 한편 닭고기는 주로 한 마리 전체를 삶거나 쪄서 먹었으며, 제사가 있을 때는 마을에서의 도축이 허락되었던 것으로 보인다.

우유도 목축의 힘을 뺀다는 뜻에서 먹지 않는다. 우유을 먹는 것은 부자들만이며 조선은 우유이 전매이기 때문에 백성들은 이것을 먹을 수 없고 그 대신 돈육과 여러 가지 야금류는 매우 풍부하며 찬에 다량 오른다. 조선 사람들이 가장 즐기는 것은 생육 및 동물의 내장으로, 무슨 이유인지 내장을 진미로 삼는다. 생육은 보통 여러 가지 향신료를 가미하여 먹고 물고기도 생식하며 모든 푸줏간에서 팔고 있는 개고기도 먹는다. 다만 고양이, 다람쥐, 여우, 학, 백조의 고기를 먹으면 벌을 받는다고 한다. 고기는 보통 크게 저미며 야금과 닭은 그대로 찌거나 구우며 내장, 날개 등도 버리지 않고 뼈를 삼키기도 한다. 부자는 손님을 접대하는 데 조류를 통째로 쓰기도 한다. 쇠고기는 농부들의 일용식품이 아니다. 쇠고기의 사용은 법으로 제한되어 있기 때문에 백정은 일종의 관리다. 큰 잔치가 열리는 경우와 같이 특별한 경우에만 왕은 그 마을에 도살을 허락해준다.[27]

1866년과 1868년에 조선을 방문한 E. J. 오페르트Oppert 또한 《조선기행》에 조선의 목축 사정을 간단히 소개했다. 여기서도 소가 조선의 중요한 가축이었으며 소를 가진 사람들은 부자이고, 돼지와 산양은 드물었다고 한다. 반면, 오리와 닭은 비교적 흔했던 조선의 가축 사정을 짐작해볼 수 있다.

가축은 원래 그 종류나 숫자가 얼마 되지 않는다. 그리고 목축에 대해서도 별로 관심이 없는 듯이 보인다고 하면서도 가장 흔한 것이

1부 고기를 밝힌 한국인

비교적 아름답고 튼튼한 소라고 하였다. 소 두 마리만 있으면 틀림 없이 유복하게 보인다고 하였으며 돼지와 산양은 드물고 면양은 거의 없다. 개는 보기 싫고 따르지도 않으며 오리와 닭은 상당히 많아서 흔한 것으로 보인다.[28]

이 외국인들의 기록이 모두 정확하다고 볼 수는 없다. 하지만 다른 기록들까지 참고할 때 개고기는 정육점에서도 팔았던 것으로 보인다. 그러나 굶주림에 시달렸던 당시 조선인의 사정에 대한 이해가 없었던 외국인들이 이러한 상황을 과장되게 기록했을 것 또한 고려해야 한다.

일제강점기의 고기 사정

일제강점기의 정육점 풍경을 알 수 있는 흥미로운 책이 있다. 일제강점기에 나온 단행본으로 《조선만화》[29]라는 것이 있다. 도리고에 세이키鳥越靜岐가 그림(만화)을 그리고 우스다 잔운蓮田斬雲이 해설을 단 책이다. 대신의 행렬, 온돌의 독거, 하이칼라 기생, 종이연 날리기 등 50개의 그림이 책에 나온다. 이 책은 일제강점기 우리 모습을 상세히 볼 수 있는 장점이 있지만 그 내용을 보면 일제강점기 조선인이 살아가는 모습을 부정적이고 하급 문화로 묘사한 경향이 있다.

이 중 푸줏간에서 백정으로 보이는 한 남자가 칼을 들고 쇠고기를 썰고 있는 모습을 묘사한 그림이 있다. 이 시기에 들어서면 현방에서 독점적으로 쇠고기를 판매하던 데서 벗어나 민간 푸줏간에서 쇠고기를 판매할 수 있었다. 이 그림의 제목은 '우도牛刀', 즉 소 잡는 칼인데, 이 우도에 대한 일본인의 설명은 다음과 같다. "닭의 배를 가르는 데 어찌 우도를 쓸꼬 하는 옛말이 있지만, 문명적으로 톱을 써서 양분한 후 예리한 작은 칼로 잘게 써는 도쿄식이라면 우도와 계도鷄刀의 구별은 필요 없다. 그런데 한인의 우도는 보통 물건이 아니다. 칼끝이 둥글게 감아 올라간 둔탁한 칼로 물컹물컹한 쇠고기를 투박하게 잘게 썰어 보는 것만으로도 입맛이 떨어진다."

톱과 작은 칼로 소를 해체하는 도쿄식을 우수한 것으로 묘사하고 있지만 사실 소를 잡는 기술에 있어서는 조선의 장인(백정)들이 더 우수했을 것이다. 당시 일본인은 소를 잡거나 다뤄본 지 얼마 되지 않았기 때문이다.

같은 책에 또 다른 흥미로운 그림이 있다. '점두店頭의 우두골牛頭骨'이라는 제목을 단 그림은 장국밥, 설렁탕이나 곰탕을 파는 음식점으로 추정되는 곳에 놓인 잘린 쇠머리와 그 뒤에 칼을 들고 있는 한 남자의 모습을 묘사하고 있다. 이에 대한 설명은 이렇다. "우도를 쳐든 채 벼르고 있는 요보의 꼴은 웃음이 절로 난다. 형언할 수 없는 육수 냄새가 코를 엄습하고 눈을 뜨면 주위의 한인 점포에는 커다란 선반 위에 생쇠머리가 올라 있다. 육수를 우려내고 건져낸 쇠머리뼈가 장식품으로 쓰이고 있다. 피가 줄줄 흐르고 파리가 붕붕 날아드니 오히려 통쾌한 광경, 한인 밥집의 간판으로서는 기발한 것이다." 당시의 정육점 풍경을 일본

1부 고기를 밝힌 한국인

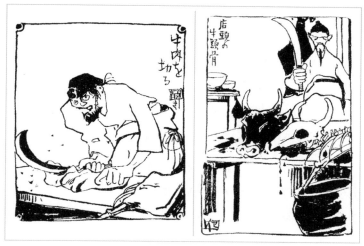

그림 3 일본인이 본 조선의 고기문화. 우도(왼쪽)와 점두의 우두골(오른쪽)

인의 시각에서 과장되게 그리고, 설명한 것을 볼 수 있다.

당시 일본인이 쓴 자료에는 조선의 음식점 풍경도 묘사된다. 《고적과 풍속古蹟と風俗》[30]이라는 책이다. 조선에서 활동하는 일본인과 처음 조선의 풍물을 접하는 이들을 위해 조선의 명소, 고적, 인정, 풍속과 습관 등을 기록한 책으로, 식민지를 이해하기 위해 편찬되었으므로 지역 선정이나 내용은 한계를 가지고 있다. 그런데 이 책에 '朝鮮の飲食店(조선의 음식점)'이 묘사되어 있다. 술집과 밥집, 요리점을 소개한 것으로, 밥집을 뜻하는 반옥飯屋에 대해 이렇게 설명했다. "대개 시장 근처에 자리 잡고 있는데, 인근에는 소의 시장의 모습이다. 밥집은 그렇게 큰 곳은 없고 밥집은 술집과 달리 등롱이 없다. 주로 담군擔軍(짐꾼)이나

시골 사람들이 식사를 하는 집이다. 밥에 쇠고기의 국물을 부어서 콩나물이나 다른 것을 넣고 먹는다. 또 김치(절임)가 있고 기타 소육燒肉 등도 나온다. 밥은 큰 그릇으로 1그릇 10전錢 정도다." 즉, 시장에는 대개 우시장이 있었고, 근처 밥집에서는 쇠고기가 들어간 국밥이나 또 '소육燒肉'이라고 표현한 고기구이를 팔았던 것을 알 수 있다.

술집에 대한 설명도 있다. "술집酒屋은 집의 뒤에 긴 장대를 세워서 직사각형의 등롱을 낮이나 밤이나 매달아 밤에는 촛불을 켠다. 이 술집은 술을 파는 곳으로 하등사회의 선인을 상대로 하고 양반은 보통의 술집에는 들어가지 않는다. 술은 싸게 먹을 수 있었다. 1잔에 5전錢 정도라고 하였다." 또한 "조선에 있어서 요리점料理店은 일본의 요리점과 그다지 별 다를 바가 없다. 식당원, 명월관 등 순 조선식 건축물이다. 요리점은 양반들이 음주, 음식하는 곳이다. 순수한 조선 요리를 먹으려면 요리점에 가야 한다."라는 설명도 있다. 이 당시부터 주로 탕반을 팔던 조선의 음식점과 고급스러운 조선 '요리'를 파는 요리점, 그리고 술집으로 분화되어 있었음을 알 수 있다. 이런 밥집, 술집, 요리점들이 일제강점기에 주로 고기를 소비하는 중요한 장소였을 것이다.

일제강점기, 과학의 이름으로 관리되는 고기

1905년 을사늑약과 1910년의 한일병탄을 거쳐 조선은 일제의 식민지가 되었다. 조선은 이후 일본에 의해 강제적으로 '근대화'라는 길을 밟게 되는데, 이에는 축산업도 포함된다. 1868년의 메이지유신으로 드디어 육식을 하게 일본인의 눈에, 조선인의 큰 체격이 들어왔다. 1924년에 《조선의 실정朝鮮之實情》[31]을 쓴 사사키 쇼타佐佐木正太는 조선인의 체격이 일본인보다 크고 골격도 조화를 이루는 이유가 어육은 말할 것도 없고 쇠고기와 돼지고기를 많이 먹기 때문이라고 보았다.

당시 조선에서는 소를 많이 키우고 있었다. 1905년 일본 농무성이 편역한 러시아의 조사보고서에는 "소는 외국에 수출할 정도로 가축이 많으며, 소는 신장과 역량이 대단히 훌륭하다."[32]라고 기록되어 있다. 1894년 혼마 규스케本間久助가 지은 《조선잡기朝鮮雜記》[33]에도 "조선인들은 말고기를 먹지 않으며, 쇠고기를 아주 좋아하고 팔도의 목장은 전부 관료가 지배하고 있다. 도살소屠牛는 목우牧牛를 보호하는 정책에 의해 도살할 때에는 한 마리마다 돈을 관부에 납입해서 허락을 받는다. 또 소는 대단히 비대해서 서양의 젖소에 뒤떨어지지 않는다."라고 조선의 육식 사정을 기록했다.

1905년에는 도키시게 하쓰쿠마時重初態가 쓴 《한국 우역 및 기타 수역에 관한 사항 조사부명서韓國牛疫其他獸疫ニ關スル事項調査復命書》[34]도 출간됐다. 한국에서의 수역獸疫 발생 유행의 연혁 및 그 상황, 수역과 교통운수와의 관계, 수역 예방 방법, 일한 양국의 방역에 관한 의견, 소와 기타 수역 예방 접종법, 한국의 도축장 현황에 관한 의견, 축우 및 축산물의 매매 교환 및 수출로 구성되고 있어 목축에 관해 꽤 과학적인 관리를 하고 있음을 알 수 있다.

1911년에 발행된 《조선농사시교朝鮮農事示敎》[35]는 기후와 풍토

가 일본과 별로 다르지 않은 조선에서 농업이 발달하기 위해서
는 전문 지식이 필요하다면서 편찬된 농업 일반에 관한 교과서
로, 그중 축산과 관련된 내용도 있다. 가축의 정의와 종류, 그에
따른 이용 방법과 사양 시 고려해야 할 사항 등을 설명하고 있
는데, 지금의 눈으로 보면 지극히 평이한 내용이다.

　농가에서 기르는 동물을 가축이라 한다. 보통은 짐승의 종류만
가축이라 칭하지만, 넓게 해석하면 새, 벌레, 어류 등까지 보통 길들
인 것을 다 가축이라 한다. 가축은 원래 그 야생의 동물을 길들인
것이니, 가축과 야생동물의 관계는 마치 작물과 야생식물의 관계와
같다. 가축의 중요한 것은 소, 말, 개, 돼지, 염소의 다섯 종류이고,
말은 부리기 위해 기르며, 개는 그 고기를 먹거나 밤을 지키기 위해
기르며, 돼지는 그 고기를 취하기 위해 기르며, 염소는 그 젖과 고기
를 취하기 위해 기른다. 소는 그 용도가 가장 넓은 가축인데, 그 힘
이 세서 무거운 노역에 잘 견디며, 그 고기도 맛이 좋아 사람의 반
찬에 오르며, 그 젖에는 영양분이 많아 좋은 음료가 된다. 이상 다
섯 종류의 가축을 5축이라 명칭하나니라. 이외 짐승의 종류로 기
를 만한 것은 토끼, 양, 고양이 등이며, 조류로 기를 만한 것은 닭, 집
오리, 게우(거위), 칠면조(페로국 닭) 등이다. 그리고 가축을 사양하
는 목적은 세 가지로 구별된다. 고기, 털, 가죽, 기름, 젖, 알, 고치 등
의 생산물을 얻기 위함이며, 일을 시켜 인력을 돕기 위함이며, 작물
의 비료를 얻기 위함이다. 농가는 전문의 목축농이 되지 못하는 사
람이라도, 많든 적든 얼마간에 가축을 기르는 것이 좋으니, 가축은

표 1 《조선농사시교》 속 가축의 종류와 특징

구분	종류		원문
가축	소	뿔에 의한 분류 : 장각종, 중각종, 단각종, 무각종 산지 : 산악종, 평원종, 계곡종 용도 : 녹용종, 유용종, 역용종	
	돼지	살이 찌기 쉽고, 고기가 부드러운 것을 기름. 체격은 체구가 원통형이 되고, 머리와 다리가 비교적 적고 살이 부은 것이 좋음. 유명 품종 : 뻑샤야, 욕샤야, 체스트 화이트, 지나 돼지 등 - 부드럽고 양분이 많음. - 잘 지져 먹으면 기생충 염려 없음. - 소금절이, 훈제	
가금 (육금)	닭	가금 중 가장 중요 세계에 널리 사육	
	페루국 닭 (칠면조)	맛이 아름다운 고기와 알을 생산	
가금 (수금)	집오리(가압)와 게우(거위)	못, 웅덩이, 내천가에서 기르면 수익이 많음. 오리고기는 기름이 많고, 알도 식용 거위는 알을 많이 낳지 않고 고기는 조금 강하나 간장은 귀중한 식품	

헛되게 폐물이 되어버릴 것이라도, 이를 이용하여 귀중한 생산물을 얻을 수 있다. 사육하는 가축은 특별히 사랑하는 마음으로써 잘 관리하여야 한다. 가축은 인류와 같이 언어로써 그 불평함을 말하지 못하나 늘 꾸짖고 채찍하여 혹독히 부리다 보면 마침내 그 행실이

고약해져서, 일부러 사람의 명령을 어기거나 혹은 일찍 죽어 반드시 손해 보게 된다.

1926년에 출간된 《조선농림축잠대감朝鮮農林畜蠶大鑑》[36]은 조선의 국토를 어떤 방법으로, 어떤 방향으로 개척할 것인가에 주목하고 있어, 일제의 식민지 경영에 복무하는 책이라고 볼 수 있다. 농업 편, 임업 편, 축산 편, 잠산 편으로 나누어 풍부한 자료와 설명으로 당시 한국의 농업과 임업의 면모를 세세하게 소개하고 있는데, 소, 돼지, 닭, 양 등 축산 상황을 산업과 관련시켜 살피고 있다.

일본은 조선의 가축을 과학적인 견지에서 기술한 책들을 일제강점기에 많이 출판했다. 이는 조선의 축산업을 발전시키기 위해서가 아니라 가축을 많이 잘 길러서 일본으로 수출하기 위한 것으로 추측된다. 실제로 당시 조선에서 많이 키우던 가축은 소, 말, 당나귀, 노새, 돼지, 개, 염소, 닭 등이었는데, 그중 소의 수출액은 1898년부터 1903년까지 6년간 연평균 77만 8,000엔 남짓으로, 전체 수출액의 10%가량을 차지했다(세관연보에 따름).[37] 일제강점기에 우리 목축업이 일부 과학적이라는 명분하에 관리되기는 시작했지만, 그 내용을 들여다보면 메이지유신 이후 고기 소비량이 늘어나고 있던 일본으로의 육류 수출이 중요한 목적이었음을 다시 한 번 확인할 수 있다.

3장

그림과 문학 속
고기 풍경

우리가 조상들의 고기문화를 이해하는 방법은 여러 가지일 것이다. 앞 장에서는 주로 문헌의 기록들을 통해 고기의 역사나 문화, 정서 등을 살펴보았다. 그러나 문헌이 아닌 그림과 문학은 조상들의 문화를 좀 더 생생하게 전해준다. 무엇보다, 그림 한 장이 주는 감동이 긴 설명보다 훨씬 큰 경우가 있다. 여기서는 고기와 관련된 그림과 서민을 대변하는 문학인 판소리소설을 통해 고기에 얽힌 우리 조상들의 정서와 문화를 들여다보고자 한다.

풍속화 속 고기구이 장면

여기 꼭 닮은 두 폭의 그림이 있다. 하나는 단원 김홍도金弘

그림 4 김홍도의 〈설후야연〉(프랑스 기메박물관 소장)

1부 고기를 밝힌 한국인

道(1745~1806?)의 〈설후야연雪後野宴〉이고, 하나는 19세기의 화가 성협成夾(?~?)의 〈야연野宴〉이다. 제목이 같은 데서 알 수 있듯이 두 화가가 그린 것은 모두 야외에서 벌이는 잔치 풍경이다.

김홍도의 〈설후야연〉은 남성들이 기생들과 함께 야외에서 고기와 함께 술을 즐기고 있는 모습을 그렸다. 눈이 쌓여 있는 겨울임에도 추위를 아랑곳하지 않고 화로 위에 번철 같은 것을 올려놓고 고기를 구워 먹고 있다. 그 옆으로 여러 종류의 그릇이 올라간 소반이 있어 배불리 먹고 노는 흥겨움이 잘 드러난다.

한편 성협의 〈야연〉은 관례冠禮를 치른 후 이웃들에게 고기를 대접하는 축하 잔치로 보인다. 흥겨운 술자리에 두건을 쓴 소년이 함께 자리하고 있기 때문이다. 아마도 이 소년은 방금 관례를 마쳤기 때문에 술자리에 참석한 것으로 보인다. 다음은 이 그림의 위에 쓰인 제시다.

술잔, 젓가락 늘어놓고 이웃 모두 모인 자리　　　　杯箸錯陳集四隣

버섯이며 고기며 정말 맛이 있네 그려　　　　　　　香蕈肉膊上頭珍

늙은이가 이런 음식 좋아한들 어찌 식욕을 풀겠소마는

老饞於此何由解

고깃간 지나며 입맛 다시는 사람일랑 본받지 말아야지

不效屠門對嚼人

그림 5 성협의 〈야연〉(국립중앙박물관 소장)

    이 축하 파티의 핵심은 고기인 듯하다. 남성들이 나무그늘 아래 자리를 펴고 앉아 고기를 구워 먹으면서 즐거워하기 때문이다. 여기서 고기를 굽고 있는 전골틀을 전립과氈笠鍋라고 한다. 이 이름은 저 그릇이 병사들의 투구(전립투)를 뒤집어놓은 것처럼 생겼다 하여 붙은 것인데, 벙거지를 젖혀놓은 것과 같다고 하여 벙거짓골 또는 벙거짓골 냄비, 감투골이라고도 불렀다.

이처럼 야외에서 고기를 구워 먹는 일은 양반들이 즐기던 풍류였다. 이렇게 풍류를 즐기던 풍습 중 하나로 '난로회'라는 것이 있다. 19세기에 쓰인 《동국세시기》에는 "서울 풍속에 음력 10월 초하루날, 화로 안에 숯을 시뻘겋게 피워 석쇠를 올려놓고 쇠고기를 기름장·달걀·파·마늘·산초가루로 양념한 후 구우면서 둘러앉아 먹는 것을 '난로회煖爐會'라고 한다."고 설명했다. 음력 10월이라는 날짜로 보나 쇠고기를 구워 먹는다는 설명으로 미루어볼 때 김홍도의 〈설후야연〉이 바로 난로회의 풍경을 묘사한 것이라는 생각이 든다.

비록 조선 시대 내내 우금령이 내려지다시피 했지만, 쇠고기는 이렇게 잔치에서 대접하는 음식으로, 양반들의 풍류로 명맥이 이어졌다.

조선 시대, 가축은 식구였다

조선 시대의 그림에서 가장 많이 보이는 가축은 단연 닭이다. 닭은 크기도 작고 키우기도 쉬운 데다 서민들의 가장 중요한 단백질 공급원인 달걀을 선사하는 가축이라 많은 집에서 길렀다. 그런 만큼 조선의 풍속화에도 자주 등장한다. 그중에서도 아름다운 닭 그림이 있으니, 조선 중기에 활동했던 화가인 변상벽卞相璧이 1750년경에 그린 〈자웅장추〉다(그림 6). 변상벽은 고양이와 닭을 기막히게 잘 그려 '변고양이' 또는 '변닭'이라는 별명으로 불렸다.

"푸른 수탉과 누런 암탉이 일고여덟 마리 병아리를 거느

그림 6 변상벽의 〈자웅장추〉(간송미술관 소장)

렸다. 정교한 솜씨 신묘하니 옛사람도 미치지 못할 바이다靑雄
黃雌, 將七八雛. 精工神妙, 古人所不及."라는 제사는 표암 강세황姜世
晃(1713~1791)이 붙인 것이다. 그 뒤로 후배 화가 마군후馬君厚
(1750?~?)가 덧붙인 제문이 나온다. "흰 털 검은 뼈로 홀로 무리
중에 우뚝하니, 기질은 비록 다르다 하나 5덕五德이 남아 있다.
의가醫家에서 방법을 듣고 신묘한 약을 달여야겠는데, 아마 인
삼과 백출과 함께해야 기이한 공훈을 세우겠지白毛烏骨獨超群, 氣
質雖殊五德存. 聞道醫家修妙藥, 擬同蔘朮策奇勳." 그러니까 인삼과 백출
을 넣고 달인 삼계탕이 될 닭의 운명을 공훈이라고 치켜세우는
것이다. 이를 통해 조선 시대에도 인삼을 넣고 끓인 삼계탕을 보
양식으로 먹었다는 것을 알 수 있다. 그러나 삼계탕이라는 용어

1부 고기를 밝힌 한국인

는 조선의 문헌에는 보이지 않는다. 근대기에 가서야 '계삼탕'이라는 음식명으로 비로소 나타나고, 어느 때부터인지 삼계탕이라고 쓰이게 되었다.

인간이 사육하는 동물을 가축家畜이라고 부른다. 집에서 기르는 짐승이라는 뜻으로, 한집에 사는 가족처럼 동물들을 대했다. 이를 잘 보여주는 그림이 있다. 첫 그림은 김홍도의 〈생조거상도 生朝擧觴圖〉다(그림 7). 김홍도가 1800년 정초에 정조에게 진상한 8폭 병풍 〈주부자시의도朱夫子詩意圖〉 가운데 여섯째 폭이다. "공손하게 생신 아침에 한 잔 술 올리오니, 짧은 노랫가락 그쳤어도 뜻은 따르옵니다. 원하시는 말씀 돌아가신 아버님과 아들 손주의 편안함뿐, 검은 머리 홍안으로 즐거움 길이 누리소서."라는 제사가 쓰여 있다.

늦더위가 남은 초가을 어느 날 아침, 기와집에서 벌어지는 모친 생신 잔치 장면이다. 돌담에 기대 지은 집에서 차양을 치고 자리를 깔아 잔치를 벌이는데, 좌정한 모친은 음식이 수북한 독상을 받고 있다. 늙은 아들이 꿇어앉아 술잔을 올린다. 자리에는 한 인물이 독상을 받고 있고 젊은 아들과 아이 둘이 겸상을 했으며 앞쪽엔 두 부인이 앉아 있다. 아래쪽 별채에서는 손님으로 보이는 세 사람이 겸상을 하고 있다. 부엌에서 쟁반을 든 여인이 나오고 쌍상투를 튼 동자가 술과 잔을 나르는 중이다. 여기서 주목되는 풍경이 있으니, 마당에서 평화로이 노닐고 있는 암수탉과 병아리 가족이다. 마치 이 집안의 가족이라도 되는 듯이 한가롭다.

그림 7 김홍도 〈생조거상도〉(호암미술관 소장)

1부 고기를 밝힌 한국인

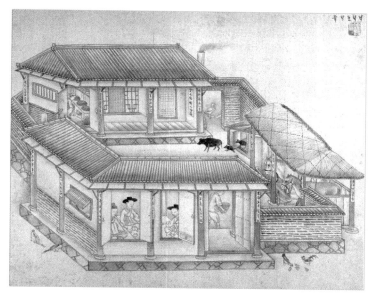

그림 8 김준근 〈객주〉(독일 함부르크민족학박물관 소장)

　한편, 19세기 말의 화가 김준근金俊根은 객주에서 소와 돼지
를 함께 기르는 모습을 보여주는 그림을 그렸다(그림 8). 객주
는 여각 또는 객상의 주인을 말하며, 주인이란 주선인周旋人을
의미한다. 객주와 같은 중간상인이 출현하게 된 것은 그만큼
상품 유통의 규모가 증대했음을 보여준다. 특히 포구가 해로와
수로를 이어주며 상품 유통 중심지로 부상하면서 원격지 간의
상품 교역이 활발하게 전개되었다. 이런 상황에서 많은 물품을
보관하고 중개할 수 있는 여건을 갖춘 상인들이 등장하게 되
었고, 객주는 위탁매매를 중심으로 하는 다양한 업무에 종사
했다. 김준근의 〈객주〉에서 볼 수 있는 가축은 농가가 아닌 객

그림 9 심사정의 〈기우목양〉(간송미술관 소장)

주라서 그런지 다양하다. 마구간에는 말이 보이고, 돼지도 마당을 자유롭게 돌아다닌다. 뒤뜰의 오리와 앞뜰의 닭까지, 넉넉한 풍경이다.

　다음은 소가 등장하는 그림을 보자. 〈그림 9〉는 18세기 심사정沈師正(1707~1769)의 〈기우목양騎牛牧羊〉이다. 목동이 소를 타고 양을 몰고 있는 풍경을 그렸다. 그런데 양이라고 했으나 모습은 지금의 염소다. 그러니까 조선 시대에는 염소를 양이라고 불렀고, 그 고기를 제사에도 올린 것으로 추측된다. 검은색과 흰색 양의 뿔과 머리 아래 수염까지 아주 섬세하게 표현되어 있다.

가축을 사고팔다

처음에 집에서 동물을 기른 이유는 잡아먹기 위해서였을 것이다. 그러나 가축은 곧 선물을 하거나 다른 물품과 바꾸는 데에도 요긴하게 쓰였다. 가축을 교환하거나 사고파는 행위는 아주 오래전부터, 사냥으로 동물을 취득하거나 직접 기르면서부터 시작되었을 것이다. 농민들은 농한기인 겨울철에 사냥을 통해 옷감으로 사용할 수 있는 가죽과 식용 고기를 획득했고, 밭이나 논을 소유하지 못한 사람들은 사냥을 전업으로 하여 생계를 유지했다. 그렇게 얻은 가축을 다른 사람들에게 넘겼을 것이다. 물물교환의 형태든 화폐 유통의 형태든 말이다.

이러한 가축 매매의 현장을 잘 보여주는 그림이 조선 말기에 나타난다. 기산 김준근은 19세기 말에 활동한 화가다. 그는 개항장을 중심으로 활동하며 다양한 풍속을 그렸으며, 우리나라 최초로 번역된 서양 문학작품인 《텬로력뎡天路歷程》(1895)의 삽화가이기도 하다. 당시 조선인의 일상이 잘 드러난 그의 풍속화는 특히 조선을 방문한 여러 서양인의 여행기에 삽화로 실렸다. 그런 김준근의 그림으로 닭과 돼지를 사고파는 모습을 각각 확

그림 10 김준근의 〈닭장사〉
(프랑스 기메박물관 소장)

그림 11 김준근의 〈동저상冬猪商〉
(네덜란드 라이덴민족학박물관 소장)

인할 수 있다(그림 10, 11).

조선 시대에 많이 먹었던 육류는 바로 개고기다. 김준근의 그림 중 개를 팔기 위해 끌고 가는 장면을 그린 것이 〈도한屠漢〉이다(그림 12). 그림의 제목 '도한'은 짐승을 잡는 것을 직업으로 하는 백정을 뜻하는데, 조선 말기에는 개를 잡는 일을 직업으로 하는 사람을 '개백정'이라고 했다. 도한이 개 목에 줄을 맨 채 끌고 가는데 개는 끌려가지 않으려는 듯 발버둥을 치고 있다.

〈시장에 돼지를 끌고 가는 모습〉 또한 김준근의 그림이다(그림 13). 한 여성이 돼지를 몰고 가는데, 자세히 보면 돼지의 귀

그림 12 김준근의 〈도한〉
(독일 함부르크민족학박물관 소장)

그림 13 김준근의 〈시장에 돼지를 끌고 가는 모습〉
(캐나다 왕립온타리오박물관 소장)

양쪽이 뚫려 있다. 돼지 귀에 뚫은 구멍을 새끼줄로 연결한 후
이를 다시 나무막대에 연결했다. 다른 손에는 돼지를 몰고 가기
위해 가느다란 회초리를 들고 있다.

　돼지를 지게에 얹어 나르는 사진(그림 14)은 구한말 외국인이
촬영한 것이다. 돼지를 직접 기른 농민이 이를 팔기 위해 지게에
얹어 시장으로 가는 모습을 담은 것으로 보인다. 이 농민에게
돼지는 식구나 마찬가지였겠지만, 먹고살기 위해 팔 수밖에 없
는 복잡한 마음이었을 것이다.

그림 14 돼지 팔러 시장에 나가는 농민들(J. B. 버나두, 《은자의 나라: 사진으로 본 옛 한국》, 시사영어사, 2002)

판소리 다섯 마당에 드러난 고기문화*

판소리는 음악적 요소와 사설의 문학적 요소, 그리고 연극의 연희적 요소가 한데 어우러진 종합예술이다. 판소리 대본은 개인의 창작물이 아니라 공동의 구비 서사물이 문자로 정착되어 읽히는 판소리계 소설로 본다.[38] 이렇게 탄생한 판소리소설은, 우리 민족의 생활상을 사실적으로 표현했으므로 음식문화를 파악하는 소재로 적절하다. 한시나 기속시에서 보이는 것들이

---

* 이 절은 필자가 학회지에 발표한 논문을 기초로 작성되었다. 김미혜·정혜경, 〈조선 후기 문학에 나타난 음식문화 특성—판소리 다섯마당을 중심으로〉, 《한국식생활문화학회지》, 22(4), 2007.

주로 양반의 문화라면, 판소리소설은 일반 민중의 삶의 모습을 적나라하게 대변한다. 그래서 판소리 열두 마당 중 오늘날까지 연행되는 판소리 다섯 마당을 중심으로 그 속에 나타나는 고기문화를 살펴보려 한다.

심청전 속 고기문화

심청전[39]은 몰락 양반의 곤궁한 생활상을 그리고 있는데, 현실적인 가난을 효의 윤리로 극복하려는 의식구조를 대변한다. 심청 어미인 곽씨부인의 품팔이 노래, 심 봉사와 심청의 동냥하는 대목, 선인들이 사람을 사 가는 대목 등은 조선 후기 민중의 현실을 사실적으로 보여준다. 심청전 중 음식이 나오는 장면은 '곽씨부인의 품팔이 장면', '심청이 밥을 빌어 아버지를 봉양하는 장면', '심청이 인당수 가기 전 어머니 산소에 작별인사 하는 장면', '인당수 가기 전 아버지께 아침상 드리는 장면', '심청이 인당수 빠지기 전 고사상 장면', '심청이 용궁에서 접대받는 장면' 등이다.

심청전에 등장하는 식재료를 찾아보고 이를 표로 정리해보았다(표 2). 생각보다 많은 식재료가 등장하는 것을 볼 수 있는데, 그중 동물성 재료는 갈의치(갈치), 즈반(생선), 쇠고기 등이 있다. 구성비를 보면 동물성 재료보다 식물성 식재료의 종류가 훨씬 다양하고 많다. 이는 실제 식생활을 반영한 것으로, 우리 민족이 채식 위주의 식생활을 했음을 확인할 수 있는 대목이다.

생선인 갈치와 자반은 반찬인 데 비해, 고기를 사용한 음식인

표 2 심청전의 식재료와 음식들

식재료		동물성	갈의치, ㅈ반, 쇠고기
		식물성	쌀, 보리, 기장, 슈슈, 콩, 팥, 호도, 성유, 은행, 치자, 비자, 오미자, 감자, 대초, 생률, 능금, 외앗, 차도, 석과, 호모반도, 삼천벽도, 파래
음식	주식류	밥	흰밥, 콩밥, 팟밥, 보리밥, 기장밥, 슈슈밥, 국밥, 암쥭
		면	닝면
	부식류	탕	신셜노, 오색탕수
		채	나무시
		발효식품	짐치, 졋갈
	기호식 및 별식	떡	증편
		술	현쥬, 자하주, 천일주, 츤슈, 약쥬, 옥액경장
		과자류	약과, 빅슨과잘, 다식, 정과, 류안과
		과일	호도, 성유, 은행, 오미자, 대초, 생률, 능금, 외앗, 차도, 석과, 삼색실과
		음청류	화취, 감노수

신셜노, 오색탕수는 고급음식인 것이 주목된다. 신셜노(신선로)와 오색탕수는 주재료가 고기이기는 하지만 동물성, 식물성 재료가 여러 가지 들어간다. 두 음식 모두 다양한 재료로 화사한 색을 내는데, 조선 후기부터 잔치음식으로 각광받았음을 알 수 있다.

춘향전 속 고기문화

춘향전[40]은 갈등은 신분사회와 탐관오리의 수탈 등 조선 후기의 구조적 모순이다. 신관사또에 대한 춘향의 저항은 민중의 항거와 무관하지 않으며, 인간다움을 성취하기 위한 투쟁으로 볼 수 있다. 이러한 춘향의 자기성취를 위한 투쟁이 당대 민중의 공감을 획득했을 뿐만 아니라 민중의 희망을 반영해 어사또의 출두로 극적인 반전을 맞게 되었다.

춘향전 중 음식이 나오는 장면은 '춘향 모가 이 도령에게 술상을 대접하는 장면', '이 도령이 춘향을 업고 사랑가를 부르는 장면', '걸인 행색의 어사또에게 향단이 밥상을 차려주는 장면', '변 사또 생일상에 걸인 어사또가 음식을 받는 장면' 등이다. 춘향전에 나오는 식재료를 보면 〈표 3〉과 같이 동물성 재료는 쇼반촛고기(쇠고기), 문어, 게란, 명틔(명태), 멸치, 졉복(전복), 싱치(꿩고기), 양회(소의 양 회), 간, 천엽(소의 위), 미쵸리(메추라기), 낙지, 콩팟(콩팥) 등이 나온다.

아무래도 춘향 모가 예비사위 이 도령을 대접하거나 변 사또가 벌이는 잔치 장면이 있으므로 심청전에 비해 동물성 식재료가 많이 등장한다. 특히 양회, 간, 천엽, 콩팥 등이 나와 소 내장이 중요한 식재료였음을 알 수 있다. 고기로 만드는 부식류 또한 미쵸리탕(메추라기탕), 슈란탕(계란탕), 장국, 간장국, 연계찜(영계찜), 갈비찜(갈비찜), 제육찜(제육찜), 죠락산적(달걀을 씌워 구운 산적), 육젼(고기전), 육호(육회), 싱치구이(꿩구이), 쩍벽기(떡볶이) 등 탕과 국, 찜과 적, 전과 구이가 다양하게 섞여 있다.

춘향전에는 판소리 다섯 마당 중에서 가장 다양한 음식이 등장한다. 이는 춘향전의 배경인 전라도가 곡식과 해산물, 산채 등

표 3 춘향전의 식재료와 음식들

식재료		동물성	쇼 반초고기, 문어, 게란, 명틔, 멸치, 점복, 싱치, 양회, 간, 천엽, 미쵸리, 낙지, 콩팟
		식물성	콩지렴, 곳쵸, 싱강, 슈운, 미나리, 춤지름, 기살구, 싱율슉율, 슈박, 강능빅쳥, 능금, 보도, 풋고쵸, 홋쵸, 파, 만를, 도라지, 싱쳥, 산치, 고사리, 잣, 닌삼, 딕쵸, 호도, 슉운치, 쇄소금, 연근, 곡감, 편과
음식	주식류	밥	밥
		면	국슈, 착면
	부식류	탕	미쵸리탕, 슈란탕, 장국, 간장국
		찜	연게씸, 갈비씸, 제육썸
		전	어젼, 육젼, 지지지
		적	죠락산젹
		회	어회, 육회
		구이	싱치구이, 썩벽기
		채	청포치, 녹두치, 콩나물, 고사리나물, 미나리나물, 슉운치
		발효식품	제리짐치, 단간장
	기호식 및 별식	떡	설기, 송편, 정절편, 산비쎡, 쳥단, 슈단
		술	광ㅎ쥬, 막썰니
		과자류	어과ㅈ, 닌삼정과, 삿탕, 잣박이, 연폭
		과일	곡감, 기살구, 싱율슉율, 슈박, 능금, 보도, 딕쵸, 호도, 곡감, 편과
		음청류	홋치, 귤병ㅊ, 닝슈, 진쳥, 싱쳥

이 다른 지역에 비해 풍부하고, 넓은 평야로 인해 부유한 토반들이 대를 이어 살았기 때문이리라 생각된다. 이렇게 풍요로웠던 조상들의 식생활의 일단을 살펴보기 위해 춘향전의 한 장면

을 원문 그대로 소개한다.

장자백 창본 춘향가 15-뒤, 16-앞: 츈향 어모 이 도령에게 술상 대접 장면
(주진머리) 상단이 나가든이 음식을 치리난듸 안셩유긔 통영칠판
천은슈졔 구리젹수 진진셔리 슈버리듯 쥬루루루 버려 녹코 솟기렷
싸 호죠판 되모양각 당화긔여 얼기셜기 숑편이며 네귀 번듯 졍졀편
쥬루루 역거 산비쩍과 편과 진청 싱쳥녹코 죠락산젹 웃짐쳐 양회
간쳔엽 콩팟 양편의 버려녹코 쳥단 슈단의 잣박이며 인삼치 도라지
치 낙지 연폭 콩지렴 슉운치로 웃짐을 쳐 가진 양님 묘여녹코 쳥동
화로 빅탄숯 붓치질 활활ᄒ여 곳쵸갓치 일워녹코 젼골을 듸릴 젹의
살진 쇼 반ᄎ고기 반한도 드난 칼노 졈졈 편편 오려ᄂᆡ여 쇄쇼금 찬
지름쳐 부슈 쥬물너 지와ᄂᆡ여 되양판 쇼양판 여도 담고 져도 담고
쓸쓸 푸두둥 싱치다리 오도동 포도동 미쵸리탕 쇠ᄭᅵ요 연계씸 어
젼육젼 지지지며 슈란탕 쳥포치 지즈 곳쵸 싱강 마늘 문어 젼복 봉
오림을 나는 다시 교여 녹코 산치 고사리 슈운 미나리 녹두치 만난
장국 쥬루루 듸려붓고 게란을 쏙쏙 ᄭᅵ여 웃싹지를 쎄고 질게 느리
워라 숀쓰건듸 쇼졔 앗소 나무졔를 듸려라 교기 한 졈 덥벅 집어 만
난 지름 간장국의 풍덩 듸릿쳐 덥벅 피슐 부어라 먹고 노즈(말노) 광
ᄒ쥬 죠흔 슐을 화잔의 가득 부어 상단이 식여 도련님젼 올니거날
도련님 슐잔 들고 ᄌᆞ탄ᄒ여 ᄒ난 말이

흥보전 속 고기문화
흥보전[41]은 겉으로는 형제 간의 우애를 다룬 작품으로, 가난

하고 무기력하고 무능하지만 착한 흥보와 돈에 눈이 어두워 형제 간의 우애도 모르는 놀보를 대비시켜 보여줌으로써 흥미를 돋운다. 그러나 현실의 부조리함을 날카롭게 고발하고 있다. 실제로 매품을 파는 대목, 가난타령, 돈타령 등을 통해 가난한 서민들이 고생하며 살아가는 모습이 사실적으로 묘사된다. 흥보의 박에서 밥과 옷이 나오는 장면도 조선 후기 민중의 의식주에 대한 꿈을 환상적으로 반영한 것이다.

흥보전 중 음식이 나오는 장면은 놀보를 소개하는 장면, 흥보가 먹을 것이 없어 형님한테 밥을 비는 장면, 흥보 자식들이 밥달라고 조르는 장면, 박에서 청의동자가 약을 건네는 장면, 박속에서 쌀과 금은보화가 쏟아지는 장면, 부자 흥보가 놀보를 접대하는 장면 등이다.

여기서 등장하는 식재료와 음식을 〈표 4〉로 정리했다.

먼저 동물성 재료는 닥(닭), 녹용(사슴뿔), 쇠용도리쌔(쇠뼈), 빙아리(병아리), 황육(쇠고기) 등이 나와서 비교적 다양한 고기 재료를 볼 수 있다.

식재료뿐 아니라 육만도(고기만두), 기정국(개장국), 즈리탕(자라탕: 자라를 통째로 폭 고아 내어 뜯어 다시 끓인 국), 골탕(소의 등골이나 머릿골을 맑은 장국에 넣어 익힌 국), 영계집(영계찜: 영계를 통째 삶은 다음에 뼈를 추려낸 것에다 밀가루와 녹말을 끓여서 붓고 양념을 치고 고명을 얹어 만든 음식, 연계증), 갈비집(갈비찜) 등 주부식류에서 다양한 고기 음식이 눈에 띈다. 특히 육만두나 골탕, 영계찜, 갈비찜, 사슬산적 등은 조선 시대 왕실이나 반가

표 4 흥보전의 식재료와 음식들

식재료		동물성	닭, 녹용, 쇠용도리쎠, 빙아리, 황육
		식물성	찰베, 빅미, 용뇌, 셔숙, 참외, 파, 울콩, 물콩, 쳥디콩, 동부, 녹두, 지장, 창씨, 들씨, 피마즈, 쌀, 쓰리기, 씨경이, 인슴, 들기름, 박
음식	주식류	밥	힌밥, 팟쥭, 미음
		면	국슈, 닝면
		만두	육만도
	부식류	탕	기정국, 즈리탕, 골탕, 비지쑥, 호박쑥, 외국
		찜	니어집, 영게집, 갈비집
		적	셜산적
		발효식품	흑틔메쥬, 토장
	기호식 및 별식	떡	호박떡, 정절편, 화전, 모일범벅, 찰썩
		술	환혼쥬, 지안쥬, 셜화쥬, 감흥노쥬, 탁쥬
		음청류	황디차, 슉임, 쑬

에서 즐겨 먹던 음식인데 흥보전에서도 만날 수 있어 좀 놀라웠다. 다음은 흥보전 중 음식이 가장 많이 나오는 장면으로, 흥보 자식들이 배고프다면서 밥 달라는 장면이다.

박흥보전(임형택 소장) 5-앞,뒤: 흥보 자식들이 배고프다고 밥 달라는 장면
쨧쨧흔 양지 슷틔マ 느러안진 밉시를 보니 둥글둥글흔 듸글쌕더리 십상 죤 멍셕의 십상 죤 흑틔메쥬 느러논 듯ㅎ게 안져 제에 입맛 되로 청ㅎ며 져의 모친을 죠로던 거시엿다 흔 놈이 쳑 나와 안더니 잇고 어만이 날 밥 좀 쥬쇼 흔 놈은 날 썩 좀 쥬오 쏘 흔 놈은 날 기

정국의 흰밥 좀 말아쥬오 쏘 흔 놈은 날일낭은 호박썩 좀 흐야쥬오 더운 김의도 죠커니와 식으면 단마시 더 흐지요 제 입맛슨 안다마 은 쏘 한 놈이 어만니 나는 즈릭탕의 국슈 말고 니어집 좀 흐여쥬오 흔 놈이 썩 나오며 네 요 여셕더라 어만임을 멋흐엿짜고 졸르난야 홍보 아닉 흐는 말이 즈식이 슈다흐되 어미 안졍 싱각흐는 놈은 너 흐는박기 업구나 글여 괴특흔 늬 아들라 져 놈 듸답흐는 놈은 너 흐 는박기 업구나 글여 괴특흔 늬 아들라 져 놈 듸답흐되 어만임 늬 말 드러보오 나는 아모 썻도 말고 졍졀편의 영게집 갈비집 육만도 셜산 젹 화젼 닝면 지지기 골탕을 만이 흐야노코 어만임은 믹을 들고 져 놈을 못 먹게 휘두듸리여 금지흐고 나 혼즈 먹거더면 잘 먹난ㄱ 못 먹난ㄱ 굿 좀 보아쥬옵쇼셔 어 그 놈 참 푸셕이 아달놈이로고 잇 써 흔 놈은 음식 셤기는 통의 건톄징이 낫던ㄱ부더라 어만임 이샹흐 오 그 졍을 칠 놈들이 음식을 흐도 노릭로 흠션흐게 흐니 건쌋로 속 이 늑기흐며 톄징이 듸발흐오 그러흐는 날일낭은 황듸차의 쑬 만이 발너쥬오

홍보전의 음식 특성은 다양한 종류의 떡과 고기 음식이 등장 한다는 것이다. 이는 홍보전이 박을 통해 민중의 희망을 표현한 작품이기 때문일 것이다. 민중들이 평소 가장 좋아하고 먹고 싶 어하는 음식들이 제시된 것이다. 일반 백성들의 식생활은 심청 전에서 보듯 밥에 김치, 간단한 나물로 허기를 채우는 정도였을 것이다. 따라서 기름지고 맛있는 고기 요리는 늘 먹고 싶어하는 갈구의 대상이었으리라.

특히, 광대한 목축을 경영할 여건이 안 되는 한반도의 지형으로 인해 수조육류를 수렵이나 소규모의 목축 또는 가축에 의존하는 형편이었으므로 백성들이 고기를 먹기는 매우 어려웠다. 반면, 기르기 쉽고 값싼 개고기는 우리 민족의 우수한 단백질 급원이었다. 여러 조리서에서 개고기 요리를 소개하고 있는데, 대표적으로 흥보전이 필사될 무렵의 조리서인《규합총서閨閤叢書》에는 개고기, 개 찌는 법, 개장, 동아개찜, 개고기독, 개 특산지 등이 기록되어 있다.[42]

이렇듯 조선 시대에는 누구나 개고기 음식을 즐겨 먹었고, 푸줏간에서도 개고기를 팔았다. 흥보전에 등장하는 개장은 개고기를 삶아서 파, 고춧가루, 생강 등을 넣고 푹 끓인 것으로, 매운 개장을 땀을 내며 먹으면 더위를 물리치고 허한 것을 보한다는 속설이 있었다. 개장국은 삼계탕과 함께 대표적인 삼복절식으로,《동의보감東醫寶鑑》에서는 개고기의 성질이 따뜻하며, 짜고 시고, 오장을 편안하게 하고, 혈맥을 조절하고, 장과 위를 튼튼하게 하며, 골수를 충족시켜 허리와 무릎을 따뜻하게 하고, 양도를 일으켜 기력을 증진시킨다고 했다.

토끼전 속 고기문화

토끼전[43]은 조선 후기의 정치 현실을 우화적으로 풍자한 판소리소설이다. 별주부전, 수궁가, 토의간, 토생원전, 토별가, 토끼타령 등으로도 불린다. 용왕이 잔치를 벌인 후 병이 나자 신선계의 선관이 나타나 육지에 있는 토끼의 간을 먹으면 낫는다고

표 5 토끼전의 식재료와 음식들

식재료	동물성	금고릭, 금거복, 샹어, 젼복, 광어, 슝어, 민어, 농어, 쟝어, 병어, 쥰치,방어, 문어, 자가살이, 도미, 모릭못치, 망동이, 자라, 강다리, 고지, 모쟝어, 볼거지, 빈딩이, 송살이, 밋구리, 히샴, 홍합, 대합, 소라, 고동, 우렁이, 식오, 쏠둑이, 죠기, 방게, 기, 소(션지, 늬쟝, 두쭉, 안심, 밧심 두 볼기), 사슴(록룡), 도야지(육, 제혈), 홍어신, 리어, 감을치, 법게, 대구, 봉어, 위어
	식물성	메역, 신광초, 지연초, 련실, ᄌ지초
음식	주식류	밥	국슈부빔
	부식류	탕	기쟝국, 설넝탕, 찰기탕
		찜	가리씸, 제육
		적	쇠고기적
		채	탄평치
		발효식품	쵸증
	기호식 및 별식	떡	죽절병
		술	션쥬, 빅쇼쥬, 쟝싱쥬
		과일	홍도, 벽도, 텬도
		음청류	가마윤괴탕, 가미디황탕, 오약슌괴탕, 시호방풍탕, 자음강화탕, 십전대보탕

한다. 용왕의 명으로 육지에 간 별주부 자라는 벼슬로 유혹하여 토끼를 데려오지만, 용궁에 간 토끼는 속은 줄 알고 꾀를 내어 다시 육지로 돌아간다. 이 작품은 당대의 왕과 신하와 백성 모두를 비판하며, 백성들은 허황된 벼슬 생각을 버리고 분수에 맞게 살라는 주제를 담았다.

토끼전에 나오는 식재료를 분류해보았다. 〈표 5〉와 같이 토끼전에 동물성 재료는 소(션지, 늬쟝, 두쭉, 안심, 밧심 두 볼기), 사슴

1부 고기를 밝힌 한국인

(록룡), 돼지(고기, 피) 등이다. 고기를 재료로 한 부식류는 기장국(개장국), 설녕탕(설렁탕), 가리찜(갈비찜), 제육, 쇠고기적, 탄평치(탕평채) 등이 나와서 다양한 고기 음식을 볼 수 있다. 서민들이 많이 먹었던 개장국이 흥보전과 마찬가지로 등장한다.

토끼전 중 음식이 나오는 장면은 신하들이 용왕의 약을 구하려는 장면, 토끼가 용궁으로 들어가 대연회를 벌이는 장면, 토끼가 용궁에서 위기를 모면하려는 장면, 토끼가 다시 뭍으로 도망치는 장면 등인데, 다음은 용궁의 어전회의 장면이다.

심정순,곽창기 창본 수궁가: 용궁의 어전회의 장면

령이정 금고리 좌의정 금거복 우의정 샹어 봉죠화 점복 관무스 광어 리죠판셔 슝어 병죠판셔 민어 호죠판셔 농어 형죠판셔 쟝어 공죠판셔 병어 판의금 쥰치 지의금 방어 대뎨학 문어 션전관 썩적이 대간 자가살이 스복 늬승 도미 어스 모릐못치 션젼관 망동이 쥬부 자라 슈문쟝 강다리 별낙즁 고지 금군별쟝 모쟝어 대전별감 볼거지 문군사 빈딍이 강영군졸 송살이 도감포슈 밋구리 희샴 홍합 대합 소라 고동 우렁이 등물이 꾸역 꾸역 드러와셔~ 셔리의 스오가 츌반쥬왈~ 포장에 메역이 복쥬ᄒ되~ 쓸둑이 그 겻헤 있다가~ 궁녀 죠기 거동 보소~ 희운군 방게가 살살 긔여~

용왕이 토끼 간을 구해올 자를 정하기 위하여 어전회의를 열었을 때 신하들은 아무도 육지로 가서 토끼의 간을 구해오겠다고 나서지 않는다. 이때, 신하들로 등장하는 동물들이 모두 바다나 물에 사는 동물들이다. 이렇게 여러 신하의 이름에서 당시 다양한 수산물을 먹었고 널리 유통되었음을 알 수 있다.

토끼전 음식의 또 다른 특성으로는 가마윤긔탕, 가미디황탕, 오약슌긔탕, 시호방풍탕, 자음강화탕, 십전대보탕등이 등장하여 당시 약이성 음료가 발달했음을 짐작할 수 있다는 점이다. 이런 약이성 음료가 널리 백성들 사이에서도 상음되었음을 알 수 있는 것도 판소리소설을 읽는 재미다.

적벽가 속 고기문화

적벽가[44]는 원래 중국 소설인 〈삼국지연의〉의 적벽대전 대목을 한국적 소재로 차용하여 개작한 정치풍자 작품이다. 〈삼국지연의〉는 총 125회로 된 방대한 작품인데, 적벽가에 포함된 부분은 제1회 도원결의를 포함하고, 제39회 유비가 제갈량을 찾는 삼고초려에서부터 시작하여 적벽대전을 고비로 패주하는 조조를 관운장이 화용도에서 살려 보내는 제50회까지다. 적벽가는 〈삼국지연의〉의 일부를 떼어 온 것이지만, 소설 일부가 아닌 완전한 독립작품으로 구성되어 있다.

신재효본 적벽가 5-뒤: 조조 진영 출병 전 잔치 장면
曹操 大宴을 排設ᄒ야 슐 만이 걸으고 썩 만이 치고 소 만이 잡고 돗 만이 잡고 기 잡고 닭 잡아서 護軍을 질근ᄒ고 連環혼 섇 戰船을 大江中央 덩실

적벽가에서 음식이 나오는 장면은 '조조가 출병 전 군졸들에게 잔치를 베푸는 장면'뿐이다. 원작이 중국 소설이고 일상생활이 아닌 전쟁을 배경으로 했기 때문에 판소리 다섯 마당 중에서 음식의 출현 빈도가 가장 적다. 적벽가에 나오는 식재료는 소, 돗(돼지), 닭, 기(개) 등이며, 음식은 술, 썩(떡)이다. 전쟁 중 군사들의 사기를 진작시키기 위해 마련한 잔치음식으로 술과 떡, 고기가 등장한다. 여기서 술, 떡, 고기는 단순한 음식명이 아니라 잔치음식을 상징하는, 즉 가장 흥을 돋을 수 있는 음식의 대명사인 것이다. 특히 고기는 힘power을 상징한다.

2부

한국인의
상용 고기 이야기

삼국시대 이후 불교의 영향과 농사를 위한 우금령 등으로 고기를 넉넉하게 먹어본 적은 없었지만, '이밥에 고깃국'에 대한 열망이 꺼진 적은 없었다. 현재 우리나라의 고기 섭취량은 세계적으로 보아 결코 적은 수준이 아니며 OECD 국가 중에서도 중위권에 속한다. 코리안 바비큐Korean Babeque라고 불리는 불고기는 세계인이 좋아하는 대표 한식이다. KFC치킨을 넘어 양념치킨, 간장치킨 등은 뉴욕에서도 유행이다. 또는 치맥은 한국문화를 대표하는 이 시대의 아이콘이다. 과거 쇠고기를 특히 사랑한 민족이었지만, 현재 가장 많이 먹는 것은 돼지고기다. 세계 최대의 돼지 삼겹살 수입국이다. 직장인들은 퇴근길, 삼겹살에 소주 한잔을 걸치고 집에 들어간다.

2부에서는 현재 한국인이 일상적으로 즐기고 있는 고기의 역사와 문화를 이야기한다. 이를 위해 현재 우리가 가장 많이 먹고 있는 돼지고기부터 이에 못지않은 닭고기, 쇠고기 그리고 개고기를 비롯해 양, 사슴, 말 등을 어떻게 즐겼는지 그 길고 긴 고기 이야기를 풀어보고자 한다. 아주 오래전 선사 시대로 거슬러 올라가서 언제 어떻게 고기를 먹기 시작했는지, 어떻게 가축화 과정을 거쳤는지 알아보고, 또한 어떻게 우리의 독특한 고기문화를 형성했는지를 살펴볼 것이다.

4장

삼겹살의 나라,
한국의 돼지고기

현재 우리나라의 육류 소비량에서는 단연 돼지고기가 1등이다. 쇠고기를 좋아한 민족이지만 실제로 가장 많이 먹는 것은 돼지고기다. 2016년도 1인당 돼지고기 소비량은 전체 육류 소비량의 48.4%인 22.8kg으로, 닭고기 13.4kg(28.5%), 그리고 쇠고기 10.9kg(23.1%)을 넘어서고 있다. 돼지고기 중에서도 특히 삼겹살 사랑은 못 말린다. 퇴근길의 가장 흔한 외식 풍경은 삼겹살을 불에 구워 먹으면서 소주 한잔을 곁들여 세상 이야기를 하는 것이다. 이렇게 사랑받는 돼지는 언제부터 이 땅에서 사육되기 시작했을까? 또한 돼지고기는 우리 민족에게 어떤 대접을 받아왔을까?

돼지를 가리키는 글자는 중국의 옛 책에서는 돈豚이라고 했다. 이 것이 차츰 저猪로 바뀌게 되어, 멧돼지는 야저野豬 또는 산저山豬라고 했다. 우리나라의 고조리서에서는 대부분 저猪라고 나오고, 요즘도 가끔 저육猪肉이라고 한다. 지금 인기 있는 돼지고기 요리인 제육볶음의 제육은 바로 이 저육에서 비롯된 것으로 보인다. 일본에서는 돼지를 돈豚 자로 표현한다.

언제부터 돼지고기를 먹었을까

돼지의 조상이라고 할 수 있는 멧돼지는 원래 전 세계에 걸쳐 활엽수가 우거진 습한 수풀이나 계곡 근처에서 몰려 살았다. 그러다가 농경 시대에 들어서서 우연한 기회에 가축화가 시작되었다. 그럼, 돼지의 가축화는 어디서 시작되었을까? 두 가지 설이 있다. 중국, 이집트, 메소포타미아 등 인류 문명 발상지에서 비슷하게 시작되었다는 설이 있고, 닭과 함께 돼지의 사육이 동남아시아에서 시작되어 서쪽으로는 중근동을 거쳐 사하라 이남 아프리카와 유럽으로 퍼지고, 미작米作문화와 더불어 남쪽 인도네시아 여러 섬과 북쪽의 중국 대륙으로 퍼졌다는 설이다. 이슬람교 율법에 의해 정작 중근동 지역에서는 돼지의 식용이 금지되었다. 한편 아메리카 대륙에는 원래 돼지가 없었으나 옥수수 작물을 사료로 하면서 대량으로 사육되고 있다.

한반도에서는 언제부터 돼지를 사육했을까? 고문헌과 고고학 유물을 통해 볼 때, 고대 한반도로 유입된 유목민족이 양을 버리고 농경민족으로 정착하면서 돼지를 기르게 되었다고 보인다. 《삼국지》 위지 동이전에 따르면, 부여에는 저가豬加라는 벼슬 이름이 보이고 읍루에서는 특히 돼지고기 사육이 많아서 그 고기를 먹고 가죽을 입으며 기름을 몸에 발라서 추위를 막았으며, 지금의 제주도를 일컫는 주호州胡에서 돼지를 기르고 있다고 했다. 《위서魏書》* 고구려전에 주몽 전설이 소개된다. 거기에 돼지가 나오고 돼지고기를 선물로 삼았다는 대목이 있으며, 주몽의 어머니인 유화가 낳은 알을 버렸더니 개와 돼지가 피해 갔다는 내용도 있다. 그리고 《진서晉書》** 사이전四夷傳에는 숙신肅愼*** 에서 장례 때 돼지고기를 관 위에 쌓아놓는다[45]고 기록돼 있다.

삼국시대 및 통일신라 시대에도 돼지에 관한 기록이 조금씩 이어졌다. 《삼국사기》에는 고구려 유리왕 19년(기원전 1)과 산상왕 12년(208)에 교시를 잃었다는 기록이 나온다. 교校는 하늘에 올리는 제사를, 시豕는 돼지를 가리킨다. 따라서 이 땅에서도 돼지가 제사 때 희생으로 쓰였다는 점을 알 수 있다. 조선 왕실이나 종가의 제례에서 돼지고기가 올랐던 것을 볼 때 이때의 전통이 계속 이어져왔다는 추측도 가능해 보인다.

---

* 중국 남북조 시대 북제北齊의 위수魏收가 편찬한 사서. 기전체紀傳體로 북위北魏의 역사를 서술한 중국 25사二十五史 가운데 하나다.
** 당나라 태종의 지시로 644년 방현령房玄齡 등이 편찬한 진晉왕조의 정사. 130권으로. 제기帝紀 10권, 지志 20권, 열전列傳 70권 외에 재기載記 30권이 있다.
*** 기원전 6~5세기 중원中原 북계北界를 비롯한 산둥반도 및 만주 동북부 지역에 살았던 종족. 조선朝鮮이라는 왕조명을 갖기 이전에 고조선인들을 부르던 호칭으로 보기도 한다.

고려 시대의 돼지고기 사정은 송나라 관리인 서긍의 《고려도경》에서 살펴볼 수 있다. 서긍은 고려에 양과 돼지가 있기는 하나 왕족이나 귀족이 아니면 먹기 어렵고 백성들은 주로 해품海品(해산물)을 많이 먹으며 도축법은 서투르다고 기록했다. 불교 계율에 의해 육식이 금지되었으니 도축 또한 서툴렀을 것이고 목축도 거의 이루어지지 않았던 것으로 보인다. 그러나 이후 고려 말이 되면 상황이 달라진다. 원나라의 영향으로 목축이 발달하고 제주도에는 목장도 개발되었다. 제주도의 흑돼지는 역사적으로 전통이 있는 돼지라고 할 수 있다.

그러다가 조선 시대에 들어오면 돼지를 거세했다는 기록이 《세종실록》에 나온다. 황희가 "희생을 어찌하여 거세한 것을 쓰느냐?"고 묻자 예조에서 "숫짐승은 비리기도 하고 살지고 크지도 않으므로, 무릇 원구단圓丘壇이나 종사宗祀의 제사에는 우생牛牲 외에는 모두 거세한 것을 쓴다."고 대답한 것이다(세종 6년 8월 11일). 이는 제향에 쓰이는 제물로는 특별히 깨끗하고 좋은 것을 써야 하므로, 돼지와 양은 특별히 관리하여 키웠다는 것을 뜻한다.

그러나 우리나라에서는 고려 말 이래로 고기라고 하면 쇠고기를 연상하고 돼지고기는 그렇게 좋아하지 않았던 것으로 보인다. 《태종실록》에는 절일사 통사節日使通事 김을현金乙玄이 북경에서 돌아와 다음과 같이 말한 기록이 있다.

황제皇帝가 2월 13일에 남경南京을 출발하여 5월 초1일에 북경에 하연下輦했었습니다. (…) 황제가 내관內官 구아狗兒를 불러 말하기

를, "조선인은 돼지고기를 먹지 않으니, 광록시光祿寺로 하여금 쇠고
기와 양고기를 공급토록 하라." 하고, 수가隨駕하라고 명하여 10일
에 북경北京에 이르렀습니다. (태종 17년 윤5월 8일)

또 《성종실록》에 다음과 같은 기록이 있다.

경기관찰사 손순효孫舜孝가 와서 아뢰기를, "중국 사신을 접대하
기 위해 본도本道에서 별공別貢하는 돼지는 300여 구인데, 큰 고을
에서는 15구이고, 작은 현縣에서는 7, 8구입니다. 몸체가 크고 살이
찌지 아니한 놈은 받아들이지 아니하기 때문에 한 마리의 값이 혹
은 포목 20필에 이르기도 합니다. 신이 한 지방의 감사를 맡아서 그
러한 폐단을 듣고서 아뢰지 않을 수가 없었습니다. 신의 생각으로는
혹은 그 숫자를 재량하여 줄이기도 하고, 혹은 중간치 돼지를 받기
를 허락하기도 하였으면 합니다. 지금 큰 소의 값이 포목 10필을 넘
지 않는데, 돼지는 그 갑절이나 됩니다. 옛날 사람들은 손님을 접대
하거나 제사를 지낼 때에 모두 소·양·돼지를 썼습니다. 소 한 마리를
돼지 네 마리에 준准하게 하고, 섞어서 쓰는 것이 어떠하겠습니까?"
하니, 승지 등이 모두 웃으면서 말하기를, "어찌 소를 죽이자는 말
을 아뢸 수가 있겠는가?" 하므로, 손순효가 말하기를, "열 사람이
굶어 죽는데, 소 한 마리 죽인들 어떠하겠는가?" (성종 12년 5월 4일)

중국 사신을 접대하기 위해 백성들에게서 징발하는 돼지가
너무 비싸니 소로 대체하자는 제안에 승지들은 비웃으며 소를

　　　　　　　　2부 한국인의 상용 고기 이야기

잡을 수 없다고 반대한다. 돼지는 소처럼 자연에서 나는 풀 등을 먹일 수 없고 사람이 먹고 난 부산물이 있어야만 기를 수 있다. 지금 돼지 축사에서 잔반을 모으는 것처럼 말이다. 그러니 사람 먹을 것도 부족한 터에 백성들이 돼지를, 그것도 살이 찌도록 먹일 수가 없었던 것이다. 그러나 승지들은 이런 속사정까지는 헤아리지 못하고 농사에 쓸 소를 잡는 것이 가당치 않다고 반대한다. 예나 지금이나 정책의 원칙과 실제 사정에는 차이가 큰 모양이다.

이렇게 돼지고기를 즐기지 않았기 때문인지, 조선 시대의 조리서에도 돼지고기 음식은 많지 않다. 단지 1700년대의《증보산림경제》에서 돼지고기 조리법과 함께 돼지고기의 효능과 위생 관련 내용을 설명했다. 그 외에는《임원경제지》에서 송대의《중궤록》을 인용해 돼지 밥통을 씻을 때 밀가루를 쓰고 돼지 내장을 씻을 때 사탕을 쓰면 냄새가 나지 않는다고 소개했는데, 당시 돼지고기 손질에서는 냄새 제거가 매우 중요했던 모양이다.

돼지고기 사육이 늘어난 것은 일제강점기에 들어서다. 소를 키우는 것보다는 돼지를 키우는 것이 유리하다는 사실을 알게 되었기 때문이다. 소는 분만 간격이 14개월이고 임신 기간이 280~287일에 이르는 데다 한 번에 새끼 한 마리만 낳는다. 반면 돼지는 분만 간격이 5.5개월이고 임신 기간도 114일에 불과하며 한 번에 10마리 정도를 출산한다.

그러니까, 과거 조선 시대의 쇠고기 선호에서 돼지고기를 주로 먹기 시작한 것으로의 전환에는 아무래도 일제강점기의 축산정책이 미친 영향이 컸다. 일제강점기에 버크셔 및 요크셔종을 도입하여 재래 돼지와 교잡시켜 보급하였기 때문에 1910년에 55만 두였던 돼지가 1935년에는 160만두에 이른다. 결국 공급이 한국인의 육류 소비패턴 변화에 일조한 것이다.[46]

세계인과 돼지고기

중국인들은 고대 이후 돼지고기를 즐겼다. 중국에 돼지가 전래된 것은 인류가 돼지를 사육한 지 몇 천 년 지난 후였다. 이 과정에서 사육 돼지와 야생 돼지가 혼합 교배되었다. 물론 돼지 사육이 중국에서 자생적으로 이루어졌다고 보는 견해도 있다. 중국 구이린桂林 근처 동굴 유적지에서 발견된 사육 돼지 뼈가 기원전 9300년에서 기원전 7000년 사이의 것이라는 데 기인한 견해다. 이것이 사실이라면 세계에서 가장 오래된 사육 돼지의 흔적이다. 사육 돼지의 뼈는 북중국의 초기 신석기 시대(기원전 6500~기원전 5000) 유적 및 그 밖의 중국 북부와 중부의 고대 유적지에서도 발견된다.[47]

신석기 시대에서 상왕조(기원전 18세기~기원전 12세기)에 이르기까지 중국 동북부에서 일어난 모든 고대 문명에서 돼지는 중요한 동물이었다. 신석기 시대의 유적에서 실제로 엄청나게 많은 양의 돼지 뼈가 발굴되었는데, 이 정도면 돼지고기를 주식으로 삼았다고도 볼 수 있다. 상왕조 시대에는 돼지를 사육했을 뿐만 아니라 멧돼지를 울타리에 가두기도 했다. 갑골문자의 '집

2부 한국인의 상용 고기 이야기

가家' 자는 바로 지붕[宀]과 돼지[豕]를 상징하는 기호다. 그리고 갑골문자의 돈豚은 '새끼돼지 돈'이다. 토실토실하게 살찐 새끼돼지를 통째로 신에게 희생으로 바친다는 의미로 돼지 시豕에 육달월 변[月=肉]을 붙여 썼다.

돼지는 소와 더불어 희생물로 쓰였지만, 지역에 따라 차이가 있다. 화북에서는 춘추전국 시대까지 소가 으뜸가는 가축이었다. 화남의 월나라에서는 개와 돼지를 많이 먹되 돼지를 으뜸으로 쳤다. 한나라 때부터는 양고기를 많이 먹던 화북에서도 돼지고기를 즐겨 먹게 되었다. 후한대의 무덤에서 돼지우리의 명기가 출토되었다. 변소 밑에서 돼지를 키우는 명기다. 이런 풍습은 제주도에도 있었다. 그러다 청대에 들어서면서는 남북 가리지 않고 돼지고기가 크게 보급되었다.

돼지의 수가 집단과 시대에 따라 다양하게 변화했지만, 돼지는 여전히 중국에서 가장 흔한 가축의 하나이며 그 고기는 가장 선호되는 육류다. 중국의 경제생활에서 돼지는 음식 찌꺼기와 사람이 먹을 수 없는 음식을 먹어 치우는 가정 내 쓰레기 처리자였다. 가끔 돼지는 인분과 쓰레기를 그대로 받아먹을 변소에서 사육되기도 했다. 사람들이 소화시키지 못하는 성분들을 고기로 바꾸어놓은 것이다.[48]

중국에서 편찬된 여러 조리서 중에서도 청대의 조리서들은 육류로는 거의 돼지고기를 사용했다. 청대의 유명한 조리서인 원매袁枚의 《수원식단隨園食單》[49]에는 쇠고기 조리법으로는 고기 삶는 법과 소 혀 삶는 법만 나오지만, 돼지고기 조리법은 수십

가지 소개된다.

일본의 경우는 좀 다르다. 신석기 시대의 조몬문화(기원전 4500~기원전 250) 유적지에서는 사육 돼지의 뼈가 발견되지 않았다. 그러므로 돼지는 상당히 늦은 시기에 외부로부터 도입되었으리라 추정된다. 돼지가 도입되었지만 불교에 의해 장려된 금육 분위기 때문에 돼지고기 소비는 낮은 수준에 머물렀다. 그러나 메이지유신 이후의 일본은 돼지고기를 즐긴다. 돼지볶음이나 튀김류, 덮밥, 돈가스 등 돼지고기를 쓰는 요리가 일상적으로 상에 오른다. 특히 돼지고기가 중요한 지역은 오키나와다. 오키나와에서는 일본 본토보다 돼지 사육이 더 중시되는데, 제사 때 바치는 제물로서 돼지가 가장 중요한 동물이었고 또 돼지 머리뼈를 조상 숭배와 연결 짓는 고대 종교의 잔존 때문으로 보인다.

돼지고기를 기피하는 이유

전 세계적으로 볼 때 돼지고기는 기피되는 식품이기도 하다. 돼지고기 기피의 중심지는 중동 지역으로, 유대교와 이슬람교가 모두 돼지고기를 금지한다. 구약성경과 코란에서 금지하고 있다. 그 이유에 대해서는 여러 가지 설이 존재하지만, 돼지고기 식용을 금지하는 유대교나 이슬람교의 율법은 중동 지역의 생태학적 조건과 환경이 돼지 사육에 부적합했기 때문에 만들어졌다고 보인다.

고대 중동 지역에서 음식을 제공하는 중요한 동물이 소, 양, 염소 세 종류였다. 인류학자인 마빈 해리스는 섬유질을 소화시키는 반추동물이 중동 지역의 인간과 가축 사이의 관계에서 결정적으로 중요하다고 보았다. 즉, 이 반추동물들은 인간이 먹어야 할 곡물을 나눠 먹지 않고, 인간이 먹기에 부적절한 풀이나 짚, 건초, 잎사귀 등을 먹고 살면서 고기와 젖을 제공했다. 반면 인간과 비슷한 먹이를 두고 경쟁 관계에 있는 돼지고기는 기피되었다고 설명한다.[50]

그런데 우리나라에서도 비교적 최근까지 한약을 먹을 때는 돼지고기를 먹으면 안 된다는 등의 기피가 있었다. 그 대부분이 건강에 나쁘다는 통념이라, 한의사협회에서 이는 사실이 아니라며 돼지고기 기피설을 추방하고 돼지고기 소비를 늘리는 축산 정책을 지원하는 세미나도 여러 번 개최했다. 한의사들은 "한방의 어느 책을 보더라도 돼지고기만을 지칭해서 나쁘다고 기록하지 않았고 이는 속설에 지나지 않는다."[51]고 강조했다.

이처럼 우리나라에서의 돼지고기 기피는 주로 건강과 관련되어 있었다. 조선 시대의 고문헌을 살펴보면 돼지고기가 건강에 해롭다는 주장을 펴는 내용이 많이 나온다. 빙허각 이씨의 《규합총서》(1809)에서는 "돼지고기는 본래 힘줄이 없으니 몹시 차고 풍을 일으키고 회충에 해롭고 풍이 있는 사람과 어린애는 먹으면 못 쓴다."라며 돼지고기의 성질을 찬 것으로 보았다. 서유구徐有榘(1764~1845)의 《임원경제지林園經濟志》(1835년경) 중 '정조지鼎俎志'에도 돼지고기 기피에 대한 기록이 나오는데, 이는 서유구의 주장이 아니라 중국의 오래된 의서醫書들을 인용한 것이다. "돼지고기의 기미는 쓰고 약간 차서 작은 독小毒이 있다"

《명의별록名醫別錄》), "돼지고기를 오랫동안 먹으면 정충이 감소하여 병을 앓게 되고 온몸의 근육이 아프며 기력이 없어진다"(《천금식치千金食治》), "돼지고기를 오래도록 먹으면 약효를 받지 않고 풍을 통하게 하여 추위 때문에 생기는 병인 상한傷寒을 가져오거나 학질, 이질, 고질병, 치질 등의 질병을 가져올 수 있다"(《식료본초食療本草》) 등이다.

고의서는 중국의 고대나 중세기에 쓰인 것으로, 특히 돼지고기를 즐기지 않은 화북에서 돼지고기를 해로운 것으로 평가했다. 고대 중국에서 연유한 돼지고기 기피는 최근까지 한국에 영향을 미쳤다. 현대 중국에서는 돼지고기를 즐기는 반면, 중국의 고의서에 근거한 돼지고기 기피가 중국을 상고한 조선에 오히려 깊은 영향을 끼쳤음을 부인하기 어렵다.

돼지고기는 어떻게 먹었나

이처럼, 조선 시대까지 돼지고기는 그다지 즐기는 육류가 아니었다. 그나마 먹는다 해도 집에서 키운 돼지가 아니라 주로 사냥하여 잡은 멧돼지였다. 이 멧돼지고기를 납육臘肉으로 많이 사용했다. 납육은 납향臘享*에 쓰는 산짐승의 고기 또는 납일臘

---

* 납일에 한 해 동안 이룬 농사와 그 밖의 일들을 여러 신에게 고하는 제사. 납일은 납향을 지내는 날로 동지 후 셋째 술일戌日이었는데, 조선 태조 이후부터 동지 후 셋째 미일未日로 정하여 종묘와 사직에서 대제大祭를 지냈다. 우리나라에서 납일을 미일로 한 것은 동방이 음양오행 중 목木에 속하기 때문이라고 한다.

日에 잡은 짐승고기를 가리키는데, 소금에 절이거나 훈연한 돼지고기를 사용했다.

《정조실록》에 따르면, 정조 5년 12월 21일 왕이 춘당대에 나아가 시강侍講을 했는데 날씨가 매우 춥고 눈이 많이 내렸다. 정조는 시강에 참여한 대신과 호위를 서던 무관들에게 음식을 나눠주도록 명했다. 정조의 명에 따라 장교에서부터 일반 병사들까지 열을 맞춰 앉은 후 계급에 따라 꿩을 받아 구워 먹으면서 술도 한 잔씩 먹었다. 이날 정조가 병사들에게 준 음식 중 하나가 납저육臘猪肉으로, 섣달에 잡은 멧돼지고기를 가리킨다. 추운 날 먹는 삶은 돼지고기는 아마도 최고의 선물이었을 것이다.

건강을 이유로 돼지고기를 기피하기도 했지만, 돼지고기를 약으로 먹기도 했다. 선조 연간에 양예수楊禮壽가 편찬한 《의림촬요醫林撮要》에서는 임신부의 두창에 대한 처방으로 돼지고기를 쓴다. 섣달에 잡은 돼지고기(납저육)를 불에 태워 곱게 가루 낸 다음 물에 타서 복용하거나 돼지 똥을 물에 가라앉힌 다음 그 물을 상복하라고 한 것이다.

《산림경제》에는 돼지고기 조리법이 나온다. 악부납육岳府臘肉 만드는 법 두 가지와 사시납육四時臘肉 만드는 법 한 가지다. 모두 중국의 《거가필용》과 《신은지神隱志》를 인용한 조리법으로, 돼지고기를 오래 보관할 수 있게 고안한 것이다. 악부납육법은 돼지고기를 덩어리째 푹 삶아서 소금, 식초, 술 등에 절인 후 말리는 방법이고, 사시납육법은 조각을 낸 돼지고기를 삶고 절이는 방법이다.

특별한 돼지고기 요리, 애저찜

돼지고기를 즐기지 않은 조선이지만, 여러 조리서에 등장하는 돼지고기 요리가 있다. 새끼돼지 찜을 뜻하는 애저찜이다. 지금은 전라도의 향토음식이다.

《증보산림경제》의 애저찜은 새끼돼지의 배를 갈라서 그 안에 양념한 속을 채운 뒤 쪄서 익힌 음식이다. "6, 7개월 정도 키운 돼지로 만드는데, 배를 갈라 뱃속에다 닭이나 꿩, 두부, 익힌 무 다진 것과 기름·장·파·마늘·후추 등을 섞어서 반죽한 덩어리를 채운 뒤 실로 꿰맨다. 그것을 물을 부은 솥 안에 걸친 대나무 위에 올려놓는다. 그런 다음 솥 입구에는 물을 채운 동이를 올려놓고 황토로 주위를 잘 봉하여, 볏짚으로 천천히 불을 때서 개고기 삶듯 뭉그러지게 익혀서 초장과 함께 낸다."

《규합총서》의 애저찜은 어미 뱃속에 든 새끼돼지로 만든다. "새끼 밴 돼지를 잡았는데 만약 새끼집 속에 쥐같이 생긴 새끼가 들었다면, 그 새끼돼지를 깨끗이 씻어 통째로 큰 솥에 삶아 뼈를 제거하고 살을 찢어 파, 미나리, 순무, 전복, 해삼, 표고, 박고지, 생강, 파의 흰 뿌리, 기름장, 깨소금을 넣어 다시 익힌 후 채 친 달걀지단, 후추, 잣가루를 뿌려 겨자를 곁들여 먹으면 더없이 맛있다." 하지만 이런 새끼는 얻기가 어려우므로, 그냥 새끼돼지로 만들어도 된다고 덧붙였다. 새끼돼지뿐만 아니라 돼지의 새끼집을 가지고도 찜을 만들었다. 1800년대 말에 편찬된 《시의전서是議全書》에서 '아저찜'이라는 이름으로 소개되는 것도 비슷한 음식으로, 조리법이 족편 만드는 법과 크게 다르지

2부 한국인의 상용 고기 이야기

않다.

대부분의 조선 시대 문헌에서 애저찜은 어린 돼지라는 뜻에서 '아저찜兒猪蒸'으로 표기했는데, '애저찜哀猪蒸'이라 표기하는 경우도 있었다. 어린 것을 잡아먹자니 가련한 마음이 들어서 '슬플 애哀' 자를 쓴 것이라는 풀이가 있다. 그러나 애저찜이라 해서 꼭 새끼돼지를 쓴 것은 아니며 돼지고기로 만들기도 했다. 고종(재위 1863~1907)의 즉위 40주년이 되는 1902년에 잔치를 벌였는데, 이 잔칫상에 애저찜이 올랐다. 이 잔치를 기록한 〈진연의궤進宴儀軌〉에는 조리법은 없지만 사용된 식재료가 나온다. 먼저 돼지고기猪肉 2조각, 묵은 닭陳鷄 1마리, 표고버섯蔈古 3홉, 해삼 10개, 달걀 10개, 전복 1개, 목이버섯 1냥, 황화黃花 1냥, 녹두가루 2되, 녹두나물 2되, 참기름, 잣, 간장, 소금, 후춧가루 등이다. 즉, 애저찜이지만 새끼돼지가 아닌 보통의 돼지고기를 썼다.

제육볶음은 빨갛지 않았다

현재 우리가 즐기는 돼지고기 요리 중 제육볶음이 있다. 여기서 '제육'은 한자어 '저육猪肉'에서 변한 말로, 돼지고기를 가리킨다. 판소리계 소설 홍보전에 제육장수가 등장한다. "이놈은 풍월風月로 울고, 그 곁에 한 놈이 나오며 좌우를 살펴보니 제육장수 제육을 가지고 앉았으니"라는 구절이 있어, 이미 저육을 제육이라고 불렀으며 제육이 매매도 되었음을 알 수 있다.

일반적으로 음식으로서 '제육'이라 하면 돼지고기를 갖은양념으로 볶다가 부추를 넣고 다시 볶은 '제육볶음'을 가리킨다. 그

그림 15 제육볶음. 1940년대만 해도 제육볶음의 양념은 빨갛지 않았다.

러니까 제육볶음을 고추장 양념이 기본인 매운 음식으로 알고
있다. 이렇게 매운 제육볶음은 언제부터 먹었을까를 확인하기
위해 조리서를 살펴보았다.

　제육볶음이 등장하는 최초의 조리서는 《조선요리제법》의
1934년판이다. "재료 제육 반 근, 파 네 뿌리, 간장 두어 숟가락,
버섯 4개, 후추 약간, 달걀 1개. 이 볶음은 우육볶음과 꼭 같이
하는 것이다. 간장 대신 새우젓국으로 간을 맞추어 볶으면 매우
좋으며 달걀은 황백미를 얇게 부쳐서 채 쳐서 얹는다." 1946년
에 한글판이 나온 《사계의 조선요리》*에도 간장이나 새우젓으

* 1925년 일본어판 도쿄갓포여학교東京割烹女學校에서 집필하여 스즈키 쇼텐鈴木商店사
　에서 처음 발간했으며, 이후 1933~34년에 개정 증보되어 아지노모토味の素주식회사
　스즈키 쇼텐 내외요리출판부에서 출간했다. 또한, 해방 이후에 다시 1946년에 같은
　내용의 한글판을 조선문화건설협회에서 출간했다.

　　　　　　　　　　　　　　　　　　　　2부　한국인의 상용 고기 이야기

로 양념한 제육볶음이 나온다. "재료 돼지고기 1근, 파 4뿌리, 간장 1/2 종지, 설탕 1숟가락, 후추 조금, 표고 4개, 버섯 4개, 생강 조금, 물 3홉. 돼지고기를 1푼 너비에 1치 길이로 알맞게 채를 친다. 표고와 버섯을 물에 불려서 채 치고 파도 채 치고 생강은 잘게 다져 모두 함께 냄비에 담고 간장으로 간을 맞추고 볶는다. 간장 대신 새우젓국을 넣고 볶아도 더욱 좋다." 두 책에서 모두 간장이나 새우젓국으로 양념해 볶는데, 원래 제육볶음은 간장으로 양념한 것이었다.

돼지고기를 조리할 때 고추장을 쓴 최초의 요리책은 1939년에 나온 조자호의 《조선요리법》으로, 볶음이 아니라 구이로 소개된다. "저육을 날것으로 준비하여 비계 없는 것은 얄팍하게 잔칼질을 해놓고 파, 마늘을 곱게 다져 갖은양념을 해서 굽는다. 고추장을 넣지 않고 간장에만 갖은양념을 해서 구워도 좋다." 고추장과 간장이 다 양념으로 사용된 것을 알 수 있다.

돼지요리의 대명사, 삼겹살

한국인에게 돼지고기 하면 삼겹살이다. 삼겹살이라는 단어가 널리 쓰인 것은 1980년대 이후다. 표준국어대사전에는 삼겹살이 "돼지의 갈비에 붙어 있는 살로 비계와 살이 세 겹으로 되어 있는 것처럼 보이는 고기이다. 비슷한 말로는 세겹살이라 한다."라고 설명되어 있다. 국어사전에 삼겹살이 오른 것은 1994년이다. 1950년대 사전을 살펴보면, 쇠고기의 부위는 등심, 안심, 채끝, 제비추리 같은 단어가 수록되어 있지만 돼지고기 부위는

그림 16 삼겹살구이. 누린내가 덜 나는 고기 생산이 가능해진 1970년대 후반에 대중화되었다.

살코기, 비계, 족발, 순대만 수록되어 있어 부위별로 세밀한 소비는 없었던 것으로 보인다. 살코기와 비계, 내장과 족발 정도의 구분, 아니면 찌개(국)거리와 구이용과 같은 조리 방식에 의한 구분만 존재했던 것이다.

삼겹살구이 식당은 1970년대 후반부터 생겨났다고 본다. 우리 민족의 돼지고기 요리 역사에 소금구이가 없었던 이유는 잔반을 먹이고 거세하여 사육하지 않으면 고기에서 냄새가 많이 나기 때문이었다. 마늘, 생강 등으로 특유의 누린내를 제거해야 먹을 수 있었다. 그래서 1970년대 중반 이전에도 삼겹살을 먹었지만 양념한 두루치기 형식의 요리가 많았다. 쇠고기 중심의 로스구이가 돼지 삼겹살 로스구이로 변화한 것, 정확히 말하면 지금과 같은 삼겹살구이 식당이 1970년대 후반부터 많이 생겨난 것은 그 당시 기업 양돈의 확대로 냄새가 안 나는 돼지고기가 생산되어 삼겹살을 로스구이 방식으로 구워 먹을 수 있게 되었기 때문으로 보인다.

또한, 한우고기 가격의 인상도 큰 원인이 되었을 것으로 추정된다. 경제위기를 거치면서 회식 메뉴가 쇠고기 등심이나 갈비에서 돼지 삼겹살로 이동하면서 대중문화로 자리 잡았다. 과거 돼지고기는 쇠고기에 비해 선호도가 낮았다. 1970년대 정부가 쇠고기 가격 폭등을 막기 위해 돼지고기 소비 육성책을 쓰면서 돼지고기 수요가 늘었다. 그 이전에 편육은 쇠고기였지만 1980년대가 되면서 돼지 보쌈이 유행하기 시작했고, 냉장고가 대중화되면서 가정에서도 상대적으로 가격이 싼 돼지고기 보관이 쉬워졌다.

삼겹살구이는 한국인만의 고기 요리문화다. 지극히 한국적이고 독보적이다. 서양인들은 삼겹살을 염지(고기에 간이 배고 부드럽게 하는 과정)와 훈연 가공을 통해 얇게 썬 베이컨으로 만들어 조금씩 잘라 먹는다. 한국인은 비계가 타면서 내는 고소한 냄새를 맛있게 느끼고, 지방이 입안에서 씹힐 때의 촉감을 즐긴다. 여기에 상추와 된장, 마늘, 풋고추 등을 더해 쌈으로 싸 먹는 습관도 삼겹살구이 인기에 일조했다. 채소를 곁들이면 고기에 부족한 섬유소 섭취도 증가하고 맛과 건강에도 당연히 좋다.

삼겹살은 비타민B₁과 단백질, 아연, 엽산, 인, 철분, 칼륨 등 각종 영양성분이 풍부하다. 특히 최근 들어 미세먼지가 기승을 부릴 때 인기다. 과거 강원도 태백과 영월에 탄광이 많던 시절, 하루 일과를 끝낸 광부들은 목에 걸린 먼지의 배출을 돕는다며 돼지고기를 먹었다. 그러나 실제로는 단백질이 풍부한 돼지고기가 고된 노동에 시달리는 광부들에게 영양가 좋은 식품이었을 것이다. 삼겹살이 먼지 배출을 돕는지 과학적으로 입증된 바는 없다. 그럼에도, 우리는 굳이 건강에 좋은 이유를 찾아내며 삼겹살구이를 즐겨 먹는다.

근대의 상징, 돈가스의 탄생

과거 돼지고기는 주로 삶거나 구워 먹었다. 그러나 지금 대표적인 돼지고기 음식 중 하나는 바로 튀김옷을 입은 돈가스다. 이 돈가스는 서양음식일까, 일본음식일까? 돈가스가 한반도에 처음 들어온 것은 일제강점기인 1930~1940년대로 추정된다. 그러나 당시에는 돈가스가 대중적인 음식으로 자리 잡지는 못했을 것으로 보인다. 본격적으로 대중에게 알려진 것은 경양식집이 널리 생기기 시작한 1960년대 이후일 것이다.

우리나라에는 일본에 의해 돈가스가 들어왔지만, 원래 돈가스는 서양인이 일본에 전해준 음식이다. 돈가스는 널리 알려진바와 같이 서양의 커틀릿을 일본인의 입맛에 맞게 바꾼 절충 음식이다. 외국의 문화를 받아들여 그것을 일본에 맞게 바꾼, 일본의 문화적 특성이 잘 반영된 음식의 상징이다. 1868년의 메이지유신은 서양 문물을 받아들여 일본을 근대화시킨 정치적인 혁명이었지만, 한편으로는 1,200년의 육식 금기를 깨뜨린 요리

유신이기도 했다. 이 육식혁명이 오늘날의 일본 음식문화를 풍부하게 만든 출발점이 되었는데, 그 대표적인 음식이 바로 돈가스다.

'튀김옷을 입은 일본 근대사'로 불리는 돈가스의 탄생 과정은 다음과 같다.[52] 1872년 가나가키 로분仮名垣魯文에 의해 '홀 커틀릿' 만드는 법이 일본에 소개되었다. 홀 커틀릿이란 뼈가 붙어 있는 돼지고기에 밀가루만 묻힌 뒤 소량의 기름으로 프라이팬에서 지져내는 것을 말한다. 일본인들은 홀 커틀릿의 조리법을 응용해 돼지고기로는 돈가스를, 쇠고기로는 비프가스를, 양고기로는 뷔르가스를, 닭고기로는 치킨가스를 탄생시켰다. 그러다가 1929년에 시마다 신지로島田信二郎라는 요리사가 커틀릿처럼 얇은 돼지고기가 아니라 2~3cm 두께의 두툼한 돼지고기를 튀긴 돈가스를 팔기 시작했다. 또한 나이프와 포크를 사용하지 않고도 먹도록 칼로 미리 썬 다음 내서 젓가락으로 먹을 수 있게 했고, 이 형태가 일본에 정착했다.

돈가스가 일제강점기에 우리나라에 들어오기는 했지만, 자리를 잡은 것은 1960년 이후다. 한국의 경양식집에서는 포크 커틀릿의 조리법을 따라 돈가스를 얇게 튀겼다. 기름을 많이 써야 하고 조리 시간도 긴 일본식 돈가스보다 포크 커틀릿이 더 만들기 쉬웠다는 점이 영향을 미쳤다. 게다가 고기를 두드려 넓게 펴면 큰 접시를 가득 채워 푸짐해 보이는 효과가 있었다. 여기에 밥을 곁들이고 김치도 제공하면서 한국식 돈가스가 만들어졌다. 한국식 돈가스는 일본식 돈가스와 몇 가지 차이가 있다.

돈가스를 미리 자르지 않고 나이프, 포크와 함께 내는 경우가 많으며, 소스도 따로 두지 않고 돈가스 위에 뿌려 낸다. 또한 국보다는 수프와 함께 먹는 것이 일반적이다.

현재 경양식집은 거의 사라지고 소수만이 남아 '왕돈가스'라는 이름으로 판매되고 있다. 오히려 한국식 돈가스의 명맥은 기사식당이 잇고 있다. 바쁜 기사들을 위해 빨리 조리할 수 있도록 돈가스는 더욱 얇아졌고, 밥과 국, 깍두기 등을 곁들이는 모양을 갖췄다. 심지어 분식집에서 돈가스를 파는 경우도 많다. 서양의 포크 커틀릿이 일본과 한국에서 자국만의 돼지고기 요리로 대변신을 한 셈이다. 그러나 21세기 들어서서는 이러한 한국식 돈가스 말고 완전히 일본화한 돈카쓰豚ヵッ가 도입돼 젊은 층 사이에서 널리 유행하고 있다.

2부 한국인의 상용 고기 이야기

5장

한국인의 질긴 사랑, 쇠고기

한국인이 가장 좋아하는 고기는 예나 지금이나 역시 쇠고기다. 현재 돼지고기를 많이 먹는 이유는 소보다 돼지의 축산이 쉽기에 이를 국가가 장려하고 가격 우위가 있기 때문일 것이다. 그러나 흥미롭게도 우리와 비슷한 음식문화 배경을 가진 중국인은 쇠고기보다 돼지고기를 더 좋아한다. 민족적인 선호도가 다른 듯하다. 그런데 이를 어떻게 설명해야 할까? 우리 민족은 예로부터 쇠고기를 즐긴 민족이고 이는 우리의 유전자 속에 새겨져 있다고 이야기해야 할까? 풀기 어려운 숙제를 가지고 우리 민족의 쇠고기 사랑을 따라가봐야 할 것 같다.

우리나라에서는 우牛는 소, 모우牡牛는 황소, 빈우牝牛는 암소, 독犢은 송아지로 부른다. 일본에서는 소를 '우시ぅし'라 부른다. 그런데 네덜란드 말로 소는 Os, 아이슬란드 말로 Uxi·oxi, 영어로는 Ox, 북유럽어로는 Uxe, 독일어로는 Ochs, 산스크리트어로는 Ukshan이다. 독일 언어학자에 따르면 Ukshan이란 Uksh에서 나온 말인데, Uksh는 '뿌리다to sprinkle'라는 의미로 '수정시키다impregnate'라는 뜻이 있다고 한다. 소를 가리키는 언어가 정액을 뿌린다는 뜻을 가지는 것은 소의 교미 시간이 매우 짧아, 이를 소의 특징이라고 보았기 때문이라고 한다.

소는 언제부터 사육되었을까

인간에게 가장 친숙한 동물 중 하나인 소는 언제부터, 어떻게 가축이 되었을까? 동물학자들은 다섯 개의 발가락을 가진 여우 크기의 작은 포유동물이 진화를 거듭하여 오늘날 소의 직접 조상인 들소가 되었다고 본다. 이 야생 소는 인류와 거의 동시에 출현한 것으로 보인다. 빙하 시대를 거쳐 역사 시대 이후까지도 상당히 오랫동안 남아 있어서 사냥의 대상이 되었으나 현재는 지구상에서 자취를 감추었다. 이 들소가 가축화된 시기에 대해서는 여러 가지 설이 있다. 그중 대표적인 설은 종교와 관련되어 있다. 서남아시아의 농경민 사이에 사냥한 들소를 신에게 바치는 풍습이 있었는데, 들소를 항상 얻을 수는 없었기에 사로잡은 들소를 우리에 가두어둠으로써 가축화되기 시작했다는 것이다. 이렇게 소를 사육하기 시작한 시기는 8,000년 전 혹은

1만 년 전이라고 보지만, 이에 대해서는 의견이 구구하다.

메소포타미아의 세계 최고 농경 유적지인 티그리스-유프라테스강 유역에서 기원전 5000년의 가축화한 소의 뼈가 발견되었고, 이라크와 시리아, 이집트 등지의 유적지에서도 이와 거의 같은 시기인 신석기 시대 초기의 쇠뼈가 출토되었다. 중국의 경우, 기원전 3000~2000년경의 양사오문화仰韶文化*, 룽산문화龍山文化**의 농경 유적에서 소의 뼈가 출토되어, 소의 가축화는 농경과 더불어 진행되었다는 것을 알 수 있다.

우리나라에서는 김해 조개무지 등의 초기 농경 시대 유적에서 소의 뼈가 출토되었다. 《삼국지》 위지 동이전에서는 고구려, 부여, 읍루, 한韓 등에 소가 있다고 기록돼 있으며 고구려의 척경비에 '소 우牛' 자가 보이니, 기원 전후의 이 땅에 소가 널리 존재했다는 것을 알 수 있다.[53] 한편, 《삼국유사》에 신라 유리왕 (24~57) 때 처음으로 쟁기를 만들었다는 기록이 있다. 이것을 사람이 끌었는지 가축을 이용했는지는 알 수 없으나 《위서》 물길勿吉***에서는 밭을 가는 데 말을 쓴다고 했다. 처음으로 우경牛耕을 했다는 기록이 구체적으로 나오는 것은 《삼국사기》 지증왕 3년(502)이다.

---

* 중국 황허黃河 중류 지역에서 기원전 5000년에서 기원전 3000년 무렵까지 존속했던 신석기 문화.
** 중국의 황허 유역에서 기원전 3000년에서 기원전 2000년 무렵까지 존재했던 신석기 시대 후기의 문화.
*** 《위서》는 본기와 열전, 지로 구성되어 있는데, '물길'은 열전에 고구려, 백제, 거란 등과 함께 서술된 부족의 이름이다.

제례상에 오르는 날고기, 희생

　불천위제례* 상차림이나 종가의 기제사 상차림을 처음 본 사람들은 많이 당황한다. 구운 고기가 아니라 날고기가 올라가기 때문이다. 이는 아주 오래전 신에 대한 공물로 가축을 잡아 올리고 그 고기를 공동체가 나누어 먹은 데서 유래한 것이다. 날고기를 올리는 것은 희생犠牲 의식이 이어지고 있음을 상징한다. 고대 중국의 농경민도 소를 희생물로 바쳤다. 은대(기원전 1600~기원전 1046)의 갑골문을 통해 500마리의 소가 한꺼번에 희생물로 쓰였다는 것을 알 수 있다. 원시 종족에게 사냥한 야생동물이나 가축은 중요한 먹을거리였으므로, 그 피와 살은 그들의 생명이요 또한 신성한 힘의 원천으로 여겨졌다. 이 시대의 인간사회는 혈연집단인 씨족공동체였다. 공동체의 구성원이 모여서 신성한 동물을 도살하여 함께 식사를 하는 것 자체가 하나의 의식이었을 것이다. 동물을 바칠 대상이 되는 신이라는 관념이 따로 없고 오히려 도살되는 동물 자체가 신성한 존재였을 것이다. 그러다가 달이나 하늘 등을 신으로 섬기는 관념이 생기자 신성한 존재인 가축을 신에게 바친 것이다.

　고대 아시아의 농경민족은 달을 숭배했다. 달이 기울어서 초승달이 되었을 때는 리듬을 다스리는 힘이 약해지니 이때는 초승달과 모양이 비슷하고 또 수확을 상징하는 낫의 모양과도 비슷한 뿔을 가진 소를 희생물로 바쳤다. 초승달이 활력을 얻어

---

* 4대를 넘긴 신주神主를 땅에 묻지 않고 사당에 영구히 모시면서 지내는 제사.

　　　　　　　　　　　　　　2부 한국인의 상용 고기 이야기

보름달로 소생하면 농경 결실의 리듬이 생기게 된다는 것이다. 이러면서 소는 고대 아시아 농경민의 희생 제물로서 정착했다.

서기 100년경에 편찬된 사전인 《설문해자說文解字》는 "소는 대생大牲이다."라고 풀이했다. 대생이란 커다란 희생물이라는 뜻이고, 희생은 살아 있는 짐승을 죽여 신에게 바친다는 뜻이다. 중국 양사오문화, 룽산문화의 유적에서 출토된 소의 뼈는 농경민이 희생물로 바친 것이리라. 다음은 《시경詩經》*의 한 구절인데, 이를 통해 황소와 양이 제사를 지낼 때 희생물로 바쳐졌음을 알 수 있다. 우리나라의 종가에서 날고기를 올리는 풍습도 공자 시대의 풍습에 기인한 것으로 보는 견해가 있는데 이의 근거가 되는 문헌이기도 하다.

검은 입술 굽은 뿔 황소를 잡아
희생으로 드리어 제사지내고
절색 양을 잡아놓고
토지의 신 방신의(사방의 신) 제사하네
정갈하게 마련한 소와 양고기
받들고 가 사당에 제사드리네[54]

---

* 춘추 시대의 민요를 중심으로 모은, 중국에서 가장 오래된 시집이다. 황허강 중류 중원 지방의 시로서, 시대적으로는 주나라 초기부터 춘추 시대 초기까지의 시 305편을 수록하고 있다. 원래 3,000여 편이었던 것을 공자가 311편으로 간추려 정리했다고 알려져 있지만, 오늘날 전하는 것은 305편이다.

쇠고기, 뇌물에서 놀이까지

명절 때 한국인이 가장 좋아하는 선물 1위는 쇠갈비나 쇠고기정육이다. 조선 시대라고 크게 다르지 않았다. 우금령을 수시로 내려 소 도살을 금했지만 양반은 양반대로, 평민은 평민대로 어떤 명목을 붙여서라도 쇠고기를 먹었다. 이리 귀한 쇠고기이니만큼 접대를 위해, 뇌물로, 그리고 귀신을 쫓는 벽사용으로도 쓰였다. 기록에 나타나는 이야기들을 살펴보자.

고려 말의 문신 이색李穡(1328~1396)의 《목은시고牧隱詩藁》에는, 이색이 임기를 마치고 돌아갈 때 가난한 마을 주민들은 닭고기를 준비하고 형편이 나은 현령들은 술과 쇠고기로 그간의 노고를 감사하는 장면이 기록되어 있다(권35). 목은은 쇠고기를 선물해준 관료에게 감사한 마음을 다음과 같은 시로써 화답한다.

지금 얻기 어려운 살진 쇠고기	肥肉今難得
옛날에 음미했던 향기로운 술	芳醪昔所嘗
여기에 서신에다 하얀 쌀까지	侑緘加白粲
띳집에 갑자기 광채가 발하네요	茅屋頓生光

시대를 넘어, 임진왜란 당시 의병장 정경운鄭慶雲(1556~?)은 임진왜란이 한창이던 때에 명나라 군대의 횡포에 괴로워하면서도 술과 고기를 바친 기록을 남겼다.[55]

선물의 선을 넘으면 뇌물이 된다. 지방 관아의 아전들은 쇠고기를 수령들에게 바쳤는데, 쇠고기 뇌물을 바치지 못한 이는 파산하고 도주까지 했다고 한다. 《선조실록》의 기록이다.

충청도 안문어사按問御史 성진선成晉善이 서계書啓하였다. "(…) 공주판관公州判官 윤길尹趌은 일을 처리하는 것이 두서가 없어 형벌이 참혹하고 각박하며 한 번 포장襃獎을 받은 뒤로는 바로 교만 방자한 마음이 생겨 제멋대로 행사하면서 사리는 아랑곳하지 않습니다. (…) 소를 도살하는 것은 국법에 금지되어 있는데 신이 순찰하여 도착한 날 공공연히 쇠고기로 대접하기에 신은 놀라움을 금치 못하여 그 즉시 치우도록 명하고, 이어 쇠고기를 들여온 경로를 탐문해 보니 모두 가난하고 잔약한 아전들이 바친 것으로서, 그 요구를 감당하지 못하여 파산하고 도주한 자까지 있다고 합니다. 이외에는 별로 들은 바가 없습니다." (선조 38년 4월 16일)

벼슬아치들뿐만 아니라 백성들도 토지의 경작 상황을 파악하기 위해 실시한 토지측량사업인 양전量田을 잘 받기 위해 파견된 관리들에게 쇠고기와 술을 대접했다는 기록이 조선 문집에 많이 보인다. 《숙종실록》에는 부하가 뇌물의 목적으로 병조판서에게 쇠고기를 대접했으나 그것을 먹고 병조판사가 사망하는 바람에 곤욕을 치렀다는 기사(숙종 44년 5월 10일)가 보이니, 뇌물은 화의 원인이기도 했다.

벽사辟邪의 수단으로 쇠고기가 쓰인 기록도 여러 자료에 보인다. 율곡 이이의 《석담일기石潭日記》(1581)에는 다음과 같은 일화가 있다.

금상(선조) 10년 봄, 전국에 전염병이 대단히 번성하였다. 이 때문에 민가에서, "독한 역신疫信이 내려오니, 오곡을 섞은 밥을 먹어야예방할 수 있다."는 말이 돌아 서울에 널리 퍼졌다. 이리하여 잡곡을 쌓아두었던 사람들이 많은 이익을 취하였다. 또, "쇠고기를 먹고소 피를 문에 뿌려야만 예방이 된다." 하여, 곳곳에서 소를 수없이잡았다. 작년에는 흉년이 들고 올해는 또 전염병을 만나 죽은 사람이 이루 셀 수 없었다.

한편 이익李瀷(1681~1763)의 《성호사설星湖僿說》에서 쇠고기는저주의 수단이 되었다. 그는 중국 북송의 학자 심괄沈括의 다음과 같은 글을 인용했다. "백성 중에 사람을 저주하여 죽인 자가있어, 관가에서 잡아다가 다스렸는데, 그 술법은 이러하였다. 사람이 쇠고기나 양고기를 먹은 뒤에 따라서 저주하면, 그 익은고기가 날것으로 변하고 날것이 산 것으로 변하며, 처음에는 작던 것이 큰 것으로 변하여, 완연히 소나 양의 참모습이 되어서배를 트고 나온다."[56]

조선 사대부들의 놀이, 난로회

조선의 양반들은 쇠고기나 노루고기를 구워 안주로 먹었는데, 화로에 숯불을 피워놓고 쇠고기를 구워 먹는 모임이 만들어

2부 한국인의 상용 고기 이야기

그림 17 설야멱. 조선 양반들의 풍류를 재현했다.

지기도 했다. 홍석모洪錫謨의 《동국세시기東國歲時記》(1849)에 "서울 풍속에 화로에 숯불을 피워놓고 번철에다 양념한 쇠고기를 구우면서 화롯가에 둘러앉아 먹는데 이것을 난로회煖爐會라고 한다."라는 문장에서 알 수 있다.

난로회의 유래는 중국 풍습이라고 한다. 중국 남송 시대 맹원로孟元老의 《동경몽화록東京夢華錄》에 "10월 초하루에 난로회를 열었으니 지금의 풍속에 그러한 것이다."라는 구절이 있는데, 조선의 양반들이 그 풍속을 따라 한 것으로 보인다. 날씨가 추워지는 10월 초하루(음력)에 먹었다고 하니 조선의 난로회와 유사하다. 즉, 숯불을 피워놓고 직접 구우면서 먹으니 방안이 훈훈해져 추위를 막는 계절음식이었을 것이다. 그러니 눈 내리는 추운 겨울밤에 먹는 설야멱도 난로회의 음식으로 볼 수 있고, 앞서 소개한 김홍도의 〈설후야연〉과 성협의 〈야연〉이 바로 난로회의 풍경을 그린 것이다.

아무리 양반들이라 해도 우금령의 서슬이 시퍼럴 때 난로회를 열기는 어려웠을 것이다. 따라서 쇠고기가 비교적 풍부해진 조선 후기, 즉 18세기 이후에 난로회가 대유행할 수 있었다. 박지원朴趾源(1737~1805)도 《만휴당기晚休堂記》에서 눈 내리던 날 난로회를 가졌는데 온 방 안이 연기로 후끈하고 파와 마늘 냄새, 고기 누린내가 몸에 배었다고 썼다. 그러나 고기 굽는 맛보다 더 좋았던 것은 벗과 함께한다는 것 자체였던 듯하다. 박지원과 함께 난로회를 가졌던 이는 개성유수 유언호兪彦鎬로, 권력의 눈을 피해 개성으로 와 있던 박지원에게는 반가운 벗이었을 터이다.

고기 요리에 알맞은 소 부위와 그 이름

세계적으로 가장 발달한 요리는 고기를 재료로 한 것이다. 그만큼 고기에 대한 연구도 잘 되어 있는 데다 소는 각 부위마다 다른 맛을 내므로 분할 방식도 고도로 발달되어 있다. 그런 만큼 소의 분할은 대부분의 나라에서 서구 방식을 모방 또는 다소 변형한 방법을 채택하고 있다. 우리가 더 세세하게 쇠고기를 분할하고 잘 조리했다고 주장할 수는 없다. 그러나 우리나라에서 예부터 소의 도체를 분할한 방식은 결국 우리 고기 요리를 기준으로 한 것이므로 알아둘 필요는 있다.

도축한 동물의 가죽, 머리, 발목, 내장 따위를 떼어낸 나머지 몸뚱이를 도체屠體 혹은 도살체라고 하고, 이것을 4지로 분할한 것을 '지육枝肉' 또는 '지육肢肉'이라 한다. 푸줏간 고기 창고에 도체의 각을 떠서 살코기를 바르지 않은 채 쇠갈고리에 걸어놓은 지육을 '쟁기고기'라고 한다. 이는 과거에 한 쟁기, 두 쟁기 식으로 셌던 단위명이기도 하다. 우리에게는 소 한 마리를 크게는 안심tender loin, 등심loin, 채끝end loin, 우둔rump, 설두round, 앞다리blade, 양지flank, 갈비rib의 8개 부위로 분할하고, 다시 이를 17개 부위로 재분할하는 방법이 내려오고 있다. 이와 같은 분할법이 옛 문헌상 분명하게 기록된 것을 찾아볼 수는 없으나 고기의 품질을 구분할 수 있도록 나름대로 개발한 방법[57]으로 보인다.

과거부터 우리나라 사람들이 얼마나 다양한 소의 부위를 이용했는지, 각 부위마다 독특한 이름을 가지고 있다. 그러나 최근에 와서 이 이름들이 거의 잊히고 있다. 여기서는 일제강점기에 발행되던 동인지 《한글》[58]에 소개된 순수 조선어 '우육 용어'를 소개할까 한다.

쟁인(백정, 즉 소를 잡는 사람), 도수장(도살장), 부하(허파), 쓸개(담이니 간에 붙은 것), 지라(비장), 똥집, 곤자소니(창자 끝), 오줌통(방광),

깃머리(위에 붙은 좁고 두꺼운 고기), 벌의 집(벌집 모양의 두 번째 위), 우랑(소의 불알), 우신(소의 자지), 골 뼈(소의 머릿속에 있는 것), 이보군이 뼈(소의 뼈), 등성마루(脊梁: 등골뼈), 등성마루뼈(척추뼈), 주곡지뼈(다리 위에 있는 뼈), 무릎뼈(주곡지뼈 아래 있음), 족통(소의 무릎뼈 아래), 고사고기(소를 죽여서 먼저 목에서 떼는 고기), 앞거리(앞다리 사이에 있음), 걸랑(앞거리 밑에 있음), 넙적미(걸랑 밑에 있음), 제비추리(갈비뼈 사이에 있음), 안심옥(등심 밑에 있음), 뒤뗑이(뒤거리, 방탱이 붙은 것), 우둔(뒤거리에 붙은 것), 도가니(홍두깨에 붙은 것), 목청새김(목 항정에 붙은 고기), 등심(등성마루에 붙은 것)

이렇게 우리에게 생소한 이름이 대부분이며, 그 이름들이 거의 잊혀 지금 그 이름을 봐도 소의 어떤 부위인지 정확히 알 수는 없다. 그러나 1937년 엄혹한 일제강점기에 순우리말을 지키기 위한 노력 중에 소의 여러 부위 이름이 들어갔다고 생각하니, 다시 한 번 우리 민족에게 소라는 존재는 무엇이었나 생각하게 된다.

이 우리말을 기억하고 잊지 말자는 다짐에 감동하여 그 머리글을 소개하고 싶어졌다. "우리 어문을 위하여 몸을 바치고 계신 제 선배에 대하여 무한히 감사하여 성취를 비는 바이다. 이에 만분의 일이라도 도움이 될까 하여 모씨에서 물어서 이를 발표한다. 그래서 자세한 해석은 후일로 비루고 우선 대강 발표함에 그치려 한다. 이나마도 보탬이 된다면 나로서는 이에 더 영광이 없겠다."

2부 한국인의 상용 고기 이야기

한편, 소의 내장은 과거에는 더욱 중요한 식재료였다. 그래서 일까? 내장과 관절까지 먹었고, 그런 부위에 대한 이름도 세세하다. 먼저 쇠심줄이 있다. 소의 힘줄이다. '힘'이 '심'이 된 것은 조선 시대의 몽골어 학습서인 《몽어유해蒙語類解》(1768)의 '쇠심'에서 볼 수 있다. 안심과 등심 역시 근육을 가리키는 '심'과 결합한 말이다. 혓밑은 소의 혀 밑에 붙은 고기를 말한다. 쇠꼬리는 여러 마디로 되어 있는데, 주로 고아서 먹는다. 족은 오래 고아서 족편을 만든다. 쇠머리로는 설렁탕이나 쇠머리탕을 만든다. 우설은 소 혀를 뜻하며, 매우 연하고 맛이 있어서 값도 비싸다고 했다. 그리고 염통心臟과 간肝도 부드럽고 연해 구이·산적·볶음에 좋다고 알려져 있다.

한편, 정약용丁若鏞(1762~1836)도 소의 내장에 대해 자세히 설명하고 있어 흥미롭다. 다산은 당시에 일반적으로 널리 쓰이고 있던 말과 글 가운데서 잘못 쓰이고 있는 것을 골라 설명한 책인 《아언각비雅言覺非》(1819)에서 "우위牛胃는 맛이 후하고 음식이 맛있는 것으로 치는 것이다. 우리나라에서는 소의 위를 '양胖'이라 하는데 이것은 우리나라에서 만든 글자로서, 양에는 벌집과 털양 두 가지가 있다. 천엽千葉은 소 위의 일부로서 여러 개의 얇은 조각이 한데 들러붙은 것이다. 이들은 회나 양즙으로 쓴다."고 설명했다.

조선 왕실의 잔치를 기록한 의궤에는 음식명과 그 재료명이 함께 나온다. 의궤에 나오는 소의 부위들을 정리해보니 다음과 같았다.

牛脚(우각), 膜(양), 肝(간), 靈通(영통), 前脚乫非(전각갈비), 族(족), 外心肉(외심적), 廣腸(광장), 昆子手(곤자손), 豆太(두태), 骨(골), 舌(설), 付火(부화), 滿火(만화), 千葉(천엽), 甫乙只(보을기), 頭(두), 牛尾(우미)

이 중 광장廣腸은 어디 부위일까? 이는 관장, 즉 창자를 잘못 적은 것으로 보이다. 족族도 마찬가지로, 발을 뜻하는 足을 쓰지 않고 소리 나는 대로 族을 쓴 것이다. 볼깃살을 한자로 '甫乙只'라고 표기한 것도 재미있다.

6장

치맥과 삼계탕의 나라, 닭고기의 역사와 문화

닭은 지구상에서 가장 개체수가 많은 척추동물이다. 심지어 닭이 지구의 점령자이며 지구가 닭의 행성이 될 거라고 이야기하는 이도 있다. 실제로 닭은 인간이 가장 많이 사육하는 동물이고, 닭고기는 전 세계적으로도 누구나 부담 없이 즐기는 육류다. 우리 민족도 오랜 옛날부터 가족처럼 길러온 동물이 바로 닭이다. 지금도 더운 여름이면 삼계탕집 앞에 줄이 길어진다.

몇 년 전 베트남에 한식당 조사를 가서 인기 있는 한식을 찾았더니 놀랍게도 삼계탕이었다. 인삼의 독특한 흙 맛에도 불구하고 인삼이 건강식품이기 때문에 좋아한다는 것이다. 그뿐만이 아니다. 미국 뉴욕에서도 우리의 간장치킨과 양념치킨이 미국인이 좋아하는 닭 요리로 등극했다고 한다. 치맥(치킨과 맥주)

은 드라마와 더불어 한류의 상징이 되었다. 치맥의 나라 한국, 과거의 닭고기 문화는 어땠을까.

> 집에서 기르는 날짐승류인 가금家禽 중에서 가장 많이 사육되는 것이 닭이다. 한자로는 계(雞 또는 鷄)가 주로 쓰이고, 촉야燭夜, 벽치鸊鷈 鵰, 추후자秋候子 및 대관랑戴冠郞이라고도 했다. 또한 닭의 색에 따라서 붉은수탉(단오계丹雄鷄), 흰수탉(백웅계白雄鷄) 및 검은 수탉(오골계烏骨鷄)라고도 구분해 불렀다.

닭의 기원을 찾아서

현재 사람들이 기르고 있는 닭은 언제부터 사육되기 시작했을까? 기원전 7~6세기에 미얀마, 말레이시아, 인도 등지에서 들닭을 길들여 가축화한 것으로 추측된다. 닭의 조상인 들닭은 말레이시아, 인도네시아 및 중국 남부에 사는 적색 들닭과 인도 대륙 중부와 서남부에 사는 회색 들닭, 실론 군도에 사는 실론 들닭, 자바섬에 사는 녹색 들닭 등이 있었다고 알려져 있다.

우리나라의 기록에 처음 등장하는 닭은 신라의 시조설화와 관련되어 있다. 《삼국유사》 혁거세왕 편(권1 기이)에 의하면, 백마가 낳은 알에서 혁거세가 태어났고 입술이 닭 부리 같은 여자아이가 나중에 왕비가 되었다.

이때에 높은 곳에 올라 남쪽을 바라보니, 양산楊山 아래, 나정蘿

井 옆에 번개와 같이 이상한 기운이 땅으로 뻗고, 흰 말 한 마리가 무릎을 꿇고 절하는 형태로 있었다. 이를 살펴보니, 자주색 알 하나가 있었다. 말이 사람을 보더니 긴 울음소리를 내며 하늘로 올라 갔다. 그 알을 잘라, 얼굴과 자태가 단정하고 아름다운 사내 아이를 얻었다. 놀랍고도 이상하여 아이를 동천東泉에서 씻기니, 몸에는 광채가 나고 새와 짐승들이 모여 춤을 추며 천지가 진동하고 해와 달이 청명했다. 이에, 이름을 혁거세왕赫居世王이라 하고 왕위를 거슬한居瑟邯이라 하니 당시 사람들이 다투어 축하하여 말하기를 "지금 천자가 이미 이 땅에 내려왔으니 마땅히 덕이 있는 여군女君을 찾아 배필로 삼아야 한다."고 하였다. 이날, 사량리沙梁里 알영정閼英井 주변에서 계룡雞龍이 나타나서 그 왼쪽 옆구리에서 어린 아이가 태어났다. (아이의) 자태와 용모가 뛰어나게 예뻤다. 그런데 입술이 닭 부리를 닮았으므로 월성 북천月城北川에서 목욕시키니 그 부리가 떨어져 나갔다. 그러므로 그 개울의 이름도 발천撥川이라고 하였다.

《삼국사기》에 소개된 경주김씨의 시조 김알지金閼智의 탄생 설화(신라본기)에도 닭이 등장한다.

즉위 9년(65) 봄 3월에 밤에 금성 서쪽의 시림始林의 숲에서 닭 우는 소리가 있었다. 날이 새기를 기다려 왕이 호공을 보내 살펴보게 하였더니, 금빛이 나는 조그만 궤짝이 나뭇가지에 걸려 있고 흰 닭이 그 아래에서 울고 있었다. 호공이 돌아와서 아뢰자, 사람을 시켜 궤짝을 가져와 열어보았더니 조그만 사내 아기가 그 속에 있었는데, 자태와 용모가 기이하고 컸다. 왕이 기뻐하며 좌우의 신하들에게 말하기를 "이는 어찌 하늘이 나에게 귀한 아들을 준 것이 아니겠는가?" 하고는 거두어서 길렀다. 성장하자 총명하고 지략이 많았다. 이에 알지閼智라 이름 하고 금궤짝으로부터 나왔기 때문에 성을 김金라 하였으며, 시림을 바꾸어 계림鷄林이라 이름 하고 그것을 나라 이름으로 삼았다.

이렇게 유독 신라의 설화에서 닭이 상서로운 존재로 여겨지는 것이 흥미로운데, 이를 인도와 관련된 것으로 보기도 한다. 인도에서는 신라를 '계귀鷄貴'라고 한다. 범어(산스크리트어)로 'kukutesvarad'인데, 'kuku'는 닭의 우는 소리를 가리키고, 't'는 닭, 'esvara'는 귀하다는 뜻이다. 이를 한자로 옮기면 '계귀鷄貴'가 되는 것이다.[59] 닭이 농경민족의 가축이라 우리나라에는 농경과 함께 중국을 통해 유입된 것으로 보고 있다. 그러나 닭의 원산지가 아시아 남부이고, 신라의 건국신화에 닭이 나오며 그들이 닭을 숭상한 것, 가야의 수로왕비가 인도에서 왔다는 전설 등으로 미루어 다른 가축과는 달리 닭만은 남방으로부터 온 것으로 볼 수도 있을 듯하다.

한반도의 닭은 중국에도 널리 알려져 있었다. 《삼국지》 위지 동이전에서는 한韓에 꼬리가 긴 세미계細尾鷄가 있다고 했고, 《후한서後漢書》에서도 마한에 꼬리가 5척이나 되는 장미계長尾鷄가 있다고 했다. 《수서》에도 백제에서 닭을 기른다는 기록이 나온다. 이후 명나라 이시진李時珍의 《본초강목本草綱目》에는 "닭은 그 종류가 매우 많아서 그 산지에 따라 크기와 형태나 색깔에 차이가 있는데, 조선의 장미계는 꼬리가 3, 4척에 이르고 여러 닭 가운데서 맛이 가장 좋고 기름지다."[60]라고 나온다.

중국에는 본디 닭이 있기는 했으나 크게 보급되지 않아서, 좋은 닭은 조선에 있고 닭이라면 조선을 연상하여 중국의 닭은 조선에서 온 것이라고 착각할 정도였다고 한다.[61] 그러다가 차츰 닭이 조선뿐만 아니라 다른 곳에서도 길러지고 있다는 것을 알게 되었다. 중국에서 전통적으로 사육된 가금류는 집오리나 거위였다. 그렇지만 중국 신석기 시대의 룽산문화 유적지에서 닭 뼈가 출토되었고, 은대 갑골문 속에도 '계鷄' 자가 나온다. 그 유명한 "암탉이 울면 나라가 망한다."라는 속담 또한 《서경書經》에 나오는 말이다. 은나라의 주왕이 미녀 달기에 빠져 학정을 일삼자 무왕이 은나라를 멸망시키고 주나라를 세웠다. 그 무왕이 "옛 사람이 말하기를 암탉은 새벽에 울지 않으니 암탉이 새벽에 울면 집안이 망하는 법이다古人有言曰 牝鷄無晨 牝鷄之晨 惟家之索."라며 은나라의 멸망을 달기 탓으로 돌린 것인데, 우리나라에서도 유명한 이야기가 되었다. 또한 사마천의 《사기》에는 우리가 잘 아는 "닭의 머리가 될지언정 소의 꼬리는 되지 말라寧爲溪口勿爲牛後."는 고사가 나온다. 비록 중국에서 닭이 가장 많이 먹는 가금류는 아니라 할지라도 가장 친숙한 동물 중 하나였음을 이런 고사를 통해 알 수 있다.

우리 조상들이 키웠던 옛날 닭의 모습을 정확히 알 수는 없다. 다만 5세기 무렵의 고구려 무용총 천장벽화인 주작도朱雀

그림 18 무용총 주작도(5세기경)

圖에 서로 마주보고 있는 긴 꼬리를 가진 닭 한 쌍의 모습이 그려져 있어 이를 통해 우리 원조 닭을 연상할 수 있다(그림 18). 그런데 이렇게 아름답던 우리 닭은 지금은 거의 사라졌고, 토종 닭이라고 할 수 있는 닭 품종의 수는 급격히 줄어들었다. 그 대신 알과 고기를 얻기 위하여 다양한 외국 품종의 닭이 사육되고 있다.

예나 지금이나 가장 많이 먹는 고기

고기뿐 아니라 달걀을 얻을 수 있어 닭은 예로부터 중요한 가축이었다. 그래서인지 조선 시대의 글에서는 닭을 키울 것을 권장하는 내용을 많이 볼 수 있다. 조선 후기의 학자 이옥李鈺(1760~1815)은 〈백운필白雲筆〉[62]에서 닭은 제사, 부모님 봉양, 손님 접대, 병에 걸렸을 때 등에 모두 요긴하게 쓰이므로 가난한 집일수록 반드시 키워야 하는데, 굳이 황계黃鷄, 적흉赤胸, 백오白烏, 청수피靑繡皮, 당계唐鷄 등의 희귀한 품종을 구해 키울 필요는 없다고 했다. 그저 수탉이면 튼튼하고 일찍 우는 놈으로, 암탉이면 누렇고 다리가 짧은 놈을 키우면 충분하고, '김제金堤' 또는 '죽계竹鷄'라고 하는 품종은 크기가 보통 닭의 배나 되어 살은 많지만 맛은 작은 것만 못하다고 했다. 또한 17세기 후반의 저자 미상 조리서인《요록要錄》은 집에서 닭을 기르는 법을 설명하면서 닭에게는 다섯 가지 덕五德이 있다고 했다. 머리 위에 벼슬이 있으니 문文의 덕, 발에 발톱이 있으니 무武의 덕, 적을 만났을 때 기세가 있으니 용맹함勇의 덕, 먹을 것이 있으면 서로 부르니 의義의 덕, 시간을 어기지 않고 울어주니 신信의 덕을 갖추었다는 것이다.

닭은 집에서 키우다가 필요할 때마다 잡아서 다양한 조리법으로 음식을 만들거나 약으로 썼다. 이 가운데 닭고기를 솥이 아니라 항아리에 넣고 삶는 방법이 보인다.《요록》에 소개된 팽계법烹鷄法(닭을 항아리에 담아 중탕하여 삶아 먹는 법)이다. "닭의 털과 내장을 제거하고 짚으로 만든 새끼줄로 문질러서 닭의 뱃속을 깨끗이 씻는다. 씻은 뱃속에 회향, 부추, 천초, 장, 참기름을 섞은 것을 넣고 대나무로 꿰어 봉한다. 항아리에 이 닭과 물에 청장淸醬과 참기름을 섞어 같이 담은 후 입구를 기름종이油紙로 단단히 봉한다. 솥에 가로지른 나무에 항아리를 매달고 중탕하여 끓이되, 아침부터 저녁 또는 저녁부터 아침까지 푹 삶는다. 그런 다음 찢어서 후춧가루를 찍어 먹는다." 홍만선洪萬選(1643~1715)의《산림경제》에는 숯불 위에 닭을 담은 항아리를 바로 놓고 천천히 끓이는 법도 소개되는데, 이를 팽계방烹鷄方이

그림 19 연계증. 전통적인 닭고기 조리법은 찌거나 삶는 것이었다.

라고 했다.

닭을 항아리에 넣고 고아 만든 약으로는 '계고鷄膏'가 대표적인데, 음식물의 소화흡수와 관련된 비위脾胃를 도와주는 약이었다. 이익은 《성호사설》에서 계고가 삶은 닭보다 비허증脾虛症(비脾가 허虛하여 나타나는 병증. 섭취된 음식물이 몸 전체에 영양되지 못해 살이 찌지 않고 하체에 힘이 없어 만사에 의욕이 없게 되는 증상)에 효과가 좋다면서, 계고 만드는 법을 소개했다. 이에 따르면, 닭의 껍질, 꽁지, 머리, 내장, 피, 기름을 제거하고 깨끗이 씻어 잘게 다진 것을 그릇에 담아 항아리 속에 놓고 천으로 싸맨 다음 뚜껑을 덮어 솥 안에 넣고 오래 달여서 완성한다.

한편, 조선 시대 서민에게 닭을 키우는 것은 닭고기 자체를 먹기보다는 달걀을 얻는 것이 주목적이었다. 따라서 닭은 주로 달걀을 더 이상 낳을 수 없는 노계가 되었을 때 잡아먹었으므로 제대로 삶지 않으면 질겨서 맛이 없었다. 그 때문에 묵은 닭을 연하게 삶는 방법이 여러 문헌에 보인다. 내용은 다 비슷한데, 《시의전서》에서는 수탉이든 암탉이든 늙은 닭을 삶을 때는 앵두나무를 넣든가 굴뚝 옆의 기와 조각 하나를 넣고 삶으면 연해진다고 했다.

닭찜은 개장국과 함께 조선 시대 사람들이 가장 좋아하던 음식이다. 조영석趙榮祏(1686~1761)이 음력 6월 15일 지은 시에서 "북쪽 마을에서 개 삶는 연기, 동쪽 집에서 닭 잡는 소리北里烹狗烟 東家殺鷄聲"(《관아재고觀我齋稿》 권1)라고 한 대로 닭은 여름철 보신 식재료로 각광을 받았다. 또 닭을 잡고 기장밥을 한다는 살계작서殺鷄作黍가 손님을 정성껏 대접한다는 사자성어로 사용되었다. 특히 어린 닭을 사용한 찜을 연계증軟鷄蒸이라 하여 단오가 되면 앵두와 함께 조상의 사당에 바치곤 했다.

치맥의 시대를 연 닭의 대량 사육

지금처럼 닭고기를 쉽게 먹을 수 있게 된 것은 대량 비육법이 개발된 후부터인데, 많은 가축을 실내에 밀집시켜 곡물사료를 먹이며 단기간에 대량 생산하는 것을 말한다. 대량 비육법은 제2차 세계대전 중에 미국에서 개발된 공업적인 닭고기 생산법으로, 브로일러broiler(구워 먹기 위한 영계)법이라고도 한다. 이 기술은 전쟁 중 군대에서 고기의 수요가 갑작스레 증가했기 때문에 그 수요를 충당하기 위하여 개발되었다.

햇빛을 마음껏 받으면서 뛰놀고 풀이나 흙을 쪼아대던 닭을 인공 환경 속에 감금해두고 요동도 제대로 할 수 없게 밀집시켜 사육한다는, 획기적이지만 잔인한 기술이다. 이로 인한 동물복지의 문제가 생겼지만 싼 가격에 닭고기를 먹게 된 것도 부인하기 어렵다. 이 대량 사육이 미국에서 시작된 이유는 몇 가지 조건을 갖추고 있었기 때문이다. 첫째, 대량의 사료곡물을 확보할 수 있었다. 아메리카 대륙의 원주민들이 주식으로 삼았던 옥수수를 미국인은 주로 가축의 사료로 이용했다. 미국은 잡종 옥수수의 개발이나 농경지의 확대에 의해 곡물 생산의 증가가 인구 증가를 웃돌고, 1930년경에는 벌써 잉여곡물의 처리에 골치를 앓았기 때문에 이를 닭의 사료로 효과적으로 활용한 것이다.

둘째, 비타민D가 발견되고 화학적 합성이 가능해졌다. 이 합성비타민D를 급여하면 태양이 없는 어두운 사육장에서 가축을 사육하는 것이 가능해진다. 굳이 햇빛을 받지 않고도 비타민D 결핍 없이 닭이 사육되기 시작한 것이다.

셋째, 항생제 같은 방역물질의 개발이다. 가축을 한곳에서 대량 수용하면 질병의 대량 발생도 불가피하다. 태양과 흙에서 격리되어 본능을 빼앗긴 가축들은 생명력이 약화되므로 질병 예방을 위해 미리 많은 종류의 항생제를 대량 섭취시킬 필요가 생겼다. 1940년대 말경에는 연이어 개발된 항생물질이나 설파제가 가축에도 쓰이게 되었다.

가축은 마침내 곡물을 먹여서 고기로 변환시키는 기계같이

2부 한국인의 상용 고기 이야기

되어버렸다. 기계 효율의 개량, 곧 가축의 품종 개량과 가축 관리기술의 개량이 축산에서 중요한 과제가 되었다. 알을 낳는 닭을 사육하는 전통적인 기술은 일정량의 고기를 얻기 위하여 반년 가까이 사육해야 했다. 그러나 고기 전용으로 육성하는 기술은 개량이 거듭되었다. 1945년에는 체중 1.4kg의 닭을 얻는 데 3개월의 기간과 체중의 4배가 되는 사료가 필요했지만, 1975년에는 겨우 8주의 기간으로 1.8kg으로 살찌우고 사료는 체중의 배로 줄일 수 있게 되었다.

현대인이 즐기는 닭고기 요리들

닭도리탕이 일본말?

우리나라에서 양계산업이 발달하면서, 1960년대 전기구이 통닭에 이어 1970년대부터 닭도리탕이 음식점에 등장했고, 매운 음식을 좋아하는 우리 식성에 잘 맞아 빠르게 인기 메뉴가 되었다. 이렇게 대중화되던 닭도리탕은 일본말이라는 논란에 휩싸이게 되었다. '고도리ことり'는 화투에 그려진 다섯 마리 새를 가리키는 일본말인데, 사람들이 닭도리탕의 도리 또한 새 혹은 닭을 뜻하는 일본말이라고 주장하게 되고, 이런 주장을 받아들여 1997년에는 국립국어원의 고시(일본어투 생활 용어)로 닭도리탕을 닭볶음탕으로 순화하여 사용할 것을 권장하게 되었다.

이렇게 닭도리탕이 닭볶음탕으로 바뀌었지만, 현재도 닭도리탕에 대한 논란은 여전한 것 같다. 닭을 뼈째로 여러 조각으로 토막 내 감자, 당근, 양파 등 채소와 고추장, 고춧가루 등 매운 양념장을 넣고 끓여서 만드는 이 음식은, 조리법 어디에도 기름을 넣어 높은 온도에서 '볶는' 과정은 사용되지 않는다는 점이다. 또한, 닭도리탕의 '도리'가 일본말에서 유래했다는 근거도 명확하지 않다는 점 때문이다.

닭도리탕은 일제강점기 이후 갑자기 생겨난 음식이나 말이 아니며, 그 이전부터 먹어온 음식이고 써왔던 말이다. 실제로 문헌을 찾아보니 1924년 출간된 이용기의 한식 요리책인《조선무쌍신식요리제법朝鮮無雙新式料理製法》에는 "송도에서는 도리탕이라고 하여 양념으로 파와 후춧가루, 기름과 깨소금, 마늘 등을 넣고 만든다."라고 기록하고 있으며, 닭복금鷄炒을 도리탕이라고 한다고 하고 있다.

그리고 1925년 최영년의《해동죽지》에는 '도리탕桃李湯'이 나오는데 도리탕의 한자는 소리 나는 대로 쓴 듯하다. "이것은 닭고깃국으로 평양 성안 일대에서 생산된다. 뼈마디를 잘라 표고버섯과 훈채와 함께 종일토록 고아 고기를 익히면 살이 매우 연해져 세상 사람들이 패강(대동강)상의 명산물이라고 칭한다此是鷄臛 産於平壤城內帶 骨寸切雜和蕈蕈 半日烹飪肉 甚腴軟 世稱浿上之名産."라고 나와 있다. 즉 도리탕이 평양의 특산물이며 개성 북쪽인 관서關西 지역 음식이라는 것이다. 지금의 닭도리탕과는 조리법이 다소 다르기는 하지만, 그 당시 개성과 평양에서 명물음식으로 이름난 것으로 미루어보아 이미 오랫동안 먹어온 음식으로 봐야 한다.

이런 기록들로 볼 때 닭도리탕은 아마도 닭을 도리 쳐서 만든 탕이라는 의미가 더 맞는 것 같다. 일본어인 도리가 음식명에 들어가서 닭도리탕이 만들어졌다는 최근의 주장은 시대적으로 잘 맞지 않으며, 따라서 닭도리탕을 닭볶음탕으로 바꾼 것도 성급한 판단으로 생각된다.

과거 닭의 전통 조리법은 닭을 한 마리 통째로 넣고 끓이는 것이지만, 지금은 닭을 토막 내 파, 마늘 등 양념과 채소를 넣어 만드는 닭도리탕이 더 인기다. 이런 변화는 고춧가루나 고추장 등 좀 더 자극적인 양념장을 사용하게 된 미각의 변화로 인해 조리법도 변화한 탓이라 추정된다. 최근에는 이러한 조리법이나 유래, 용어 등의 반론들을 종합해 '닭매운찜'으로 바꿔 부르자는 의견도 있다.

어쨌든 우리 문헌기록에 닭도리탕이 존재하고 양념만 바뀌어 왔을 뿐 조리법도 유사한 것을 볼 때 친근한 닭도리탕의 이름을 정확한 근거 없이 닭볶음탕으로 바꿔 부르는 것은 생각해볼 문제다. 맛있는 우리 음식의 재미난 이름들은 오래도록 기억되어야 하지 않을까?

만들어진 향토음식, 춘천닭갈비와 안동찜닭

우리에게 익숙한 닭요리 하면 빠지지 않는 것이 춘천닭갈비와 안동찜닭이다. 그러나 두 음식 모두 오래된 전통음식은 아니다. 이 음식들은 어떻게 대표적인 향토음식이 된 것일까?

먼저 춘천닭갈비를 살펴보자. 원래 춘천의 전통음식은 막국

그림 20 닭갈비. 최초의 브랜드화를 겪은 음식이다.

수다. 그에 비하면 닭갈비는 고작해야 1960년대 후반에 등장한 조리법으로, 원래 춘천시청 인근 식당에서 팔리던 음식이 춘천 대표 브랜드가 되어 전국에 알려진 것이다. 이렇게 닭갈비가 춘천의 새로운 향토음식으로 떠오르게 된 과정은 당시의 사회경제적 변동과 관련이 깊다.

춘천닭갈비가 인기를 끈 원인으로, 주재료인 닭고기의 보급이 1960년대 후반에 확대되었다는 점을 들 수 있다. 또한 채소를 많이 넣고 익히며 다 먹고 난 후 밥을 볶아 먹을 수 있다는 등 비교적 저가의 재료로 푸짐하게 먹을 수 있게 했던 조리법이 중요했던 것으로 보인다. 무엇보다, 서울 등 대도시에서 자동차로 춘천에 와서 향토음식을 즐기고 가는 중산층의 관광 확대가 큰

2부 한국인의 상용 고기 이야기

역할을 했다. 이렇게 닭갈비는 이런저런 사회경제적 요인이 얽히는 과정을 거쳐 춘천의 대표 브랜드로 자리를 굳힌 것이다.

지금 외식업의 대세는 프랜차이즈다. 프랜차이즈 외식업에서 중요한 것은 바로 브랜드인데, 소비자들이 브랜드를 보고 음식을 선택하기 때문이다. 최초로 브랜드화라는 과정을 겪은 음식이 바로 춘천닭갈비라고도 할 수 있다. 닭갈비에 춘천이라는 브랜드가 붙어 전국적인 음식이 탄생한 것이다.

반면, 최근 서울에서도 인기 있는 음식으로 자리 잡은 안동찜닭의 유래에 관해서는 다양한 설이 있다. 조선 시대 안동의 부촌인 안[內] 동네에서 특별한 날 해 먹던 닭찜을 바깥 동네 사람들이 보고 '안동네찜닭'이라 부르기 시작했고 이 닭요리가 맛이 있어서 외식 메뉴가 되었다는, 안동의 전통 반가음식 유래설이다. 또 다른 유래로는 1980년대 중반 안동 구 시장 닭 골목에서 단골손님들이 닭볶음탕에 이런저런 재료를 넣어달라고 요청하면서 지금의 안동찜닭으로 변모했다는 것으로, 안동시장 자생설이다. 그러니까 서양식 프라이드치킨의 확장에 위기를 느낀 안동 구 시장 닭 골목의 상인들이 이에 맞서서 전통 닭 요리를 응용해 만들어낸 일종의 퓨전요리라는 것이다. 그러니 뭐가 정설인지 알기가 어렵다.

최근 음식의 유래를 두고 진짜, 가짜 논쟁이 뜨겁다. 그러나 음식 유래는 역사가 아니라 스토리텔링에 가깝다고 보인다. 대부분의 음식은 정확한 유래를 알기가 어렵다. 그러나 춘천닭갈비와 안동찜닭이 단기간에 전국적인 음식으로 탄생할 수 있었던 이유가 새로운 사회 변화에 발맞추었기 때문이라는 데에는 이견이 없을 것이다.

간장치킨, 양념치킨은 한식일까

닭이라는 말보다 치킨이라는 말이 더 익숙한 시대다. 특히 젊은 세대는 KFC의 프라이드치킨이 닭백숙이나 삼계탕보다 친숙한 것이 현실이다. 이 닭 요리 마켓에서 재미있는 현상이 벌어지고 있다.

한식세계화 사업이 한창이던 2010년, 국회에서는 한식세계화 사업으로 프랜차이즈 치킨업체 교촌치킨을 지원한 일로 논란이 벌어졌다. 한국농수산식품유통공사에서 2009년 해외 한식당 개설자금 지원사업으로 교촌치킨에 10억 원을 지원한 사실 때문이었다. 한 의원이 "치킨이 왜 한식이냐?"고 물으며 "이런 음식을 만드는 업체에 한식세계화 예산을 주고 있다."고 지적했다. 이에 한국농수산식품유통공사 사장은 양념치킨에는 간장 등 전통 원료가 들어간다고 항변했다. "치킨이 한식은 아니지만 소스에 간장 및 고추장과 같이 우리 전통 원료가 들어간다."는 것이다. 과연 간장치킨이나 양념치킨은 한식일까, 아닐까?

현재 미국 뉴욕에서 인기 있는 닭 요리 중 하나는 양념치킨이나 간장치킨이다. 미국은 프라이드치킨으로 전 세계 닭 요리를 평정한 KFC의 나라다. 그러나 지금은 미국 뉴욕 한복판에서 우리의 간장치킨이나 양념치킨이 인기이고 잘 팔리고 있다. 과거에는 생각하기 어려운 일이 벌어진 것이다.

우리 한식을 외국인에게 알리고 돈도 벌어보자는 의도에서 시도된 한식세계화 사업에서 처음에 대표 메뉴로 내걸었던 것은 비빔밥, 김치, 불고기, 떡볶이 등이었다. 그런데 오히려 외국인들은 간장을 베이스로 하는 간장치킨이나 양념치킨을 더 선호했다. 그러니 치킨이라는 인류 공통의 재료를 가지고 우리 고유의 양념으로 조리한 간장치킨이나 양념치킨은 한식으로 보아야 한다는 것이 나의 생각이다. 치킨은 전 세계 사람들이 가장 즐겨 먹는 고기 식재료다. 결국은 각 나라의 조리법이 닭 요리 외식시장의 성패를 좌우하는 것 같다. 그런 면에서, 간장치킨이나 양념치킨의 인기는 세계인을 사로잡은 전통 조리법의 개가라 자부해도 될 것이다.

7장

서민들의 단백질 공급원, 개고기

지금 한국사회에서 개는 가장 친숙한 반려동물의 지위에 있기 때문에 식용 육류의 역사에서 개고기를 다루기가 매우 부담스럽다. 그러나 한국인이 즐긴 고기의 역사와 문화에서 개고기를 언급하지 않을 수는 없다. 한때 한국의 개고기 식용은 세계적으로도 알려져 서양인들의 비난을 받기도 했지만 제일 중요한 사실은 간과되었다. 즉, 한국인도 식용 개와 애완견은 구분을 했다는 점이다. 식용 개는 구狗, 술戌 등으로 불렀고, 애완견은 견犬으로 불러 이를 엄격히 구분했다.

과거 농경민족이었던 우리 민족에게 가장 부족한 것은 단백질이었다. 콩이 주된 단백질 공급원 역할을 했지만 역부족이었다. 이런 상황에서 부족한 동물성 단백질을 보충하는 중요한

2부 한국인의 상용 고기 이야기

역할을 한 것이 바로 개고기였다. 이 장에서는 과거 우리 선조들의 주요 단백질 공급원으로서의 식용 개고기에 한정하여 다룬다.

개고기 식용의 역사

개는 최초의 가축이다. 야생동물 가운데 가장 먼저 인간이 사육하기 시작한 것이 바로 개다. 개가 가축화된 시기는 늦게 잡아도 기원전 12000년경이라고 한다. 동물학자들은 개의 선조가 늑대라고 본다. 개를 가축화한 이유는 구석기 시대 사람들이 개를 사냥 보조로 쓰기 위해서, 그리고 개 또한 인간 사냥꾼에게 익숙해져서라고 설명한다. 그러나 이는 서구의 생각이고 동양에서는 달랐다. 개를 가축화한 목적은 어디까지나 고기를 먹기 위해서였다. 고대 인류가 생존하는 데 음식은 지극히 중요한 문제였으며 개 또한 그런 이유로 필요했다. 고대사회의 개고기 식용은 어느 지역에서나 있었다. 실제로 단백질 공급이라는 측면에서 볼 때 개 가축화는 매우 유용했는데, 개고기는 돼지고기와 비교해서도 지방은 적고 단백질은 풍부한 장점이 있다.

과거 아메리카 원주민들 사이에서도 개고기를 먹는 관습은 흔했다. 그리고 동북아 및 동남아, 태평양 제도와 아프리카에서도 개고기를 먹었다. 아시아-태평양 지역은 구세계에서 가장 넓은 개고기 식용 지역으로, 중국으로부터 한국을 거쳐 북부 시베

리아까지, 남쪽과 동남쪽으로는 동남아시아와 최소한 아삼 지역까지, 동쪽으로는 태평양을 건너 하와이 제도에 이르는 방대한 지역이다.[63] 물론, 이 광대한 지역에 사는 모든 사람이 개고기를 먹는 것은 결코 아니다. 현재 개고기 식용은 계속 줄어들고 있다.

개고기를 먹는 사람들은 여러 종교, 그리고 서구인으로부터 관습을 버리라는 압력을 계속 받아왔다. 힌두교도는 개를 불결한 동물로 간주하며, 불교도는 개를 가족의 친구이자 수호자로 여기며 육식 자체를 반대한다. 무슬림 역시 개를 불결한 동물로 간주한다. 그러나 이런 압력에도 불구하고 개고기 식용은 일부에서 계속 이루어지고 있다.

아시아 지역의 개고기 식용

기원전 6500년에서 기원전 3500년까지 북중국에서 개와 돼지는 가장 중요한 가축이었다. 가축이 된 것으로 보이는 개의 유골이 기원전 5000년에서 기원전 3000년 사이의 중국 중부 유적에서도 발견되었다. 고대 중국에서는 개가 집을 지키거나 사냥의 조력을 맡았을 뿐 아니라 고기의 주 공급원이었다. 개고기는 제례 만찬에도 오르는 음식이었으며 왕도 개고기를 먹었다고 한다. 개는 몽골 내륙과 만주에서는 썰매를 끌기도 하며 목축민이 양과 다른 동물 무리를 방목하는 것을 도와왔다.

아주 오래전에는 몽골인들이 개고기를 먹었다는 기록이 있고, 이 관습은 과거 일부 터키 원주민에게서도 분명히 볼 수 있는데 그들 사회에는 개고기를 다루는 전문 상인까지 있었다. 현재 몽골인이나 중국의 무슬림, 티베트인은 개고기를 먹지 않으며, 그들은 개를 잡아먹는 것을 혐오스럽게 여긴다. 최근에는 중국인들 사이에서 개고기를 먹는 관습이 점차 줄어들고 있다. 특히 개고기를 즐겨 먹었던 광둥 사람들 사이에서도 개고기 식용의 규모는 그리 크지 않다. 북부 베트남의 많은 지역은 중국의 영향을 크게 받았는데, 개고기 식용도 그중 하나다. 일본에서는 불교의 영향과 천황의 칙령으로 개의 식용이 보편화되지는 않았지만, 원주민인 아이누족은 개고기를 먹기도 했고 개 가죽을 겨울용 의류를 만드는 데 쓰기도 했다.

개는 인간이 사육한 최초의 가축으로 알려져 있다. 중국 신석기 시대의 양사오문화, 룽산문화 유적에는 돼지의 뼈와 더불어 개의 뼈가 압도적으로 많이 출토되었다. 주나라(기원전 1046~기원전 770) 때의 관제를 기록한 《주례周禮》에 식용 가축으로 개가 있고, 개를 제사의 희생물로 쓰기도 했다. 《예기禮記》 월령에는 맹추(음력 7월)에 천자가 개고기를 먹는다는 구절이 있으며, 《예기》 곡례에는 구도狗屠라는 개 도축 전문직이 등장한다. 그러나 당대 이후에는 병을 다스리는 목적 이외의 개고기 식용은 거의 사라졌으며 명·청대에는 개고기를 먹지 않게 되었다. 청대의 유명한 요리서인 《수원식단》에는 개고기 요리가 나오지 않으며, 1791년(정조 15) 문인 김정중金正中은 청나라에 다녀온 사행일기 《연행록燕行錄》에 "중국에서는 돼지와 양은 상식하면서 개고기는 먹지 않는다."라고 기록했다. 이는 중국 전역에 걸쳐 그렇다는 것은 아니라 유교의 발상지인 화북을 두고 하는 말이지만, 개고기를 계속 식용해온 한국과는 달랐다.

한국인의 개고기 식용 전통

우리 민족의 개와 관련된 최초의 기록은《삼국지》위지 동이전 부여전에 나온다. 즉, 부여의 관직명인 마가, 우가, 저가, 구가, 견사가 그것이다. 다른 가축은 관직명이 하나씩밖에 없는데, 개는 구가狗加와 견사犬使 두 종류가 있다. 개의 비중이 다른 가축보다 컸다고 보이는 대목이다. 구와 견의 구분은《예기》에 나오는데, 작은 개가 구, 큰 개가 견이다. 그런데 이《삼국지》부여전 외에는 개에 대한 기록이 보이지 않는다. 이를 통해, 부여 외에는 개를 사육하지 않았다고 볼 수 있지만, 개 사육을 하고 있던 중국인이 '무견'이라고 기록해놓지 않은 것을 볼 때 오히려 한반도 전역에서 개가 사육되고 있었다고 볼 수도 있다. 유적으로는 평양시와 경남 회현리 조개무지에서 개의 뼈가 출토되었다.

그렇다면 그때도 개는 식용되었을까? 이의 단서는《삼국사기》의 고구려본기 동명성왕 편에서 찾을 수 있다. 여기에 "왕이 유화부인이 낳은 알을 버려서 견시犬豕에게 주어도 다 먹지 않고 피해 갔다."라는 대목이 있다. 여기서 견은 개를, 시는 돼지를 뜻하므로 돼지와 마찬가지로 식용을 위해 개를 키운 것으로 볼 수도 있다.《삼국사기》백제본기 20년(660)의 기록에, 백제의 멸망이 가까워지자 미리 알고 슬퍼하는 것인지 장안의 수많은 개들이 길에 나와서 구슬프게 울부짖었다고 한다. 이를 통해 당시에 집에서 개를 많이 키우고 있었으며 이들이 식용되었을 것으로 추정할 수 있다. 또한, 통일신라 시대에는 신라의 개가 품질이 좋아서 일본이나 당나라로 수출되었다는 내용이 《삼국사기》와 《일본본기》에 나온다.[64]

통일신라 시대 및 고려 시대에는 불교의 영향으로 육식을 피했고 특히 왕족과 귀족 같은 지배층은 개를 먹는 것을 꺼렸으리라 보인다. 그러나 먹을 것이 부족했던 서민층에서는 다른 선택을 했을 것이다. 고려 말기로 들어오면 상황이 달라진다. 원나라의 지배가 시작되고 우리나라에 들어온 몽골인들의 영향을 받아 육식을 하게 된다. 따라서 개고기도 마찬가지로 먹었을 것이다. 《고려사》 열전에 충렬왕 때 사람 김문비의 이야기가 있다. 그는 항상 개를 구워서 대나무조각으로 개털을 긁어낸 후 먹기를 즐겼는데, 말년에 온몸에 종기가 나서 다른 사람에게 대나무조각으로 자기 몸을 긁게 하다가 죽어갔다고 나온다.

조선은 숭유주의崇儒主義가 지배한 사회다. 유교에서 이상국가로 삼았던 중국의 주나라나 공자가 활동한 춘추전국 시대는 개고기를 많이 먹었으므로 조선의 유학자들 역시 개고기 식용에 저항을 느끼지 않았다. 심지어 개고기를 뇌물로 쓴 기록도 있다. 《중종실록》(중종 31년 3월 21일)에 개고기를 뇌물로 바쳐 관직을 얻은 이의 기록이 있다. 봉상시 참봉으로 있던 이팽수李彭壽가 당시의 권력자였던 김안로金安老(1481~1537)가 개고기구이를 좋아한다는 것을 알고 날마다 개고기구이를 바쳐 높은 자리에 올랐다는 이야기다. 김안로의 비위를 맞춰 승정원 주서注書에 오른 이팽수를 가리켜 가장주서家獐注書라 불렀는데, '가장'이란 개를 가리키는 말이라고 한다.

그러면, 우리는 개고기를 어떻게 먹었을까? 《음식디미방》, 《산림경제》, 《증보산림경제》, 《규합총서》, 《임원경제지》 등에는 개고기 삶는 법, 찌는 법, 굽는 법 등 그 조리법이 자세하게 설명되어 있다. 특히 삼복에는 신분의 고하를 가리지 않고 구장狗醬(개장, 보신탕)을 즐겨 먹었다. 《동국세시기》(1849)의 6월 삼복조에서는 "개를 삶아 파를 넣고 푹 끓인 것을 구장이라 하는데, 이것을 먹고 땀을 흘리면 더위를 물리치고 허한 것을 보충할 수 있으니 시장에서도 많이 판다."고 했다. 한편 삼복이 아닌 8월(음력)에도 개고기를 먹었던 것 같다. 《농가월령가農家月令歌》 8월령에 "며느리 말미 받아 본집에 근친 갈 제 개 잡아 삶아 얹고 떡고리며 술병이라."고 나온다.

개고기는 보양식이었다

개장국은 복날 음식

한국인의 개고기 식용 역사는 길다. 그런데 현재까지 내려오는 개고기 요리는 개장국을 뜻하는 구장狗醬이다. 보신탕이라고도 불리는 음식이다. 초복, 중복, 말복은 1년 중 가장 무더운 때다. 양기陽氣가 음기陰氣를 눌러 한밤중에도 더위가 식지 않으니, '음기가 양기에 눌려 엎드려 있다.'고 해서 '복伏'이라 했다.

한 달 남짓 되는 이 삼복에 사람들은 더위에 지쳐 대체로 입맛이 떨어지고, 몸의 기운도 약해지기 쉽다. "삼복에는 입술에 붙은 밥알도 무겁다."라는 말이 있을 정도다. 이러한 삼복에 개장국을 먹으면 더위를 물리치고 기운을 북돋울 수 있다고 믿었다.

최남선의 《조선상식》(1948)에서는 한나라 조정에서 복날 더위로 고생하는 신하들에게 고기죽을 하사했고, 백성은 '팽양포고烹羊炮羔'라 하여 양이나 염소 등을 잡아 잔치를 연 것이 유래라고 설명한다. 양이나 염소가 귀했던 조선에서는 대신 개를 잡아서 장국을 끓여 먹었다는 것이다. 유만공柳晩恭(1793~1869)의 《세시풍요歲時風謠》(1843)에서는 "부엌에선 양 요리 보이지 않고 집집마다 죄 없이 달아나는 개만 삶누나."라며 중국 삼복문화와 비교했다.

서울의 풍속을 기록한 《경도잡지京都雜誌》에서 유득공柳得恭(1748~1807)은 복날 개장국에 흰 밥을 말아서 땀을 뻘뻘 흘리며 먹으면 더위를 물리치고 기운을 북돋울 수 있다고 적었다. 윤기尹愭(1741~1826)는 성균관 유생의 면면을 기록한 《무명자집無名子集》에서 복날 개장국을 먹은 소회를 여러 차례 시로 읊은 바 있다. 이유원李有源(1763~1835)의 《임하필기林下筆記》(1871)에도 개고기에 대한 이야기가 나온다. 정조 때 사신으로 북경에 간 심상규沈象奎(1766~1838)가 그곳에서 복날을 맞아 개고기를 삶아 올리도록 했는데, 북경 사람들이 크게 놀라고 이상히 여겨 팔지 않았다. 그러자 아예 그릇을 빌려 개고기를 삶은 뒤 돌

그림 21 육개장. 개장 대신 쇠고기를 넣은 고깃국이다.

려주었더니, 북경 사람들이 그 그릇들을 모조리 내버렸다는 일화다.

이처럼, 복날에 개고기를 보양식으로 먹어야 한다는 생각은 조선 사대부들에게 보편적이었던 것으로 보인다. 하지만 이런 풍습에도 불구하고, 일부 사람들은 개고기 먹는 것을 기피했다. 이렇게 개고기를 기피한 사람들은 대신 쇠고기를 이용해 장국을 끓여 먹었는데, 그것이 육개장이다.

개고기로 빚은 술, 무술주

개고기로 빚은 술도 있는데, 바로 무술주戊戌酒다. 무술주에 대한 기록은 《동의보감》에 있는데, 조선 초기 중국으로부터 제

2부 한국인의 상용 고기 이야기

법과 함께 유입된 것으로 보인다. 이 무술주 빚는 방법은 조선 시대 조리서에 많이 보인다. 1787년에 편찬된 《고사십이집故事十二集》에 따른 무술주 만드는 법은 이렇다.

무술주는 찹쌀 3말을 쪄서 익히고 누런 수캐 한 마리를 껍질과 창자를 제거하고 하룻동안 삶아 문드러지게 익으면 짓이겨서 즙째로 지에밥과 같이 골고루 버무려 흰 누룩 3냥을 섞어 빚는다. 14일이 되어 익으면 공복에 한 잔 마시면 보통 술 1병을 마시는 것보다 낫다. 원기를 보양하고 노인에게 더욱 좋다. [《본초강목》에 이르기를 무술주는 크게 원기를 보양한다고 했다. 허나 그 성질이 너무 덥기에 음기가 허하거나 냉병이 없는 사람은 마시기에 적합하지 않다고 했다.]

제법이 일반 약주 빚는 방법과 같으나 물 대신 개고기를 고아 만든 즙을 넣는 점이 다르다. 몸보신용으로 많이 이용했다.《임원경제지》정조지에는 《양로방》을 인용해 무술주 담그는 법을 소개하고 있다. 술이지만 대부분 보양식으로 무술주를 빚었던 것을 알 수 있다.

《양로방》에 이르기를 크게 원기를 보한다고 했다. 누런 개 한 마리 고기를 꼬박 하룻동안 삶아 진흙처럼 문드러지게 빻고 찹쌀 3말로 밥을 지어 즙과 같이 버무려 누룩을 넣고 보통 방법대로 술을 빚는다. 익으면 아침마다 공복에 먹는다. (생각건대)개를 쓰는데 온전히 누런 큰 수캐를 사용한다. 또는 큰 검둥개를 쓰면 능히 남자에게 이롭고 보해줄 수 있다.

이 술은 특히 노인에게 좋은데, 세 마리 분량을 계속 먹으면 온갖 병이 없어지고 기운을 극히 보한다고 했다. 그래서일까? 무술주는 퇴계 이황이 좋아한 것으로 알려졌다. 퇴계 선생이 저술한《활인심방活人心方》에는 몸이 약한 퇴계 선생이 특별히 즐겼다고 한 음식으로 측백나무탕, 유죽, 녹각죽, 지황주, 산서면, 산서죽, 서여주와 함께 무술주가 나와서 조선 사대부들이 애용한 술이었음을 알 수 있다.

개화기, 개고기 식용에 놀란 외국인들

우리가 전통적으로 개고기를 식용한다는 사실이 특히 1988년 서울올림픽을 전후해 세계인들에게 회자된 적이 있다. 그들은 우리가 애완동물을 먹는다는 사실에만 초점을 맞추어 야만적이라고 비난을 퍼부었다. 사실 이런 비난은 개화기 무렵 이 땅에 들어온 외국인들이 먼저 보인 반응이었다. 개화기에 쓰인 외국인의 여행기를 살펴보면, 개고기 음식의 종류나 조리법에 대해서는 묘사하지 않고, 단지 개고기 먹는 풍습이 자신에게 얼마나 이질적이었는지에 대해서만 간단히 언급했다.

조선인의 생활모습을 자세하게 묘사한 외국인으로 이사벨라 버드 비숍Isabella Bird Bishop(1831~1904)이 있다. 그녀는《한국과 그 이웃나라들Korea and Her Neighbour》[65]에서 식생활에 대한 묘사를 많이 남겼는데, 조선인의 대식大食 습관을 묘사하며 개고기에 대해서도 언급했다. 비숍은 "사계절 중 봄에 개고기를 자주 볼 수 있으며 조선에서는 식용으로 개를 많이 키우는 한편, 개고기를 제물로 사용하는 경우도 있는데 호환虎患을 입어 사망한 정령이 머무는 나무에는 돼지고기 대신 개고기를 제물로 바친다."라고 썼다.

이 시기에 조선을 찾은 외국인은 그 전에 중국, 일본 등을 먼저 방문한 경우가 많았는데, 바츨라프 세로셰프스키Vatslav Seroshevskii(1858~1945)도 그중 한 사람이었다. 그의 책《코레야, 1903년 가을Корея》[66]에는 중국과 마찬가지로 한국에서도 개고기가 인기가 있다고 기록되어 있다.《프랑스 외교관이 본 개화기 조선En Coree》[67]을 쓴 이폴리트 프랑뎅Hippolyte Frandin(1852~1926)은 조선의 식생활을 더욱 부정적으로 묘사했다. 그는 조선인의 민가에서는 잔칫날 개를 잡아먹으며 거리에서 굽거나 끓인 개고기 조각을 판매하는 행상인을 볼 수 있었다고 썼다.

다음으로 W. E. 그리피스는《은자의 나라 한국》에서 조선에서 개고기는 신분이 낮은 계층이 즐기는 음식이며, 음력 1월에는 금기 때문에 개고기를 먹지 않는다고 소개했다. 또, 손님마다 각자의 소반에 놓인 개고기를 먹는 모습도 함께 묘사했다.[68] 또한 오스트리아인 에른스트 폰 헤세-바르텍Ernst von Hesse-Wartegg(1854~1918)은 개고기를 파는 시장에 대해 묘사를 《조선, 1894년 여름Korea: eine Sommerreise nach dem Lande der

Morgenruhe》[69]에 남겨놓았는데, "거리 시장에서는 사람들이 날 생선, 오이, 호박, 개고기 등을 먹는다."는 것이다. 이들은 우리의 이질적인 풍습에만 관심을 두고 이를 기록했다. 조선인들이 개 고기를 먹는 풍습이 언제, 왜 생겼는지에 대해서는 아무런 관심 도 없었다.

개고기는 오랜 세월 가장 친근한 가축이자 우리 음식문화에 서 중요한 단백질 공급원으로서 역할을 해왔다. 그렇기에 개고 기에 담긴 우리 민족의 문화와 정서를 이야기했다. 개고기 식용 은 앞으로도 기피하고 숨겨야 할 역사가 아니라 민족의 먹거리 와 정서를 설명할 때 계속 논의되어야 할 부분이다.

8장

한국인이 즐긴
다양한 고기들

지금까지 한국인이 주로 먹어왔고, 현재도 즐겨 먹고 있는 돼지고기, 쇠고기, 닭고기, 개고기를 중심으로 우리의 고기문화를 살펴보았다. 그러나 우리가 특히 좋아했던 돼지고기와 쇠고기는 예전에는 구하기 어려운 식재료였다. 우리 민족은 오히려 지금은 잘 먹지 않는 다양한 고기들을 먹어왔다. 소와 돼지 대신, 다양한 야생동물을 사냥하기도 하고, 한반도에는 흔치 않던 여러 동물을 사육하기도 하면서 조리하여 먹은 것이다.

여기서는 상용 고기 외에 다른 고기류를 중심으로 이에 얽힌 재미있는 이야기를 풀어보려 한다.

우리도 양을 사육하고 먹었다

최근 우리 사회에 양고기구이 식당이 증가하고 있다. 관세청 자료[70]에 따르면 2015년도 양고기 수입량은 7,803톤, 2017년도 수입량은 1만 5,000톤으로 나타났다. 육류 수입 중 양고기 비중이 2015년에는 1.2%였다가 2016년에는 1.6%, 2017년에는 2.5%로 늘었다. 이를 돈으로 환산하면 1억 900만 달러, 심지어 2018년 수입 예상액은 2억 200만 달러에 이를 것이라고 한다. 2017년도 한국의 양고기 최대 수입국은 호주로, 91.5%를 이 나라에서 수입했다.

양고기 중에서도 꼬치구이에 대한 선호는 최근의 경향으로 보인다. 1990년대 이후 양 꼬치구이 식당이 시작되었는데, 양 꼬치구이를 연변 출신 조선족이 운영하는 식당에서 주로 취급하면서 양 꼬치구이가 마치 연변 조선족 음식[71]으로 취급되는 상황이 벌어졌다. 그러나 양고기는 중동 지역에서 오래전부터 사랑받아온 고기로, 연변 조선족 음식이 아니다. 중국에서 신장 위구르족이 즐기는 음식이었는데, 연변 조선족들이 이들의 영향으로 먹게 된 것으로 보인다.

러시아 및 중앙아시아 지역에서 양고기를 많이 먹는다. 우즈베키스탄 등에서 유래한 꼬치구이 요리인 샤슬릭Shashlik이 대표적이다. 원래 양고기는 중앙아시아 지역에서 많이 먹었지만 지리적으로 가까운 러시아로도 퍼져나가면서 러시아인들도 양고기를 즐기게 되었다. 수프의 일종인 보르쉬borscht에 양고기를

2부 한국인의 상용 고기 이야기

넣기도 하며, 양갈비와 감자를 곁들여 먹기도 한다.

양이 가축화된 연대는 기원전 6000년경으로 추정되는데(1만 5,000년 전에서 1만 년 전이라는 설도 있다), 털과 고기를 함께 제공하며 오랜 시간 인간과 함께해온 동물이다. 양을 이끌고 유목생활을 하는 것은 어려운 일이다. 황야 한복판에서 폭풍을 만나기도 하고 번개에 많은 양을 잃기도 한다. 이런 일이 신의 노여움 때문이라고 생각해 신에게 귀한 것을 바침으로써 노여움을 가라앉히려 했는데, 그들이 자기 생명 다음으로 아끼는 것이 양이니 이 양을 잡아 신에게 바쳤다. 이슬람교에서는 지금도 성지 순례 때 한 번에 수십 마리의 속죄양을 잡아 알라신에게 바쳐 면죄를 구한다.

한편 농경민족은 그들의 농작물이 풍성히 자라기를 빌며 가장 고귀한 가축인 소를 주로 희생물로 바쳤다. 그러나 양도 소에 못지않은 중요한 희생물이었다. '희생犧牲'이라는 한자를 파쇄해 보면, '희犧'는 소 우牛, 양 양羊, 빼어날 수秀 그리고 창 과戈가 합쳐진 글자다. 좋은 소와 양을 창으로 찔러 잡는다는 의미다. '생牲' 역시 생육生肉 또는 생혈生血을 가리킨다. 희생물을 신에게 바치고 함께 먹음으로써 신과 사람이 일체가 되어 신의 노여움을 풀고 풍요를 얻고자 한 것이다. 전한 때 유학자 동중서董仲舒(기원전 176~기원전 104)의《춘추번로春秋繁露》에 "희생물로써 어린양을 쓴다. 양은 뿔이 있으면서도 인仁을 좋아하는 자와 같고 목에 칼이 들어와도 울부짖지 않으니 의義에 죽는 자와 같으며, 젖을 빨 때도 무릎을 꿇으니 예禮를 아는 자와 같다. 따라서 양을 희생물로 쓰는 것이다."라는 구절이 나온다.

그럼, 우리 민족도 원래 양고기를 먹었을까? 양은 농경민족보다 유목민족에게 적합한 가축이어서 주로 제사의 희생물로만 이용되었다. 또, 우리나라에서는 양이 약으로 쓰였다. 한의학에서는 양은 양기를 돋우는 식품으로 혈액을 따뜻하게 하고 체력을 보충해준다고 보았다.

고대 중국에서 양이 사육되고 있었으므로 서기 300년경 한반도의 부족국가 시대에도 양이 있었으리라 추측할 수 있지만, 당시 유적에서는 양의 유골이 발견되지 않았다. 기록은 없지만, 적어도 삼국시대부터는 양을 사육했을 것이다. 주로 모피 채집을 위해 사육되었을 것이다. 양고기는 종묘에 제사를 올릴 때 쓰거나 약으로 사용하는 정도였으므로 마찬가지로 모피 채집이 가능한 소나 잡식성으로 사육되는 돼지 등에 비해서는 고기 공급 비중이 작은 편이었을 것이다.

고려 시대에는 지배층에서 양과 돼지고기를 먹었을 것이라고 짐작할 수 있는 기록이 나오는데, 고려 때 금나라에서 양을 들여온 것[72]으로 되어 있다. 송나라 사람들이 양고기를 으뜸으로 치기 때문에 송나라 사신을 대접하기 위해 양을 잡았던 것으로 보인다. 고려 시대에 양은 흔하지 않았다. 그러다 고려 말에 원의 지배하에 들어가면서 원나라로부터 양이 들어왔다. 그러나 이때도 양을 제대로 사육하지는 못했고 주로 중국에서 수입했다고 한다. 그러니까, 양의 사육이 이 땅에서는 어려웠다. 그런데 고려 충선왕(1275~1325) 때 안우가 중국에서 공자의 초상

2부 한국인의 상용 고기 이야기

과 염소 500마리를 가져온 것이 염소 사육의 시초가 되었다고
하니, 양의 사육이 여의치 않자 대신에 염소를 사육해 희생으로
대체하기도 했을 것이다.[73]

조선에서도 양에 관한 기록이 나온다. 《세종실록》(세종 10년
윤4월 6일) 기사에 "이전에 종묘의 대제大祭를 친행親行할 때에는
양 여섯 마리를 쓰고, 섭행攝行할 때에는 염소 한 마리로 대용하
였는데, 만약 암양(지양雌羊)이라면, 오로지 번식시키는 데에 소
용되나, 숫양(웅양雄羊)은 많이 길러도 소용이 없으니, 청하건대
종묘의 섭행攝行하는 제사와 영녕전永寧殿의 제사에는 모두 양을
쓰게 하소서."라는 건의가 나온다. 세종 때 양과 관련된 일화가
《중종실록》(중종 20년 8월 28일)에 기록되기도 했다.

> 우리 세종께서는 항시 갈증으로 고생하시자, 대언代言들이 날마다
> 흰 수탉과 누런 암양고기를 드시어 갈증을 치료하기 청했었는데, 세
> 종께서 "내가 어찌 자봉自奉하기 위해 생물의 목숨을 해치겠는가?
> 더구나 양은 본국에서 나는 것이 아니지 않는가?"하시므로 대언들
> 이 "관양官羊이 번성하니 우선 시험해보시기 바랍니다."하였으나,
> 마침내 윤허하지 않으셨습니다.

세종이 명에서 수입해야 하는 양고기의 섭취를 거부했지만,
신하들이 양의 사육이 어느 정도 번성하다며 설득했던 일화다.
또한 《연산군일기》(연산군 3년 1월 24일) 기사에도 "국초에는 양
이 본국의 소산이 아니기 때문에 부득이 대신 썼는데, 지금은

많이 번식되어 국가에서 쓰고도 남으니, 종묘의 예에 따라 양을 쓰십시오."라는 내용이 있다. 이를 통해 조선 초기에는 양의 사육이 꽤 늘어났음을 알 수 있으나 대체로 종묘제례에 희생물로 쓰는 용도로 한정되었을 것으로 추측된다.

결과적으로 양의 사육은 한반도에서 크게 번지지 못했다. 양을 사육하기 위해서는 무엇보다 드넓은 목초지가 필요하다. 한반도는 지형상 그런 목초지가 들어설 수 있는 평야가 드물고, 조선에서는 그런 목초지가 들어설 수 있는 땅은 모두 개간해 논으로 만들었다. 조정에서는 제사용으로 양을 중시해 양장羊場을 설치해 사육했으나 풍토병 등으로 사육이 잘 되지 않았으며, 더욱이 산업용으로까지 규모를 키우지는 못했다.

양은 아무래도 일상적인 음식보다는 약으로 많이 쓰였던 것 같다. 조선 초기의 어의인 전순의全循義가 쓴 《식료찬요食療纂要》(1460)에는 "속을 보하고 기력을 북돋아주려면 양고기를 임의대로 익혀서 먹는다."라고 나온다. 심지어 "속이 냉하여 음식을 먹으면 토하는 것을 치료하려면 양고기 반 근을 비계와 막을 제거하고 잘라 회를 만든 다음 마늘과 오랄장초五辣醬醋(다섯 가지 매운 양념을 넣은 초장)로 버무려 공복에 먹는다."라고 해 양고기를 생으로 먹을 것을 권했다.

조선에서 양이 퍼지지 않은 데는 사육 환경 외에도 그 맛이 조선인과는 안 맞았던 이유도 있었던 듯하다. 박지원의 《열하일기》에 양고기에 대한 재미있는 구절을 만날 수 있다. 연암이 가는 곳마다 조선 사신들을 대접한다며 청나라 사람들이 양고기 요리를 해주었는데, 노린내 때문에 고역이었다고 한다. 참다못한 박지원이 상대방에게 농담 삼아 "대국 요리는 제법 노린내가 난다."고 했다가 상대방이 무안해하자 서둘러 사과했다는 것이다.

한편 정약용은 양을 중요하게 여겼던 듯하다. 《목민심서》(1818)에서 양에 대한 자신의 의견을 길게 피력하고 있다.

옛날부터 조선에는 양이 없었다고 칭해오는데 이는 풍토가 양에 적합지 않아서 그런 것이 아니고 습속이 양 기르기를 싫어하기 때문에 그런 것이다. 지금 전생서典牲署에서 기르는 양과 율주栗洲에서 방목하는 양은 모두 번성하고 있다. 추억해보면 내가 어렸을 때만 해도 각 고을에서 기르는 양의 수가 50~60마리를 밑돌지 않았는데—각 고을에서 기르는 것은 모두 고羖였다. 고는 하양夏羊인데 속칭 염소(염우羚牛)라고도 하고 또는 그릇 고羔라고 부르는데 그것은 잘못이다. 고羔는 양의 새끼인 것이다—, 지금은 모두 종자가 끊어졌다. 그것은 기르는 데 소용되는 물자를 관에서 지급하는 바 없고 억지로 창노倉奴를 목부牧夫로 차출하여 기르도록 하기 때문이니, 해마다 달마다 줄어드는 것은 당연한 이치다. (《목민심서》 호전 6조 6. 권농)

조선 시대 조리서에는 양고기 조리법이 종종 등장한다. 서유구의 《임원경제지》에는 양갈비구이 조리법이 아래와 같이 나온다. "껍질이 붙은 양갈비를 취해 한 마디를 두 토막으로 자른다. 요사硇砂(천연 염화암모늄) 가루 한 움큼을 끓는 물에 녹여 양갈비를 넣고 재빨리 뒤집어주어 너무 익지 않게 한다. 이렇게 하기를 세 번 반복한 다음 좋은 술에 잠깐 담갔다가 다시 굽는다. 일반적으로 돼지갈비, 양갈비, 노루와 토끼고기는 양의 비계로 싸서 굽는다." 비록 원대 조리서《거가필용》을 인용한 것이지만, 양고기도 조리해 먹었던 것을 알 수 있다.

최한기崔漢綺(1803~1877)의 《농정회요農政會要》에도 "양의 고기, 갈비, 귀, 혀는 구워 먹고, 양의 비계는 반쯤 익힌다. 굽는 방법은 위와 같다. 양고기는 팔팔 끓는 물에 넣어 뚜껑을 잘 덮고 은근한 불로 푹 삶아 익힌다."라고 해 양의 각 부위를 다 먹은 것을 알 수 있다. 이외에도 조리서에는 양고기가 다수 등장하지만, 양 사육이 어려웠던 당시 사정으로 보아 이는 면양이 아닌 산양, 즉 염소고기를 뜻할 수 있다.

이처럼, 조선 시대 내내 양에 대한 고민이 많았던 듯하다. 사정은 현대에도 다르지 않다. 양을 일부 사육하기는 하지만 수입량이 압도적으로 많다. 한편 북한은 남한과 달리 일제의 남면북양南棉北羊(남쪽에서는 면화 재배, 북쪽에서는 면양 사육) 정책 이후 양을 많이 키우게 되었다. 현재도 북한 전 지역에서 널리 키우지만 특히 개마고원에서 많이 키우고 있으며, 북한 주민들은 쇠고기에 비해 염소고기와 양고기를 더 많이 먹는다고 한다. 최근에는 위구르식 양 꼬치구이 요리의 인기가 꽤 높아졌다는 소식도 들린다.

납일에 먹는 시절식, 사슴고기 편육과 참새고기

사슴고기는 아마도 구석기 시대부터 수렵을 통해서 먹었을 것이다. 중국의 문헌에서는 주로 희생으로도 쓰인 것으로 나타난다. 《주례》에는 궁중에서 쓰는 육축六畜 중 사슴을 포함시켰고, 《예기》에서는 사슴고기로 포脯를 만들었다고 하며, 팔진요리八珍料理에도 사슴고기가 있기 때문이다. 사슴고기는 비교적 연하고 담백하며, 별다른 냄새도 나지 않으므로 예로부터 식용으로 애용되었다. 가을부터 초겨울에 걸쳐 고기 맛이 좋아진다 하며 주로 구워 먹거나 전골로 먹는다.

사슴의 뿔, 특히 대각을 녹용鹿茸이라 하는데 피를 돌게 하고 심장을 튼튼하게 한다고 해서 한방에서는 강장제로 귀중하게 쓰인다. 그래서인지 의서에도 사슴고기가 많이 등장한다. 당나라 때 맹선孟詵이 편찬한 《식료본초食療本草》에는 "사슴고기는 9월 이후 1월 이전에 먹으면 좋다. 다른 달에는 먹어서 안 된다. 냉통冷痛이 나기 때문이다. 꿩고기, 줄풀 열매, 새우 등과 함께 먹으면 나쁜 부스럼이 생긴다."고 했고, 명나라 때 이시진의 《본초강목》에는 "사슴의 온몸이 사람에 이롭다. 혹은 삶고 혹은 찌고 혹은 포로 하여 술과 더불어 먹으면 좋다."고 했다. 조선의 허준 역시 《동의보감》에서 "복약중服藥中의 사람은 사슴을 먹지 말라. 사슴은 해독초解毒草를 먹고 있으니 약의 효능을 감소시킨다."고 언급했다.

사슴고기는 지방이 적고 대부분 붉은 살코기다. 들짐승고기는 대개 노린내가 나는데 사슴고기는 노린내도 없어서 야생조류인 꿩과 더불어 많이 먹었음을 조선 시대의 조리서를 통해 알 수 있다. 《산림경제》, 《증보산림경제》, 《고사십이집》 등에서는 "사슴고기를 냉수에 넣고 삶아 7~8분쯤 익혀서 먹는데, 지나치게 익으면 건조해서 맛이 없다. 사슴의 혓바닥이나 꼬리도 같은 방법으로 삶는다."고 했다.

대표적인 사슴고기 요리로 《규합총서》에 소개된 '승평적'이 있다. 이는 양과 사슴의 혀 300개를 베어 만든 별미라고 소개하고 있는데, 중국음식을 소개한 것으로 보인다. 사슴고기의 효능을 소개하는 대목도 있다. "사슴고기는 십이진에 다 저촉한 것이 없으니, 신령스런 풀을 먹은 짐승인 고로 도가에서 먹기를 꺼리지 않는다. 만일 약 먹는 사람이 먹은즉 온갖 약이 다 효험이 없으니, 사슴이 늘 해독하는 풀을 먹기 때문이다 사슴이 아홉 가지 풀을 먹으니, 갈엽화[칡꽃과 잎], 녹총[원추리], 녹홍[버들과 꽃], 백고[흰 쑥], 수근[미나리], 감초, 제두, 아산, 이제니[모싯대] 아홉 가지 해독하는 풀이다." 여기서 말하는 녹홍과 제두, 아산 같은 식물이 무엇인지 현재로서는 알기 어렵다. 사슴이 해독하는 풀을 먹기 때문에 약 먹는 사람이 사슴고기를 먹으면 약의 효험이 없다고 본 점이 흥미롭다.

사슴고기를 삶은 후 얇게 썰어 초간장에 곁들여 먹는 사슴고기 편육은 납일에 많이 먹는 시절음식이었다. 납일은 춘하추동의 각 첫날인 음력 정월, 4월, 7월, 10월의 사맹삭四孟朔과 함께 5대 제향이라고도 불렸다. 종묘의 사직에서 제사를 지내며,

민가에서도 조상에게 제사를 지내고 참새고기, 돼지고기, 토끼고기, 사슴고기, 오리고기, 꿩고기 등을 먹었다. 납일은 수렵을 해금하는 시기이기도 하지만 이때 특히 고기 맛이 좋았다고 한다.

이렇게 납일에 먹는 음식이 또 하나 있으니, 바로 참새고기다. 지금 참새고기는 구이 정도로만 즐기는 것 같다. 그러나 과거에는 납일에 새고기를 먹으면 좋다 하여 참새를 잡는 풍속이 있었다. 참새고기가 맛이 좋아 참새가 소 등에 올라가서 "네 고기 열 점과 내 고기 한 점을 바꾸지 않는다."며 잘난 척한다는 우스갯소리가 전한다. 《동국세시기》에서도 "(납일에) 참새를 잡아서 어린이를 먹이면 마마를 깨끗이 한다고 해, 항간에서는 납일에 그물을 쳐서 참새를 잡기도 하고 탄환을 재어 총을 쏘아 잡아도 묵인했다."고 기록돼 있다.

참새고기 요리로 참새구이, 참새젓, 참새전유어 등이 조리서에 나온다. 그중 《음식디미방》에는 참새로 젓을 담그는 법을 소개하고 있어 흥미롭다.

참새를 깨끗이 (털을) 뜯어, 눈과 부리와 발과 내장을 다 내버려라. 칼등으로 (참새 몸통을) 두드려 편평하게 하고, 두꺼운 종이로 검은 피를 짜버려라. 그리고 술로 깨끗이 씻어 말려라. 참새 한 근에 소금과 끓인 기름 각 한 냥, 좋은 술 한 잔이 들어가도록 버무린다. 두 마리씩 서로 거꾸로 하여 한데 합해서, 그 속에 천초 다섯 개와 파 둘씩 넣어서 단지에 넣어 단단히 싸두고 익으면 쓰라. 무릇 고기젓을 넣은 항아리(의 아가리)에 석회를 바르면 반년은 간다. 이는 참새로 해醢(젓갈)를 담그는 법이다.

한편 《규합총서》에서는 '진조(참새)'가 다루기 까다로운 식재료라고 설명하고 있다. "시월 후로 정월까지 먹을 수 있고, 나머지는 먹지 못한다. 독한 버러지를 먹으며, 깃에 깐 새끼들이 어미를 잡은즉 주려 죽는다. 새고기에는 장을 꺼릴뿐더러 맛이 또한 좋지 못하니, 굽거나 전을 지져도 소금기름에 한다." 어의 전순의는 《식료찬요》에서 참새고기가 "양기를 도와주고 기운을 북돋아주며 허리와 무릎을 따뜻하게 하려면 참새고기를 임의대로 먹는다."라며 그 효능을 소개했다. 여기서는 1800년대 말 《시의전서》에 나온 '참새 전유어' 조리법을 소개한다. "참새를 털을 깨끗이 뜯어 쇠고기를 넣어 곱게 다지고 양념을 넣어 재워서 화전같이 얇게 만들어라. 밀가루를 약간 묻혀서 계란을 씌워 지져서 초장에 쓴다."

지금은 별미로 참새구이를 먹는 정도이지만 과거에는 참새가 중요한 고기였던 것 같다. 양기 회복에도 좋을 뿐 아니라 구이, 젓갈, 전유어 같은 조리법도 발달했으니 말이다.

제주도에서 주로 먹은 말고기

현재 우리는 말고기를 즐겨 먹지 않는다. 그러나 세계적으로 보면 예로부터 먹어온 고기였다. 가축으로 길들이기 전에 원시

2부 한국인의 상용 고기 이야기

인들이 말을 사냥한 것은 아마도 고기를 먹기 위해서이지, 타고 다니거나 일을 시키기 위해서는 아니었을 것이다. 그러나 가축으로 사육하면서 말을 동반자로 인식하는 경향이 강해졌다. 고대 로마 등 일부 국가에서는 말고기가 금기 식품이었다. 오늘날에도 유럽과 남아메리카 등 여러 지역에서는 음식문화나 종교 등으로 인해 말의 식용이 금기시된다.

주로 유목민이 말고기를 식용했다고 알려져 있지만 다른 문화권에서도 먹었다. 유럽에서는 빈민들이 먹는 고기로 인식되었다지만 프랑스, 벨기에, 스위스, 이탈리아가 말 식용으로 유명하고, 아시아에서는 단연 몽골에서 많이 먹었으며, 한국에서도 일부 먹었다. 현재 말고기는 일본에서 많이 먹는다. 마블링이 잘되고 1톤 이상 비육이 가능한 콜드 블러드Cold Blood 품종의 말을 캐나다에서 수입해 3~6개월 후기 비육해 마블링이 우수한 마육을 생산하고 있다. 구마모토 지역이 말고기로 유명해 육회馬刺し 등 말고기 요리를 향토음식으로 내세우고 있다.

우리나라에서는 고려 충렬왕 2년(1276)에 몽골식 목장이 제주도에 설치되면서부터 말고기 또한 먹기 시작한 것으로 전해진다. 고려 말에는 말고기를 즐기는 사람들이 너무 많아, 말 숫자가 줄어들 것을 염려하여 도축 금지령이 내려지기도 했다. 조선 시대에는 제주 목마장에서 매년 말고기 포를 떠서 말린 '건마육乾馬肉'을 왕실에 진상했다. 폭군인 연산군은 백마의 음경을 회로 즐겨 먹은 것으로 전해진다. 일제강점기 일본군은 질 좋은 제주 말고기를 군용식으로 쓰기 위해 통조림 공장을 세우기도 했다. 조선 시대까지만 해도 소는 농업용, 말은 군수 물자로 중요했기 때문에 민간에서 함부로 잡아먹지 못하게 도축 가능한 수량을 규제했다. 따라서 늙어서 노쇠한 폐마를 먹는 경우가 있었으나 말이라도 먹지 않고서는 굶어 죽을 정도가 아니라면 말을 잡아먹는 경우는 드물었다.

《임원경제지》에서는 "말고기를 삶을 때 고기를 찬물에 넣고 뚜껑을 덮지 않고 술을 넣어 삶는다. [《구선신은서》 당나귀와 말의 창자를 삶을 때는 더러운 냄새가 안 나게 깨끗이 씻고 반쯤 익으면 건져내 참기름과 파 그리고 화초를 함께 동이에 넣고 섞은 다음 호두를 3개 넣고 물을 바꿔 고기가 부드러워질 정도로 삶는다.]"라고 했는데, 인용문에서 보는 바와 같이 중국의 《구선신은서臞仙神隱書》를 인용한 것이다.

말고기는 불포화지방산이 다른 육류보다 두세 배 많고, 단백질과 철분 함량이 풍부하다. 게다가 쇠고기보다 부드럽고 지방질이 적어 고소하다. 제주도에서 말고기 요리를 접할 수 있는데, 육회, 불고기, 철판구이, 찜, 조림 등 쇠고기로 만드는 모든 요리가 말고기로 가능하다. 특히 제주도의 전통 향토음식으로는 말고기육회가 유명하다. 제주의 중산간 마을에서는 조랑말이 많기 때문에 다른 지역보다 손쉽게 말고기를 접할 수 있었다. 말고기는 다리가 아픈 데 효과가 있다는 말이 있어 약으로 주로 이용했다. 말고기육회에는 생강을 넣었다. 《동의보감》은 "말고기는 신경통과 관절염, 빈혈에 효험이 있고 척추질환에도 좋다."고 했고, 황필수黃泌秀(1842~1914)의 《방약합편方藥合編》에도 "말고기는 몸을 차게 해 흥분을 잘하거나 혈압이 높은 사람에게 효능이 있다."고 쓰여 있다.

수궁가의 토끼 간, 토끼고기

판소리 다섯 마당 중 하나인 수궁가에서는 용왕의 병을 고치는 약으로 토끼 간을 지목한다. 과거에는 토끼가 흔한 동물인데다가 사냥하기도 쉬워 오랜 세월 우리 조상들의 단백질 공급원이었다. 게다가 토끼 간은 철분, 비타민A 등도 많아 수궁가에 특효약으로 등장한 것으로 보인다. 현재도 토끼고기를 전문으로 하는 음식점들을 만날 수 있는데, 대부분 사육 토끼다. 과거에 우리 민족이 주로 먹었던 야생의 산토끼는 사냥해서 잡으므로 판매하는 경우는 드물었다.

토끼고기는 지방이 거의 없고 단백질이 풍부해 건강식으로 좋다. 고기 색깔은 희미하고 부드럽고 가늘다. 닭고기처럼 잘 뜯어지면서도 좀 더 단단하다. 이런 특징을 이용해 토끼를 이용한 음식이 많은 편이다. 대표적인 것이 토끼탕이다. 토끼고기에 각종 양념과 채소를 넣고 끓인 것으로, 주재료는 토끼고기, 무, 대파, 미나리, 쑥갓 등이다. 토끼고기를 먹기 좋게 토막 내 갖은양념에 미리 재워놓고, 냄비에 썬 무를 깔고 양념한 토끼고기를 넣은 후 육수를 부어서 국물이 끓으면 미나리, 대파, 쑥갓을 넣고 계속 끓인다. 취향에 따라 부추, 토끼 간, 고사리, 양념장, 춘장, 젓갈, 각종 채소, 들깻가루, 된장, 고추장, 고춧가루 등을 넣어서 먹기도 한다. 토끼탕은 전라도의 유명한 향토음식이다.

현재 토끼고기는 북한에서 많이 먹고 있다. 북한 전통음식[74]으로 토끼고기밤찜이 소개되어 있다. 현재 북한에서 발간된 《자랑스런 민족음식》[75]에도 토끼고기 편에 토끼고깃국, 토끼곰(고음), 토끼고기장조림, 토끼고기볶음, 토끼고기구이가 소개되어 있다.

조선 시대에도 토끼고기를 많이 먹었는지 조리서에 많이 나온다. 《고사신서攷事新書》(서명응, 1771), 《산림경제》, 《임원경제지》에는 토끼 삶는 법이 상세하게 나오고 《농정회요》, 《증보산림경제》, 《고사십이집》 등에는 어육장을 담그는 데 다른 고기와 함께 토끼고기를 사용하고 있다.

수궁가처럼 간은 아니지만, 고기가 고단백 식품이라 보양식으로 많이 먹었다. 《식료찬요》에는 삶은 토끼고기가 당뇨에 좋다고 나와 있다. "소갈消渴(당뇨)로 몸이 여위는 것을 치료하려면 토끼 1마리를 가죽, 발통, 오장 등을 제거하고 물 1말 반을 넣어 뼈와 살이 분리되도록 푹 삶는다. 즙을 5되 정도 걸러 식힌 다음 갈증이 날 때 마신다. 아무리 심한 사람이라 하여도 세 마리를 넘지 않아 낫는다." 물론 토끼 간의 효능을 빼놓을 수는 없다. 《식료찬요》는 이어 "눈이 어두워 잘 보이지 않아 청맹과니가 된 것을 치료하려면 토끼 간 1개를 잘게 썰어 된장국물에 넣고 죽을 만들어 공복에 복용한다. 효과가 있을 때까지 먹는다."고 했다. 실제로 동물의 간에는 비타민A가 많아서 야맹증에 좋다는 것은 잘 알려진 과학적 사실이다.

음식보다는 약, 거위와 오리

거위나 오리는 중국의 중요한 식재료로 알고 있지만, 우리도 비교적 많이 먹었던 것으로 보인다. 《고사십이집》,《요록》,《민천집설》,《해동농서》 등에 거위와 오리를 연하게 삶는 법 등이 나온다. 조선 후기의 실학서인 《산림경제》에는 '아압록법'이라고 하여 거위는 앵두나무의 잎 몇 조각과 함께 삶으면 쉬 물러진다고 했으며, 거위와 오리를 털째 굽는 법, 오리구이 등도 나온다.

서유구의 《임원경제지》는 《거가필용》을 인용해 '아자법鵝鮓方'을 소개하는데, 이는 '거위 식해食醢' 즉 거위로 젓갈을 담그는 법'이다. "살찐 거위 한 마리를 뼈를 제거하고 살코기만을 쓴다. 거위 살코기 5근씩을 잘게 잘라 소금 3냥과 술 큰 잔 하나를 넣고 절여 하룻밤이 지나서 소금물을 버리고 파를 채 썬 것 4냥, 생강 채 썬 것 2냥, 귤피 채 썬 것 1냥, 천초 반 냥, 시라, 회향, 마근을 각각 조금, 홍국가루 1홉, 술 반 되를 함께 넣고 골고루 버무려 항아리에 꼭꼭 눌러 담고 대나무 잎으로 입구를 덮고 진흙을 발라 단단히 밀봉한다. 돼지나 양의 살코기로 모두 이 방법대로 만들 수 있다." 또한 《오주연문장전산고》에도 거위젓(아초鵝酢) 만드는 법이 기록되어 있다. 살찐 거위 두 마리를 뼈를 제거하고 깨끗한 고기로 5근을 잘게 썰어서 소금 3냥과 술 한 잔을 넣어 담그고 하룻밤을 지낸 뒤 간수를 제거한 다음 양념해 먹는다는 것이다.

이렇게 중국 조리서를 많이 인용하고는 있지만, 조선에서 거위를 거의 먹지 않았다면 굳이 조리법을 소개했을까 싶기도 하다. 허균은 《도문대작》에서 "거위는 의주 사람이 잘 구우며, 천조지미天朝之味와 비슷하다."고 했다. 여기서 천조는 중국 왕조를 가리키니 대단한 맛이라고 할 수 있을 것이다. 오리 또한 좋은 단백질 식품으로 소개된다. 식이요법서인 《식료찬요》에는 오리찜이나 오리탕 등이 소아 부스럼이나 열을 내리는 데 좋다고 했고, 청둥오리로 끓인 국도 소변을 보는 데 좋다고 했다.

그러나 조선 시대 필사본 한글 조리서에서는 오리나 거위 조리법이 거의 등장하지 않는다. 실제로 반가에서 조리해서 먹는 풍습이 별로 없었거나 쇠고기 같은 육류에 비해서는 중요한 고기가 아니었던 것으로 보인다. 그런데 1946년의 《조선음식 만드는 법》(《조선요리제법》의 개정증보판)에는 '오리백숙'이 나온다. "우리 습관으로는 닭이나 생치(꿩)를 잘 먹고 오리나 거위 같은 것은 흔히 먹지 않지마는 잘 친하면 닭고기 맛보다 못하지 않느니라."고 설명하는데, 닭고기를 주로 먹었지만 대용으로 오리나 거위 등을 먹었던 것을 알 수 있다. '닭 잡아먹고 오리발 내민다'거나 '낙동강 오리알 신세' 같은 속담을 통해서도 오리가 그리 선호되는 식재료가 아니었음을 알 수 있다. 닭고기처럼 담백하고 구수하지도 않고 잘못 손질하면 노린내가 나기 십상이기 때문이다.

지금은 사정이 달라졌다. 오리의 다양한 해독 능력과 병에 강

그림 22 오리고기구이. 동양과 서양을 막론하고 고급 식재료로 사랑받았다.

한 저항력 등이 주목받고 있다. 오리고기는 불포화지방산 함량이 45%로, 다른 어떤 육류보다 높다. 특히 독성이 강한 유황을 먹여 키운 유황오리가 많이 알려졌고, 오리구이는 단백질이 풍부하고 지방이 적어 부드러우면서도 쫄깃쫄깃해 통닭구이보다 고급 음식으로 분류된다.

오리구이는 섭씨 200~300도의 높은 온도에서 껍질째 구워내기 때문에 물을 이용한 조리법보다 풍미를 더 잘 살릴 수 있다. 숯불에 구워내면 숯의 향이 오리고기에 살짝 남아 있는 잔향까지 말끔하게 없애주기 때문에 훨씬 풍부한 맛과 향을 즐길 수 있다. 한국과는 달리 중국이나 프랑스를 비롯한 다른 나라에서는 오리고기가 오래전부터 고급 식재료로 사랑받았다. 유럽인들이 즐기는 푸아그라는 오리 또는 거위의 간으로, 송로버섯, 캐비아와 함께 세계의 3대 미식으로 꼽힌다. 또한, '베이징덕'은 중국을 대표하는 요리로 손꼽힌다.

한편 거위는 거유, 게오, 게우로 불렸다. 거위는 원래 중국에서 오리를 가금화한 것이라고 보나, 언제 한국에 전래되었는지 분명하지 않다. 이규경李圭景(1788~1863)이 쓴 《오주연문장전산고》에는 820년에 신라의 거위新羅鵞를 일본에 보냈다는 기록이 있고, 일본에서는 약 1,500년 전부터 거위를 길렀다고 하니 우리 조상들은 이보다 훨씬 전부터 기르기 시작했을 것으로 추측된다.

이름도 많은 염소

염소는 다양한 이름을 가진 동물이다. 고문헌에서는 염소를 양羊으로 많이 썼는데, 면양(緜羊 또는 綿羊)은 우리가 익히 아는 양이고, 산양山羊이 바로 흑염소다. 3부에서 다룰 500년대 편찬된 중국의 고조리서인 《제민요술》에는 양의 종류로 백양白羊과 고양羖羊이 나온다. 백양은 우리가 아는 면양이고, 고양은 염소인데 고羖는 검은 암양을 뜻하니 흑염소라고 볼 수 있다. 《본초강목》에는 력양羭羊이 나오는데, 여기의 羭은 '산양 력'으로 흑염소를 가리키는 것으로 보인다.

조선 후기 학자인 정동유鄭東愈(1744~1808)가 무료한 여름밤

2부 한국인의 상용 고기 이야기

을 달래기 위해 쓴 《주영편》*에도 염소의 이름에 대한 재미있는 해석이 나온다. 염소는 한자로 염소髥小라고 쓰는데 髥은 수염, 小는 소를 뜻한다. 검은 암양을 뜻하는 고羖는 수염이 있는 것이 특징이고 또 머리에 뿔이 있으니 소라고 할 수 있다는 것이다. 그러니까 염소를 '수염 있는 작은 소'라고 해석한 것이다. 그런데 염소를 소목 소과의 포유류로 분류하니 이 또한 일리가 없지는 않다.

최세진崔世珍(1468~1542)이 지은 한자 학습서인 《훈몽자회訓蒙字會》(1527)에서는 '고력羖䍠'을 '염쇼'라고 풀이했다. 한편 《동국문헌비고東國文獻備考》 중 〈여지고輿地考〉**에서는 "고력은 물을 많이 마시면 죽는다. 그러므로 이름을 싫은 염厭을 써서 염수水라고 한다."고 풀이하면서도 이치에 맞지 않는다고 평가했다. 조선 시대에도 식재료나 음식의 이름을 둘러싼 담론이 무성했고 이를 꽤 즐긴 모양이다.

염소는 반추성 동물로서, 양과 함께 약 1만 년 전부터 서남아시아에서 가축화된 것으로 추정된다. 백제 말엽에 일본에 염소 2마리를 보냈다는 기록이 나오는 것으로 보아, 한반도에서도 1,400년 전에 이미 사육되었거나, 제물 등의 용도로 쓰였다고

---

* 조선 후기의 학자 정동유가 천문·역상曆象·풍속·제도·언어·문학·풍습·물산物産 등 여러 분야에 걸쳐 고증 비판을 가하면서 적은 만필집漫筆集.

** 《동국문헌비고》는 1770년(영조 46)에 편찬된 책으로, 전례典禮와 고사故事를 집성한 것이다. 총 16고考 250권으로 구성되어 있고, 이 중 〈여지고〉는 역대 국계, 군현 연혁, 산천, 도리, 관방, 간도 경계, 궁실 등을 다룬 역사지리학 분야로, 신경준申景濬(1712~1781)이 집필한 것이다.

추측된다. 1910년대의 재래 염소 분포 상태로 미루어볼 때, 유입 경로는 중국 동부 연안으로부터 직접 서해안으로 유입된 것으로 여겨진다.

오랜 사육으로 인해서 수많은 품종이 있으며 젖, 고기, 털을 얻기 위해 기르는데, 황량한 환경에서도 번식할 수 있으며 험준한 지형에서도 쉽게 이동할 수 있다. 염소는 여러 가지 풀과 나뭇가지, 농부산물을 먹이로 먹으며 경사가 급한 비탈의 풀도 잘 먹기 때문에 어디서나 쉽게 기를 수 있다. 특히 국토의 80%가 산지인 우리나라에서 염소는 노력을 적게 들이고 키울 수 있는 장점이 있어 많이 키운다.

염소고기는 중동의 유목민족을 비롯해 유럽과 아시아 등의 여러 나라에서 식용되고 있으며, 고기 외에 내장과 젖도 이용된다. 그리스와 프랑스에서는 염소젖으로 만든 치즈가 있다. 염소젖에는 단백질, 지방, 칼슘, 비타민A 등이 우유보다 많고 소화도 잘 돼 인기다. 염소고기는 양고기에 비해 단백질은 많고 지방은 적으며, 색깔은 담적색이다. 특유의 냄새가 있으나 향신료를 사용하여 꼬치구이, 스튜, 구이, 볶음 등으로 조리해서 먹는다.

《조선무쌍신식요리제법》에 '벙거짓골'이라는 전골이 소개되는데, 그 재료에 쇠고기, 닭고기, 꿩고기, 양, 돼지고기가 있다. 여기의 '양'이 바로 염소고기로 보인다. 여러 지역에서 향토음식으로 염소고기를 조리해 먹어왔다.[76] 경상북도에서는 염소고기 전골이나 염소불고기를 많이 먹었다. 전라남도에는 '이서양탕'이 유명한데, 염소고기를 서너 시간 푹 삶고 고기가 익으면 건

2부 한국인의 상용 고기 이야기

져 적당한 크기로 썰어놓고, 불린 쌀을 갈아서 된장, 다진 생강, 고춧가루, 다진 마늘과 섞은 다음 국물을 넣고 끓이다가 토란대나 머윗대를 넣고 다시 끓인다. 들깨를 갈아 넣어 다시 한 번 끓이고 염소고기를 넣는다. 들깻가루, 고춧가루, 소금, 후춧가루를 기호에 맞게 곁들인다. 전라남도의 '보성양탕'도 염소탕을 가리킨다. 양탕이라고 하지만 주재료는 흑염소나 염소였다.

현재는 염소가 허약체질 및 산후·병후 조리를 위한 보양 효과가 있다고 해서 많이 먹고 있다. 특히 흑염소의 약효가 뛰어나다고 하여 전문적으로 증탕蒸湯해주는 곳도 있다. 개소주와 마찬가지로 흑염소의 모든 부위를 대추·마늘·밤·생강·참기름 등과 함께 24시간 증탕하여 그 진액을 먹는다.

조선의 중요한 식재료, 꿩과 메추라기

꿩고기는 지금은 많이 먹는 고기류가 아니지만 조선 시대까지만 해도 중요한 동물성 단백질 공급원이었다. 한양에는 닭을 파는 닭전 외에도 꿩을 파는 생치전과 말린 꿩고기를 파는 건치전이 있었다. 닭과 달리 꿩은 가축으로 사육되기보다 야생동물인 경우가 많았다. 따라서 사냥으로 충당되는 양에는 한계가 있고, 이후 비슷한 조류인 사육 닭이 꿩의 위치를 대신하게 된다. 지금은 꿩도 사육 가능해졌으며 실제로 꿩 사육을 하는 농장들도 있으나 가격도 닭에 비해 비싼 편이고 많이 소비되는 고기류는 아니다.

그런데 '꿩 구워 먹은 소식'이나 '꿩 대신 닭'이라는 속담은 과거 꿩이 닭보다 맛있고 귀한 식재료로 취급되었음을 보여준다. 만두, 국, 구이, 찜, 장조림, 포, 김치에 이르기까지 꿩고기를 조리하는 다양한 방법이 있다. 지금은 떡국에 쇠고기나 닭을 육수 재료로 쓰지만 과거에는 주로 꿩을 재료로 썼다. 고기 자체의 맛은 닭과 크게 다르지 않으나 살이 좀 더 단단하고 약간 거친 맛이 난다. 꿩의 신선한 살코기는 육회로도 먹었다. 원래 평양냉면의 육수는 꿩고기를 푹 고아서 냈다고 한다. 지금도 북한음식 중에는 냉면을 비롯해 꿩 육수를 사용해야만 제대로라고 인정받는 음식이 많다.

왕실에 특산물을 진상할 때 경기, 전라, 경상, 강원, 함경에서는 생꿩(생치), 어린 꿩(아치)을 정초나 동지에 올렸고, 왕족의 생일에는 말린 꿩고기인 건치를 올리기도 했다. 꿩 말린 것은 건치, 포를 떠서 말린 것은 치포 혹은 치육포라고 한다. 궁중음식 중에는 쇠고기포로 만드는 육포다식도 있지만, 생치다식도 있다. 생치다식은 꿩고기를 다져서 양념한 후 다식판에 찍어내 말린 찬을 말한다.

조선 시대 고조리서에는 꿩 요리가 많이 등장한다. 《음식디미방》에는 생치로 김치 담그는 법이 세 가지나 나온다. 김치법 하나와 지히(짠지)법 두 가지다. 먼저 '싱치팀치법'(꿩고기 김치법)을 살펴보면 이렇다. "간이 든 오이지의 껍질을 벗겨 속을 제거하고, 가늘게 한 치 길이로 도톰도톰하게(조금 두껍게) 썰어라. (오이지의 간 든) 물을 우려내고, 꿩고기를 삶아 그 오이지처럼 썰어서 따뜻한 물과 소금을 알맞게 넣어 나박김치처럼 담가 삭혀서 쓰라." 반면 '싱치즌지히'(꿩 잔짠지)법은 볶는 과정이 들어간다. "오이지의 껍질을 벗겨 가늘고 짧게 썰고, 꿩고기도 그렇게 썰어서 간장기름에 볶아 천초와 후추로 양념하여 쓴다." 거의 유사한 '싱치지히'(꿩고기 짠지)도 있다. "오이지의 속을 없애버리고 껍질을 벗기지 말고 아주 도톰 도톰하게 썰어 더운물에 씻어라. 꿩고기도 그렇게 오이지같이 동글동글하게 썰어서 간장기름에 볶아 담아두고 쓰면 여러 날이라도 변하지 않아 점점 맛이 난다." 짠지법이라 했지만 볶음요리다. 이렇게 세 가지 방법을 기록한 것으로 보아 많이 해 먹거나 중요하게 생각한 조리법으로 보인다.

꿩으로 끓인 국, 즉 생치국 만드는 법은 《시의전서》에 나온다. "꿩고기를 몇 부분으로 뜯어내어 탕무와 파, 마늘 양념 갖추어 넣어 주물러 간 맞추어 끓여 쓴다." 또한, 《시의전서》의 떡국은 꿩으로 육수를 만들고 꾸미를 올리고 있으며, 만두에서도 소 재료로 쇠고기, 돼지고기, 꿩, 닭을 다 쓰는 것으로 소개된다.

조선 시대 고조리서에 나오는 음식 중 이름으로 가장 화려한 것은 봉총찜鳳蔥蒸이다. 이름대로라면 봉황에 파를 뜻하는 총蔥을 넣어서 찜을 했다는 것인데 봉황이라는 동물이 있을 리 만무하다. 살펴보니 《규합총서》와 《시의전서》에 나오는 봉총찜은 봉황이 아니라 꿩으로 조리하고 있다. 만드는 법은 두 조리서가 유사하다. 아무래도 《시의전서》가 《규합총서》의 조리법을 참고해 적은 것으로 보이는데, 봉황에 비유될 만큼 꿩이 귀한 식재료였음을 짐작할 수 있는 대목이다.

꿩을 털 없이 뽑을 때 껍질이 상하지 않도록 깨끗이 뜯어 네 토막으로 뜬다. 다리 껍질을 통째로 자루처럼 벗겨 제친다. 다리 아랫마디 뼈만 두고 윗마디는 자르고 살은 다 긁어내어 다른 꿩 살과 쇠고기 섞어 두드려 힘줄 없이 한다. 생강, 파, 후추를 곱게 갈아 섞고 기름장과 간을 맞추어 주물러 소반 위에 펴놓고 큰 꿩다리 모양처럼 만든다. 그 제친 껍질과 다리 아래 뼈 없이 채우고 도로 씌워 모양을 만든다. 이렇게 여럿을 만들어 나물과 온갖 양념을 넣어 밀가루를 풀어 찜으로 쓴다. 구이로 쓰려면 종이 위에 놓아 반쯤 익힌 후 기름장 발라 익도록 구워 쓴다.

꿩만큼 즐겨 사용된 야생 조류가 메추라기다. 메추라기는 참새와 비슷한 조류로서 과거에 단백질을 공급하는 고기로 많이 먹었다. 메추라기는 고기의 맛이 달고, 성질은 약간 따뜻해 소화를 촉진한다고 전해진다. 조선 왕실에서도 메추라기가 식재료로 사용되었다. 정조의 어머니 혜경궁 홍씨의 회갑연을 기록한 〈원행을묘정리의궤園幸乙卯整理儀軌〉에는 순조鶉鳥(메추라기)가 전煎과 적炙의 재료로 등장한다. 그러나 순조전에 들어가는 다른 재료는 나와 있지 않아서 자세한 조리법을 유추하기가 어렵다. 요즈음 메추라기고기를 곱게 다져서 쇠고기와 두부를 섞어 빚어서 지지는 방법으로 재현하는 경우도 있으나 이는 확실한 조리법이라 보기 어렵다. 그런데 빙허각 이씨의 《규합총서》에 순조 조리법이 기록되어 있다.

2부 한국인의 상용 고기 이야기

겨울에 들에 날다가 소나 말을 보면 어리대어 잡히고, 새장에 넣어 기르면 경경히 운다. 메추라기찜 하려면, 껍질 상치 않게 정히 뜯어 두족과 내장 없이 하고, 정히 씻어서 쇠고기 곱게 다져 갖은양념 하여 그 뱃속에 소를 넣어라. 남새는 움파와 미나리 조금 넣고, 표고, 석이, 죽순 등을 말린 것을 기름장과 후추만 넣어 주물러 가루 즙 조금 하여 쓰되, 국이 바특하여 제 몸이 다 익은 후는 젖을 만해야 좋다. [본초에 이르기를 메추라기는 하막이(찰머구리)가 변하여 된 것이라 한다. 돼지 간과 같이 먹으면 얼굴에 사마귀가 난다.]

메추라기의 뱃속에다 쇠고기 다진 것과 여러 가지 채소를 넣고 바틋하게 삶아내는 요리로, 완자전같이 빚어 지지는 방법과는 다르다. 한편 메추라깃국은 향기가 있는 맛있는 국이었는지 음식명을 소개하는 데 나온다. 즉, '향취순갱'이라는 이름의 국을 '향기 나는 푸른 메추라깃국'이라고 풀어서 설명하고 있다.

그렇지만 메추라기는 주로 구이로 먹은 것 같다. 1830년의 《농정회요》에는 "사람에게 아주 이롭다. 국을 끓이지 않고 불에 구워 먹는다. 기름과 소금을 넣고 간이 배면 바로 날로 굽고 기름과 장을 바른다. 물에 담그는 방법(침수법浸水法)을 쓰지 않는다."고 했는데, 1700년대의 《증보산림경제》에도 비슷하게 수록되어 있다.

메추라기는 영월에서 난 것이 유명했던 모양이다. 《해동죽지》에 '금색순金色鶉(금빛 메추라기)'이 소개되어 있는데, "영월 청령포라는 곳에서 난다. 깃털 사이사이에 금색 실이 있어 매우 아름다운데 의원들은 신腎의 양기를 크게 보강해준다고 한다."라고 했다.

조선 시대에는 곰 발바닥을 먹었다

웅장熊掌은 곰 발바닥을 말한다. 중국에서는 호사가의 팔진미八珍味 중 하나로 꼽히는 귀한 식품이다. 웅장이 진미로 꼽힌 이유는 발이 야생동물의 기가 모이는 곳이라는 논리에, 아마도 야생 곰을 잡아서 그 발바닥으로 조리하는 게 어려운 일이기 때문이리라. 우리는 대개 중국의 진미로만 웅장을 알고 있다. 맹자도 웅장을 언급한 적이 있는데 "물고기도 먹고 싶고 웅장도 먹고 싶으나 둘 다 먹을 수 없다면 웅장을 먹겠다."라고 했다. 나중에 허균許筠(1569~1618)은 이 말을 인용하면서 맹자도 웅장만은 탐했으며 식욕은 본성이라며 자신의 식탐을 변호했다.

그런데 조선 시대 산골인 경북 영양에서 안동장씨(1598~1680)가 저술한 《음식디미방》에 웅장 조리법이 나온다. 조리법을 소개하면 이렇다. "곰의 발바닥을 석회를 넣은 끓는 물에 넣어 튀겨 털을 깨끗이 씻어 소금으로 간을 하여 하룻밤을 재운다. 물이 펄펄 끓으면 불을 반만 피우고 뭉근한 불로 무르도록 고아서 쓴다. 이것은 모두 힘줄이므로 보통 고기처럼 고면 무르기 쉽다." 그는 이 조리법에, 초나라 성왕이 사로잡혔을 때 구원군을 기대하면서 웅장을 요구했다는 고사가 곰 발바닥을 고는 데 시간이 오래 걸리는 것과 관련 있다는 설명을 덧붙였다. 허균의

《도문대작屠門大嚼》에서도 웅장을 만날 수 있다. "웅장은 산골에는 모두 있다. 요리를 잘하지 않으면 제맛이 나지 않는다. 회양淮陽*의 요리가 가장 좋고, 의주와 희천熙川이 그다음이다."

그리고 1830년경의 《농정회요》에도 '웅熊'이 나온다. "고기를 삶아 익혀 먹을 수는 있지만 사람으로 하여금 고질병이 들게 해서 병을 치료할 수 없게 한다. 곰 발바닥은 석회를 넣고 물을 끓여 삶은 다음 깨끗이 털을 뽑는다. 베 보자기에 싸서 푹 삶아 익히거나 혹은 술지게미를 넣어 삶으면 더욱 좋고, 술을 넣어 삶으면 아주 맛있다."라고 하였다.

또한 《임원경제지》에도 《태평성혜방》과 《거가필용》을 인용한 '자웅장법煮熊掌法'이 나온다. "곰 발바닥을 삶기가 아주 어려운데 술, 식초, 물, 이 세 가지를 함께 넣고 삶아 익히면 공처럼 크게 된다(《태평성혜방》). 곰 발바닥을 삶을 때 펄펄 끓는 석회탕에 튀겨내어 깨끗이 손질하여 헝겊에 싸서 삶아 익힌다. 술지게미를 넣고 삶으면 더욱 좋다(《거가필용》)."라는 것이다.

그런데 이와 같이 웅장을 먹은 것은 조선에서만의 일은 아니었다. 《고려사》에는 충렬왕 5년(1318)에는 양광도의 공무현감 신숙이 웅장을 올리라는 갑작스런 명령을 어겨 파면당했다는 기록이 나오는데, 이로써 고려 시대에 웅장이 중요한 진상품이었음을 알 수 있다.

---

* 북한 강원도 북부 중앙에 위치한 군. 동쪽은 통천군, 서쪽은 평강군, 남쪽은 인제군·양구군·철원군, 북쪽은 함경남도 안변군에 접하고 있다.

다양한
고기 조리의 세계

고기 조리법은 무척 다양하다. 굽고, 지지고, 볶고, 삶고, 끓이고, 찌고, 말리고, 발효시키는 등 한 가지 식재료가 이렇게 다양하게 변주될 수 있을까 싶다. 같은 식재료를 가지고 셀 수 없이 다양한 음식이 만들어지는 것을 지켜보고 있노라면, 한 그릇에 담긴 음식이야말로 다양한 악기가 만들어내는 합주곡이라는 생각이 든다. 우리가 만들어내는 음식 한 접시에는 다양한 재료가 들어가지만 늘 주인공은 있게 마련이다. 그런데 다양한 식재료 중에서도 단연 주인공으로 돋보이는 것이 고기인 경우가 많다.

과도한 육식이 전 세계 식량 문제와 환경 문제, 그리고 건강 문제의 주범이 되는 현실에서 채식 위주 식사가 해답일 것이다. 육식으로 인한 많은 문제에는 공감하지만 그렇다고 육식을 완전히 포기하기는 쉽지 않다. 식생활에 정답이란 없다. 그러나 우리 식사를 채식을 기본으로 하되 고기를 즐기는 수준으로 구성해 먹는 것은 어떨까? 그렇다면 건강한 고기 조리법을 알아야 한다. 나는 우리 민족이 고기를 조리해 먹은 방식에 그 답이 있다고본다. 다양한 채소와 함께 조리하여 먹는 것이다. 고기가 부족해서 고안해낸 고기를 절약하는 전통 고기 조리법이 우리에게 지혜를 준다.

한국인이 만들어낸 다양한 고기 조리법은 국과 탕, 찌개와 전골, 삶기, 찌기, 굽기, 조림, 지지기, 튀기기, 발효에 이르기까지 무궁무진하다. 이 다양한 고기 조리법으로 만들어낸 대표적인 고기 요리들을 만나보자.

9장

이토록 다양한
고기 조리법

고기는 역시 구이

: 맥적, 설야멱적, 너비아니, 방자구이 그리고 불고기

구이 요리의 출발은 '적'이었다

"고기가 진리다."라는 말을 많이 한다. 이때의 고기란 아마도 불에 직접 구운 쇠고기구이를 뜻할 가능성이 크다. 서양에서 가장 맛있는 고기 음식의 대명사인 스테이크는 바로 쇠고기구이 요리다. 《잡식동물의 딜레마》로 잘 알려진 마이클 폴란은 인류의 가치 있는 행위로서 요리를 기록한 책 《요리를 욕망하다》[77]에서 조리의 첫 번째 요소인 '불'을 통해 요리를 탐구하는데, 바로 구운 고기가 대상이다. 폴란은 불로 조리하는 기술을 배우기 위해

뒷마당 그릴에서 시작해, 노스캐롤라이나 동부의 바비큐 화덕과 핏마스터*에 이르는 긴 여정을 거친다. 이렇듯 가장 원시적이면서 가장 맛있는 고기 조리법으로 알려진 구이는 우리의 고기 역사에서는 어떻게 전개되었을까?

우리 조상의 고기 요리 또한 고기를 불에 직접 쬐어 굽는 구이에서 시작된 것으로 보인다. 중국 진晉나라 때의 《수신기搜神記》에 "맥적은 본래 북쪽 오랑캐의 음식인데 옛날부터 중국에서 귀중히 여겨 중요한 잔치에 먼저 내놓는다."라고 기록되어 있다. 여기서 맥족은 동아시아 대륙 동북쪽의 유력한 종족 가운데 하나인 고구려인으로 보인다.[78] 그럼 '적'이란 어떤 음식일까? 고기를 불에 직접 쬐어 구우면 고기가 구워지기 전에 손이 뜨거워 못 견딘다. 따라서 고기를 꼬챙이에 꿰어서 구웠을 것이고 이것이 바로 적(炙: 고기구이 적)이다. 글자에 '불 화火'가 들어 있다.

우리가 흔히 불고기의 원조라고 이야기하는 맥적이 바로 꼬치에 꿴 고기구이라고 하는 근거다. 그리고 지금도 제사상에 오르는 대표적인 음식으로 산적散炙이 있는데, 이 음식은 대개 꼬치에 꿰어서 만든다. 중국에서도 유행이었던 이 맥적은 미리 장醬에 향신 채소를 섞어 고기를 굽는 방식으로, 그들의 고기구이와는 무언가는 달라서 인기가 있었을 것이다. 맥적의 재료는 처음에는 쇠고기가 아니라 양념한 통돼지였으며, 이후 자른 형태로 변화되었을 것으로 보인다.[79]

---

* 고기를 잘 굽는 바비큐 장인.

그림 23 쇠고기적. 고기구이는 꼬치에 꿰어 직화로 굽는 데서 출발했다.

그런데 꼬치에 굽는 구이는 다른 방법으로도 진화한다. 아마
도 처음엔 돌을 뜨겁게 달구어 그 위에 고기를 구웠을 것이다.
이것은 번(燔: 구울 번)이라고 한다. 번은 가까운 불에서 굽는다
는 것이다. 그러다가 인류가 철로 석쇠나 철판을 만든 후에는
이 위에 굽게 되었다. 서양에서는 이를 팬fan이라 하고 우리는
번철燔鐵이라 한다.

고기를 꼬치에 꿰어 구웠던 '적'은 석쇠가 등장하면서 꼬치를
버리고 석쇠 위에 올려 굽는 '적'이 되었다. 《음식디미방》에 동아적
이라는 음식이 나온다. "적쇠(석쇠)에 동아를 올려놓고 만화(약한

3부 다양한 고기 조리의 세계

불)로 무르게 굽는다."라는 조리법이다. 즉 《음식디미방》이 나온 1670년경 석쇠는 이미 대중화되어 있었다. 이 석쇠와는 다른 종류이기는 하지만 《임원경제지》에서도 "지금은 철망을 쓰니 꼬치가 필요 없어졌다."라고 했는데, 이로 미루어볼 때 1800년대 초에는 꼬치와 석쇠가 병존했던 것으로 추정된다. 어쨌든, 적은 꼬치에 꿰거나 혹은 석쇠에 올려놓고 굽던 직화 구이 방법이었다가 번철이 보급되면서 간단하게 번철에 기름을 두르고 굽는 방법으로 진화해 보편화된다. 군이 번거롭게 꼬치나 석쇠를 사용해서 고기를 구울 필요가 없게 된 것이다. 그런데도 불에 직접 구워야 맛있는 모양이다. 수천 년 전 이 땅의 인기 고기구이인 맥적은 지금 닭꼬치구이나 양 꼬치구이로 다시 인기몰이 중이다.

설야멱적, 설하멱적, 설야멱, 설리적

우리가 고기 요리를 자랑할 때 빼놓지 않는 음식이 있다. 바로 설야멱적雪夜覓炙이다. 설야멱적의 뜻은 '눈 내리는 밤雪夜에 찾는[찾을 멱覓] 고기구이炙'다. 그러니까 같은 고기구이라도 눈 오는 밤에 즐기면 더욱 맛있다는 풍류를 담은 음식이라고 볼 수 있다. 이 설야멱적은 고려 말 몽골의 영향으로 다시 육식을 즐기게 되고, 특히 몽골 사람이 많이 와 있던 개경에 '설하멱雪下覓'이라는 고기구이가 명물로 전해졌다는 스토리로 유명한 고기 요리다.

이를 뒷받침하는 문헌이 1925년에 나온 《해동죽지》다. 여기에 '설리적雪裏炙'이라는 이름의 고기 요리가 소개된다. "이 음식은 개성부 안에서 예전부터 전해온 이름난 음식이다. 만드는 법은 쇠갈비 또는 소 염통, 기름, 훈채로 반숙이 될 때까지 구워 냉수에 담근다. 잠시 후에 숯이 타오르면 다시 완전히 익을 때까지 굽는다雪裏炙 此是開城府內古來名物 作法牛肋或牛心油葷 作炙炙至半熟沈于冷水 一霎時熾炭 更炙至熟 雪天冬夜 爲下酒物肉甚軟 味甚佳." 또 다른 스토리도 있다. 조선 후기에 집필된《송남잡지松南雜識》*에 "송宋 태조가 눈 오는 날 밤에 보普를 찾아가니 숯불에 고기를 굽고 있어서, 눈 오는 날 밤에 찾아갔다는 의미에서 '설야멱雪夜覓'이라고 하였다."라고 나오는 것이다. 따라서 그 유래가 우리나라가 아닌 중국 송나라에 있을 수도 있다. 그러나 유난히 고기를 사랑한 우리 민족은 이 설야멱적의 풍류를 그대로 느낄 수 있는 그림까지 남겼다(3장 참조).

나는 오래전 김홍도의 〈설후야연〉을《한국음식 오디세이》 (생각의나무, 2007)라는 책에 소개한 적이 있다. 그런데 이 그림을 본 한 외식업체의 대표가 미국 외식 프랜차이즈인 '아웃백스테이크'를 접고 우리의 불고기를 파는 '불고기브라더스'를 개점했다고 말해 감동한 적이 있다. '그래, 스테이크보다는 우리 설야멱적이 한 수 위지.' 하면서 말이다. 또 우리 한식업계의 대부인 모 회장이 "눈이 오지 않는 중동 사막 지역에 진출해서 눈이 내리는 풍경을 인위적으로 만들고 그 속에서 우리 불고기를 팔고 싶다."라고 말하는 것을 들은 적이 있다. 꼭 실현되기를 빈다.

---

* 조선 후기 조재삼趙在三이 지은 7권 14책. 순조(1800~1834) 때 여러 분야에 관한 것을 저술한 백과사전류다.

설야멱적의 유래가 중국이든 아니든, 이를 문화로 풀어낸 민족은 우리다.

《산림경제》의 치선 편에는 '설하멱적雪下覓炙'이 나온다. "쇠고기를 저며 칼등으로 두들겨 연하게 한 뒤, 대나무 꼬챙이에 꿰어서 기름과 소금을 바른다. 충분히 스며들면 뭉근한 불에 구워 물에 담갔다가 곧 꺼내어 다시 굽는다. 이렇게 세 차례 하고 참기름을 발라 다시 구우면 아주 연하고 맛이 좋다."고 조리법을 설명했다. 그런데 더 전인 1670년에 나온 《음식디미방》에 '가지 누루미'를 설명하며 "가지를 설하멱적처럼 하라."는 말이 나온다. 이것은 《산림경제》에서 기술한 꼬치구이 방법처럼, 재료를 불에 굽다가 물에 담그는 과정을 반복하라는 뜻이다. 고기를 계속 굽기만 하면 타버려서 고기 속의 액이 빠져나오니 질겨지고 맛이 없다. 그러나 굽는 도중에 찬물에 넣었다 건져서 구우면 타지도 않을 뿐만 아니라 고기즙이 빠져나오지 않으니, 고기 씹는 맛은 훨씬 부드러워질 것이다. 찬물에 넣었다 건지기를 반복하려면 꼬치에 꿰서 굽는 쪽이 유리하다.

《규합총서》에도 설하멱이 나온다. "설하멱雪下覓, 눈 오는 날 찾는다는 말인데, 근래 설이목이라고 음音이 잘못 전해진 것이다. 등심살을 넓고 길게 저며 전골 고기보다 훨씬 두껍게 썬다. 칼로 자근자근 두드려 잔금을 내어 꼬치에 꿰어 기름장에 주무른다. 숯불을 세게 피워 위에 재를 얇게 덮고 굽는다. 고기가 막 익으면 냉수에 담가 다시 굽기를 이렇게 세 번 한 후 다시 기름장, 파, 생강 다진 것과 후추만 발라 구워야 연하다."

그림 24 산저설이멱은 아니지만 멧돼지고기구이.

설야멱적은 설하멱, 설리적雪裏炙, 서리목雪夜覓 등 다양한 이름으로 불렸다. 그러다가 1923년에 나온《조선무쌍신식요리제법》에서는 '양서리목䐉雪夜覓', '간서리목肝雪夜覓'이라는 이름으로 등장하는데, 양서리목은 소의 위인 양을, 간서리목은 간을 저미고 양념해 꼬치에 꿰어 굽는 것이다. 이때는 꼬치에 꿰는 방법만 전승되고, 물에 담갔다가 굽는 방법은 나오지 않는다.

설야멱적은 조선 왕실에서도 인기 음식이었던 모양이다. 1609년에 명나라 사신이 광해군을 책봉하러 왔을 때, 환영연에서 술안주로 산저설아멱山猪雪阿覓을 올리는 기록이 나온다. 이 산저설아멱은 멧돼지고기를 구운 것으로, 돼지고기도 구이 재료로 사용했음을 알 수 있다. 그리고 1765년(영조 41), 영조의 71세 생신을 축하하기 위해 행해진 수작의식受爵儀式을 기록

3부 다양한 고기 조리의 세계

한 〈수작의궤受爵儀軌〉에서는 설야멱을 연향의 술안주로 삼았다고 되어 있는데, 이것은 쇠고기를 구운 음식이었다. 의궤에는 조리법은 나오지 않고 재료만 기록되어 있다. 이 재료를 살펴보면, 우후각牛後脚 1척隻, 우외심육牛外心肉 1부部, 진유眞油 6리里, 염鹽 4작勺으로 나온다. 그러니까 재료만으로 본다면 소 뒷다리살(우후각)이나 등심살(우외심육)에 참기름(진유)과 소금(염)으로 조미하여 구운 음식이 설야멱이다.

넓게 저며 양념해 구운 너비아니

너비아니는 얇게 저민 쇠고기의 등심이나 안심을 양념한 뒤 석쇠에 구워 잣가루를 뿌린 대표적인 고기구이 요리다. 1996년에 조사한 서울음식 사례연구[80]에서는, 서울 반가에서는 최근까지도 불고기를 천박한 음식명이라고 여겼고, 주로 너비아니라고 불렀다고 한다. 너비아니라는 이름은 불에 구운 고기를 가리키는 서울 방언이 특정 요리의 명칭으로 굳어진 것으로 보기도 하고, 고기를 너붓너붓 썰었다는 데에서 유래되었다고 보기도 한다. 한 국문학자는 '너비아니'와 '너비하니'를 서울 방언 중 하나로 보았다.[81]

너비아니에 대한 기록은 1800년대 말 《시의전서》에 최초로 등장한다. "너븨안이(너비아니)는 연한 쇠고기를 얇게 저미고, 잔칼질로 자근자근 연하게 하여 갖은양념에 재웠다가 굽는다. 제육구이도 이와 같다." 경상도 지역에서 필사된 조리서인 《시의전서》에는 경상도 방언으로 표기한 문장이 눈에 띄게 많은데,

《시의전서》가 편찬된 조선 후기에는 경상도 지역에서도 그 음식을 해 먹었거나 그 음식의 이름이 너비아니로 사용되었던 것으로 보인다.

이후 방신영의 《조선요리제법》(1917)에는 "등심이나 안심살 또는 대접살을 잘 씻어서 얇게 저며서 그릇에 담고 한참을 주물러 섞은 다음 고기 조각을 다시 펴놓고 깨소금을 치고 석쇠에 놓아 숯불에 구워낸 다음 네모지게 썰어 먹는다."고 했으며, 《조선무쌍신식요리제법》(1924년판)에도 '너뷔안이' 또는 '쟁인고기'로 비슷한 음식이 소개되었다. 궁중음식을 주로 소개한 《이조궁정요리통고李朝宮庭料理通考》(1957)에는 너비아니로 나온다.

너비아니가 우리나라 전통적인 고기구이인 맥적에서 유래된 것으로 보는 견해도 있다. 맥적의 전통이 설하멱으로 되살아나고, 이것이 너비아니로 이어졌다는 것이다. 나아가 이 고기구이가 요즘의 불고기로 이어졌다고 보기도 하지만 확실한 것은 알기 어렵다. 우리나라 대표 고기 음식 이름으로는 불고기보다는 너비아니가 더 정겹게 들린다.

소금등심구이의 원조, 방자구이

요즘은 양념하여 재운 갈비나 불고기보다 양념을 하지 않은 생고기나 생갈비가 더 인기가 많은 듯하다. 이는 아마도 과거보다 고기의 육질이 훨씬 좋아졌기 때문일 것이다. 날고기를 양념하지 않고 구워 먹으려면 양념에 재울 때보다 육질이 더 좋아야 한다. 과거 농사일을 맡았던 소는 질기고 지방도 많지 않아

3부 다양한 고기 조리의 세계

서 그냥 먹기 어려웠다. 그래서 양념을 하고 물에 적셔서 굽는 등 고기를 연하게 만드는 조리법이 발달했다. 그러나 일소가 아닌 비육우로 키우기 시작하면서 고기 육질이 좋아졌고 생고기로 구워 먹는 게 더 맛있을 수도 있게 되었다.

이렇게 날고기를 구워서 소금을 찍어 먹는 것을 요새는 '등심구이'라고 많이 부른다. 고기 맛을 아는 우리 민족은 오래전부터 생등심구이를 즐겼는데, 그 이름이 방자구이라서 재미있다. 《조선무쌍신식요리제법》(1924년판)에서는 방자구이가 아니라 '방자고기'가 '적 만드는 법'에 나온다. "연한 고기를 얇게 저며 씻지 말고 그냥 석쇠에 놓고 소금만 쳐서 구워 먹으면 고명한 것보다 더 맛있고 영양가도 높다."고 소개했다. 해방 후에 나온 《조선음식 만드는 법》(1946)에도 날고기에 소금과 기름으로 양념한 방자구이가 나온다. "연한 살코기를 얇게 저며서 칼로 자근자근 약간만 이겨 가지고, 먼저 설탕을 치고 잘 섞어서 잠깐 놓아두고, 기름에 후춧가루와 소금을 섞어서 설탕에 버무린 고기에 붓고 잘 섞어서 석쇠에 구워 가지고 적당히 썰어서 더운 김에 식사하게 한다. [비고] 이렇게 소금에만 구운 고기는 간장에 여러 가지 양념 쳐서 구운 것보다 맛이 별미라고 한다."

일설에는 '방자房子'란 심부름하는 남자 하인을 이르는 말로, 상전을 모시고 다닐 때 마당이나 부엌 근처에서 서성거리다가 운 좋게 고기 한 점을 얻어 양념도 못 하고 불에 재빨리 구워 먹은 데서 '방자구이'라는 이름이 붙었다고 전해진다. 그런데 고려 시대 개성에 온 송나라 사신인 서긍의 기록인 《고려도경》에 바로 이 방자에 대한 흥미로운 기록이 등장하여 방자구이가 고려 시대에서부터 유래한 것인지도 모른다는 추측을 하게 한다.

> 방자는 사관使館에서 심부름을 하는 자들이다. (…) 고려의 봉록俸祿이 지극히 박해서 다만 생과채소뿐이며 평상시에 고기를 먹는 일이 드물어서, 중국 사신이 올 때는 바로 대서大暑의 계절이라 음식이 상해서 냄새가 지독한데, 먹다 남은 것을 주면 아무렇지 않게 먹어버리고 반드시 그 나머지를 집으로 가져간다.

그러니까 일제강점기 조리서에 등장하는 방자구이는 바로 방자가 급하게 구워 먹던 고기로, 양념하지 않은 생고기라는 의미에서 지금의 등심구이에 해당한다고 볼 수 있다. 요즘은 전통 있는 반가의 너비아니보다 질 좋은 등심으로 굽는 방자구이 전성시대다.

불고기는 무엇인가

한국인에게 고기구이 하면 바로 떠오르는 음식이 불고기다. 이름도 직설적으로 불에 구운 고기를 뜻한다. 어떤 이는 영어로 'fire meat'냐고 농담을 하기도 한다. 한식 중에서 세계인에게 잘 알려진 음식이 단연 불고기이고, 외국인들이 가장 먹고 싶어 하는 한식도 단연 '코리안 바비큐', 즉 불고기다. 그런데 우리가 전통음식으로 생각하는 불고기는 언제부터 나타난 것일까? 어떤 이는 오래전 상고 시대 맥적에서 그 유래를 찾기도 하고, 혹

그림 25 전 세계인의 사랑을 받는 한국의 고기 요리, 불고기.

자는 그 달달한 불고기 육수 맛으로 본다면 일본음식 야키니쿠를 원조로 일제강점기에 만들어진 음식이라고 이야기한다.

실제로 현재 한국사회에서 가장 논쟁적인 음식이 불고기다. 불고기가 한국 전통 육류구이의 맥을 잇는 음식이라고 확언하기 위해서는 옛 문헌에서 기록을 찾아야 하는데, 이를 찾기가 어렵다. 불고기라는 단어가 처음 등장하는 문헌은 한글학회의 《큰사전》(제3권, 1950)이다. 이때의 사전에는 너비아니와 불고기가 표제어로 공존한다. 그러다 1968년 이후에 편찬된 사전에서는 너비아니가 사라지고 불고기만 나타났다. 그 후 1977년 사전에 너비아니가 재등장하고, 현재까지 너비아니와 불고기가 공존하고 있다. 이 시기 국어사전에서는 너비아니는 "쇠고기를 얇게 저미어 양념하여 구운 음식"으로, 불고기는 "구워서 먹는 짐승

의 고기"로 서로 다른 의미로 규정했다.[82]

한편, 불고기라는 단어가 처음 등장한 조리서는 1958년에 나온 방신영의 《고등요리실습》이다. 불고기를 너비아니의 속칭이라고 썼는데, 너비아니와 불고기는 뗄 수 없는 관계이며 너비아니라는 고기구이가 먼저 존재했음을 알 수 있다. 그 후 1967년 《한국요리》, 1970년의 《가정요리》까지도 너비아니와 불고기를 동일한 음식으로 본 듯하다. 불고기가 독립된 명칭으로 등장한 것은 1972년에 나온 《생활요리: 동양요리》였다. 불고기가 완전히 대중화된 1972년이 되어야 독립된 명칭이 조리서에 등장한 것으로 보인다.[83]

그러면 너비아니와 불고기는 조리법은 각각 어떤 특징을 가지고 있을까? 1800년대 말의 《시의전서》에서는 정육을 잘게 저며 양념한 다음 불에 직접 굽는 것을 '너비아니'라 했고, 《조선요리제법》 1939년판에 나오는 '우육구이(너비아니)' 만드는 법은 "고기를 얇게 저며서 그릇에 담고 간장(진간장)과 파 이긴 것, 깨소금, 후추, 설탕을 넣고 잘 섞어서 굽는"것이다. 하지만 요즘 불고기는 쇠고기를 얇게 썰고 양념해서 육수를 부어서 철판에 올려 굽는 음식이다. 불에 굽는 '불고기'가 아니라 국물에 잠겨서 익는 형태가 되어버렸다.

이렇게, 현재 우리가 일상적으로 쓰는 '불고기'라는 이름의 고기구이가 언제 이 땅에서 시작되었는지는 확실하지 않다. 그러나 우리 고기 요리의 맥이 상고 시대의 '맥적'에서 시작해 고려시대의 설야멱적으로, 그리고 조선 시대의 설야적, 설리적 등으로 이어졌다가 일제강점기에 너비아니로 발전했으며, 오늘날 불고기라는 이름으로 자리 잡은 듯하다. 현재 우리에게 가장 매력적인 고기 요리는 역시 불고기다. 그것이 맥적에서 왔든 달짝지근하게 먹던 일본음식의 영향을 받았든 간에 이 시대를 대표하는 우리의 고기 요리인 것은 틀림없다.

국물 민족의 고깃국: 곰탕, 설렁탕, 해장국, 육개장

'이밥에 고깃국'이라는 말이 있다. 우리 민족이 오랫동안 꿈에 그리던 식사를 가리키는 말이다. 나이 든 세대에게는 너무나 익숙한 이 말을 과연 젊은 세대가 이해할까 하는 생각이 불현듯 든다. 하얀 쌀밥도, 고기도 1960년대 이전까지만 해도 이 땅에서 극소수만 먹을 수 있는 귀한 음식이었다. 그래서 1962년 경제개발계획을 시작한 박정희 정권의 선전도 보릿고개를 몰아내고 쌀밥과 고깃국을 먹게 해준다는 것이었다. 이 고깃국 이야기를 한번 해보려 한다.

밥과 반찬으로 구성된 식생활을 하는 동아시아 국가들이지만 우리만 유일하게 젓가락보다 숟가락을 주된 식사 도구로 사용한다.[84] 그렇게 된 이유로 여러 가지가 있겠지만, 국의 비중이 그 어느 나라의 식사에서보다 크다는 사실도 한 이유가 될 것이다. 우리 자신을 스스로 국물 민족이라고 부를 정도가 아닌가. 그런데 이 국의 종류가 매우 다양하다. 우선 국을 칭하는 이름부터 다양하다. 국을 가리키는 한자어는 갱羹(국), 학臛(고깃국) 그리고 탕湯(국의 높인 말) 등이 있다. 기원전 3세기경의 중국 시집인 《초사楚辭》에 갱과 학이 최초로 나오는데, 학은 채소가 섞이지 않은 고깃국이고 갱은 채소가 섞인 고깃국이라고 구분했다.

조선의 《훈몽자회》에서도 "羹以菜爲主 臛以肉爲主"라고 하여 '갱은 채소 위주 국이고 학은 고기 위주 국이다.'라고 풀이하고 있다. 한편, 조선에서는 탕이 주로 음료나 약을 가리켰다. 《임원경제지》 정조지에서는 탕을 향내 나는 약용식물을 뜨거운 물에 달여서 마시는 음료라고 했고, 《동의보감》에서는 약이성 재료를 뜨거운 물에 달여서 마신다고 했다. 제호탕 같은 것이 대표적이다. 그런데 이후 이재李縡의 《사례편람四禮便覽》*에는 갱과 탕의 의미가 달라진다. "갱이란 본디 고깃국이고 채갱이란 채솟국이다. 그런데 요즈음 탕에다 어육을 쓰고 있으니 이제 탕도 국이 되었다." 그러니까 주로 원래 음료나 약용이었던 탕이 고기나 생선 등을 쓰면서 국으로 바뀐 것으로 보인다.

이렇게 탕이 국 중에서도 동물성 식품의 국을 가리키다 보니 국보다 고급한 것으로 여기게 된 듯하다. 특히 제사에 쓰이는 국을 탕이라고 부르는데, 육탕(고깃국), 소탕(채솟국), 어탕(생선국)이 그 예다. 갱이라는 표현은 왕실 의궤에도 나오는데, 〈원행을묘정리의궤〉에서는 수라상 속 원반에 나오는 국을 갱이라고

---

* 조선 후기의 학자 이재가 쓴 관혼상제의 사례四禮에 관한 종합적인 참고서. 이재의 사망 후 그 후손들이 수정하고 체제를 가다듬어 증손인 이광정李光正이 1844년(헌종 10)에 간행했다.

그림 26 제사상에 올리는 탕국.

부르고 협반에 나오는 국은 탕이라고 부르고 있다. 여기서 원반
元盤은 왕실에서 왕이 주로 먹는 주된 음식을 차리는 상을 말하
고 협반侠般은 원반 곁에 차리는 상을 말한다.

곰탕과 설렁탕은 어떻게 다른가

설렁탕은 장수막걸리와 함께 현재 서울시 근대 미래유산으로
지정되어 있다. 현대를 살아가는 서울 사람들이 향유하고 남겨
야 할 음식유산으로 장수막걸리와 설렁탕이 선정된 것은 당연
해 보인다. 서울 사람치고 설렁탕 한 그릇 먹어보지 않은 사람은

없다. 서울 시민들이 가장 즐겨 찾는 외식이자 한국인의 대표 고깃국이라고 해도 될 듯하다. 그런데 비슷한 고깃국으로 곰탕이 있다. 이 둘은 어떻게 다를까?

곰탕, 즉 곰국은 고음국이라는 말에서 유래된 것으로 보인다. 조선 왕실의 음식메뉴라고 볼 수 있는 음식발기에 '고음탕'이 나온다. 고음膏飮이라고 썼는데, '고다'라는 동사의 명사형 고음을 한자로 음차한 듯하다. 〈원행을묘정리의궤〉의 일상수라상에도 고음이 나온다. 궁중 일상식의 미음상米飮床은 죽의 일종인 미음을 중심으로 차리는 상으로서, 미음·고음·정과로 구성되어 있고, 여기에 양, 전복, 연계, 홍합, 도가니, 묵은 닭, 쇠볼기, 붕어, 생치, 어육 등으로 만든 고음이 나온다. 다양한 동물성 재료를 써서 국물이 충분히 우러나고 건더기가 흐물흐물할 정도로 푹 삶은 것을 보양을 위하여 미음처럼 마시는 개념이었다.

1800년대 말엽의 조리서인 《시의전서》에도 '고음膏飮'이 나오는데, 〈원행을묘정리의궤〉의 고음과는 조금 다르다. "다리뼈, 사태, 도가니, 홀때기, 꼬리, 양, 곤자소니, 전복, 해삼을 큰 솥에 물을 많이 넣고 만화로 푹 고아야 맛이 진하고 뽀얗다." 그러니까 지금의 곰국과 조금 다르지만, 주재료는 육류로써 푹 고아서 뽀얗게 우려내는 국이다.

근대 조리서들에는 주로 곰국 조리법이 나온다. 조자호의 《조선요리법》(1939)에는 장국, 육개장국, 곰국이 나오고, 《조선요리제법》 1942년판에는 맑은장국, 육개장, 곰국이 나온다. 그러니까 설렁탕은 나오지 않는다. 그런데 손정규孫貞圭의 《조선요리》

그림 27 설렁탕(왼쪽)과 꼬리곰탕(오른쪽). 대표적인 고깃국이다.

(1940)에는 곰국, 육개장, 설렁탕, 장국이 함께 등장한다. 곰국과 설렁탕이 같이 나오는 이 조리서에서 두 국은 어떤 차이가 있을까? 먼저 곰국을 보자. "사태, 쇠꼬리, 허파, 양, 곱창을 덩이째로 삶아 반숙되었을 때 무와 파를 넣고 간장을 조금 넣어 다시 삶는다. 무르도록 익으면 고기나 무를 꺼내어 잘게 썰어 숙즙熱汁에 넣고 후추와 파를 넣는다." 반면 설렁탕은 다음과 같다. "우육의 잡육, 내장 등 소의 모든 부분의 잔부殘部를 뼈가 붙어 있는 그대로 하루쯤 곤다. 경성 지방의 일품요리로서 값싸고 자양慈養 있는 것이다." 이 두 음식의 조리법상 가장 큰 차이는 곰국은 고기만, 설렁탕은 뼈째로 곤다는 것이다. 무엇보다 경성 지방의 일품요리라고 한 것이 눈에 띈다. 지금도 설렁탕은 서울음식으로 알려져 있고, 곰탕은 나주곰탕이 유명하다.

곰탕과 설렁탕의 기원을 몽골 음식에서 찾기도 한다. 《몽어유해》에 의하면, 몽골에서는 맹물에 고기를 넣고 끓인 것을 공탕

空湯이라 적고 '슈루'라 읽는다고 했다. 이에 따르면 곰탕은 공탕에서, 설렁탕은 슈루에서 온 말로, 사실 같은 음식인 것이다. 실제로 오늘날 곰탕과 설렁탕을 구분하는 명확한 기준은 없다.

한편, 설렁탕의 유래를 선농단에 결부시켜 유래를 설명하기도 한다. 전해지는 이야기는 이렇다. 우리나라에는 고려 성종 때부터 임금이 선농단에서 농업 신에 제사 지내고, 몸소 땅을 일굼으로써 농경의 모범을 보였다. 조선 시대의 선농단은 동대문 밖에 있었는데, 세종대왕이 어느 해 봄 여러 신하를 거느리고 선농단에 나가서 몸소 땅을 일구는 의식을 진행하는 가운데 갑자기 바람이 불고 비가 몹시 내려서 촌보를 옮겨놓을 수 없는 형편에다 배마저 고파 못 견딜 지경에 이르렀다. 왕이 논을 갈던 소를 잡아 맹물을 붓고 끓이라고 한 후 여기에 소금을 타서 왕과 신하가 함께 먹었다는 것이다. 시장이 반찬이라 매우 맛이 좋았기에 이것을 선농탕이라 불렀고 나중에 설농탕, 설렁탕으로 바뀌었다는 것이다. 조선 시대 선농단에 임금이 제사를 지낸 것도 사실이고 그때 소를 희생으로 올린 것도 사실이니, 이런 이야기가 그럴듯하게 들린다.

음식의 유래를 생각할 때면 늘 드는 고민이다. 역사적 맥락에서 제대로 설명하는 것이 중요하지만 확실하게 역사적 유래를 밝히기 어려운 것이 또 음식이다. 그래서 음식의 유래는 역사적 진위 여부를 떠나 스토리텔링의 맥락에서 이해하는 것이 필요할 때도 있는 법이다.

사라진 맑은장국

요즘 고깃국들을 보면 대개 진하고 맵고 짜고 걸쭉하다. 그런데 원래 우리 국들은 맑은 고깃국이 기본이었다. 양념은 대개 간장으로 하므로 '맑은장국' 혹은 '청탕清湯'이라 불렸다. 이런 조리법은 조선 후기 《증보산림경제》에 잘 소개되어 있다. "고기로 국을 끓이려면 고기를 잘라 참기름으로 볶고 고기를 장 국물에 넣어 끓인다." 지금 맑은 고깃국물 만들 때 고기를 볶아서 국물 내는 방법 그대로다. 맑은장국은 이외에도 양지머리나 사태를 푹 삶아서 밭친 국물에 건더기를 넣고 간장으로 간하는 방법도 있다. 특히 양지머리로만 만드는 장국은 맛은 진하면서 국물 빛은 가볍고 맑아서 즐겨 먹던 국이었다.

고종 때의 왕실 메뉴라 할 수 있는 〈경인 십일월 주다례 능소 조석상식발기〉(1890)에 완자탕, 두골탕, 천엽볶이탕, 양볶이탕, 두태(신장)볶이탕, 이자볶이탕 등이 나온다. 이름에 '볶이'가 들어가 양념이 강한 음식일 듯싶지만, 모두 맑은장국이다. 조선 반가에서도 이런 종류의 맑은장국을 주로 먹었다. 무쇠고깃국, 완자탕, 맑은 고음국 등이다. 무쇠고깃국은 양지머리 국물에 가을무를 넣고 말갛게 끓이는데, 위에 뜨는 거품을 계속 걷어내면서 끓인다. 완자탕은 《규합총서》에도 나오는 국으로, 쇠고기, 돼지고기, 닭고기로 완자를 빚고 녹말이나 달걀을 씌워 장국에 넣어 끓인다. 자극적이고 강한 맛에 길들여진 사람들이 이런 맑은장국을 잘 찾지 않고 또 품이 많이 든다는 이유로 점점 사라지고 있어 안타깝다.

서민 해장국인 선지해장국, 양반 해장국인 효종갱

해장국은 매우 인기 있는 국이다. 술꾼에게만이 아니라 오래
도록 끓이기 때문에 그 맛이 일품이다. 전주의 콩나물해장국을
비롯해 각 지역마다 나름의 해장국이 발달했는데, 서울에서는
선지해장국을 주로 먹었다. 쇠뼈를 푹 고아 끓인 국물에 된장을
삼삼하게 풀어 넣고 콩나물, 무, 배추, 파 등을 넣어 끓이다가 선
지(소의 피)를 넣고 다시 한 번 푹 끓인 것으로, 서민들은 주로
이 선지해장국으로 속도 풀고 마음도 다스렸다.

그런데 이 서민들의 선지해장국말고도 양반들이 즐긴 고급
해장국도 있었다. 효종갱이라 불리는 해장국으로,《해동죽지》
에 소개된다. "광주성 내에서 이 갱을 잘 끓인다. 배춧속대, 콩

그림 28 선지해장국. 술꾼들의 쓰린 속을 풀어주고 있다.

나물, 송이, 표고, 쇠갈비, 해삼, 전복을 토장에 섞어서 종일토록 곤다. 밤중에 이 국 항아리를 솜이불에 싸서 서울로 보내면 새벽종이 울릴 때면 재상집에 도착한다. 국 항아리가 아직 따뜻하고 해장에 더없이 좋다." 이를 보면, 당시의 배달음식이었던 셈이다. 해장국도 이렇게 서민과 양반이 다르게 즐겼다. 서민들이 즐긴 선지해장국은 지금도 종로에서 팔리고 있다.

육개장, 개장국, 그리고 따로국밥

육개장은 맵고 얼큰한 쇠고깃국이다. 고춧가루를 음식에 넣고 매운맛을 즐기기 시작하면서 가장 인기 있는 국의 하나가 되었다.

양지머리와 사태를 소양(소의 위) 등과 함께 푹 삶아서 건져내고 국물은 식혀서 기름을 걷어낸다. 건져낸 고기는 결대로 찢거나 칼로 썰고 양도 저민다. 이 고기와 양을 진간장, 다진 파와 마늘, 참기름, 깨소금, 후춧가루 등으로 양념한다. 한편 고춧가루에 참기름을 넣어서 잘 개고, 파는 데쳐놓는다. 이들을 끓어오르는 장국에 넣어 한소끔 끓여낸다.

위는 1985년에 나온 여성지 《주부생활》에 소개된 육개장 레시피인데, 조자호의 《조선요리법》(1939)와 손정규의 《조선요리》(1940)에도 비슷하게 소개되어 있다. 그런데 《규곤요람》(1869, 연세대 소장본)의 육개장은 "고기를 썰어서 장을 풀어 물을 많이

붓고 끓이되 썰어 넣은 고기 점이 푹 익어 풀리도록 끓인다."고
하여 고춧가루의 사용이 보이지 않는다.

육개장은 개장 대신에 먹은 음식이다. 개고기를 끓인 국인 개
장이다. 《경도잡지》에, 구장狗醬은 개고기를 총백蔥白(파)에 섞어
삶는 국인데 여기에 고춧가루를 뿌리고 흰밥을 말아서 먹는다
고 설명했다. 개고기에다 향신료와 파를 특별히 많이 넣어서 끓
이는 국이다. 개장이 맞지 않는 사람을 위해 대신 쇠고기를 쓴
국이 육개장이라는 것이다.

최남선은 향토 명물요리로서 대구의 육개장을 소개했는데,[85]
일반적인 쇠고깃국에 비해 파, 부추, 마늘 등을 많이 넣는다. 이
재료에는 유황화합물이 다량 함유되어 있어 충분히 삶으면 냄
새 성분의 일부는 휘발하고 일부는 감미성분으로 변한다. 따라
서 매운맛 속에서도 단맛이 느껴지는 독특한 맛을 낸다. 따로국
밥은 대구식 쇠고깃국인데, 서울식 육개장이 파를 주로 양념으
로 쓰고 고사리나 토란대를 넣는 데 비해 따로국밥은 대파를 따
로 많이 넣어 충분히 삶아내는 것이 특징이다. 파의 단맛이 더
해진 얼큰함이 일품이다.

삶는 고기 요리: 편육, 족편, 순대

한식에서 삶는 조리법은 가장 보편적 방식이다. 특히 고기를
물에 푹 삶아서 국을 끓이면 많은 사람이 고기를 조금이나마
먹을 수 있고, 육수를 낸 고기는 편육으로 만들어 먹으니 고기

를 즐기는 적절한 조리법이었다. 예를 들어 설렁탕을 만들기 위하여 장시간에 걸쳐 쇠고기를 삶으면 육수는 설렁탕 국물이요, 건더기는 수육이 된다. 이것으로 편육을 만들 수도 있다.

조선 시대에는 고기를 주로 삶아서 먹었는데, 질긴 고기를 맛있게 삶기 위한 비법도 중요했다. 그를 위해 고안된 방법들이 고조리서에 많이 나오는데, 가장 많이 사용하는 것이 닥나무 열매다. 닥나무 열매와 함께 고기를 삶으면 연하고 향기롭다는 것이다. 냉장보관할 수 없는 사정에서, 상한 고기도 버리기 아까웠다. 따라서 약간 상한 듯한 고기를 삶을 때 볏짚이나 호두 껍데기를 넣으라고 했고, 여름철엔 식초를 넣어 삶으면 10일이나 상하지 않고 견딘다고 했다. 우리 선조들은 맛있는 고기 조리를 위해 부단히 연구했던 듯하다.

삶는 요리의 대명사, 편육

고기를 푹 삶아 물기를 뺀 것이 수육水肉이고, 이것을 얇게 저미면 편육片肉 또는 숙편熟片이 된다. 그런데 편육으로 만들 때 맛있는 부위가 따로 있다. 《시의전서》에는 소의 양지머리, 사태, 부아, 지라, 쇠머리, 우설, 우랑, 우신, 유통 등이 편육片肉으로 좋다고 했다. 이중 양지머리가 특히 좋은 편육 재료다. 양지머리 가운데서도 차돌박이편육이 가장 좋은 것으로 말해지는데, 하얗고 깨끗하고 윤이 나는 흰 점이 마치 차돌이 박힌 것 같다고 하여 생긴 이름이다. 차돌박이의 하얀 부분은 가볍고 맑은 맛이 나는 지방이다.

그림 29 쇠고기의 여러 부위를 삶아 썰어낸 각색편육.

《시의전서》는 쇠머리편육을 "삶은 쇠머리의 뼈는 추려 버리고 고기만 한데 모아 보자기에 싸서 눌렀다가 쓰면 좋다."고 했다. 쇠머리편육은 맛도 모양도 아름답다. 그래서 여러 가지 재료를 넣어 모양이 아름다운 떡을 쇠머리편 혹은 쇠머리떡이라고 부른다. 소의 위도 좋은 편육 재료다. 《음식디미방》에는 양숙편胖熟片이 나온다. "우양牛胖을 무르게 삶아서 삶은 물이 고기에 다 배고 없어지면 꺼낸다. 식으면 약과 모양처럼 네모 번듯번듯하게 썬 것은 양숙胖熟이라 하고, 또 양에다 여러 조미 향신료를 섞어 충분히 중탕하여 꺼내어 썬 것을 양숙편이라 한다."

그런데 이용기의 《조선무쌍신식요리제법》에는 편육을 비판한 재미있는 내용이 나온다. "편육片肉이란 자래自來로 식성食性이요 풍속風俗이요 습관이라 할 만한 것이니, 겨우 약 달이듯 하여 약은 버리고 약 찌꺼기를 먹는 셈이니 원래 좋은 고기 맛은 다 빠진 것이라 무엇에 그리 맛이 있으며 자양滋養인들 되리오." 그러나 이때 국물과 숙육熟肉의 관계는 그 개념이 지금과는 좀 다르다. 《음식디미방》과 《주방문酒方文》 등을 보면 탕이라는 이름의 요리가 나오지만, 내용은 오히려 숙육 위주이고 국물 위주는 아니기 때문이다.

돼지고기도 중요한 편육 재료였다. 《증보산림경제》나 《주방문》, 《시의전서》 등에서 돼지의 편육 요리를 소개했다. 물론 왕실에서도 돼지고기가 중요한 편육 재료였다. 1887년의 〈진작의궤進爵儀杌〉에 저육숙편豬肉熟片이 나온다. 그런데 돼지고기의 모든 부위가 편육에 적절한 것은 아니고, 삼겹살과 돼지머리 등이 편육 재료로 좋다.

우족의 화려한 변신, 족편

찜 중에 '삶기 찜'이라는 조리법이 있다. 삶기 찜은 가장 많이 이용하는 조리법으로, 재료에 물을 붓고 장시간 삶아내는 것이다. 우리나라에서는 고기 등을 삶을 때 많이 쓴다. 그런 요리 중의 하나로 족편足片이 있다.

동물의 발 부위를 이용해 만든 음식으로 가장 많이 알려진 것은 족발이다. 족발은 맛은 있지만 접시에 놓인 돼지 족을 보

그림 30 콜라겐의 성질을 활용한 족편.

고 있자면 모양새가 좀 걸린다. 그런데 마찬가지로 동물의 발 부위를 이용했으면서도 아름답게 느껴지는 전통음식이 바로 족편이다. 족편은 우족을 장시간 고아서 파, 생강, 잣, 후추, 깨 등을 섞어 다시 곤 후 식힌 것이다. 여기에 황백 달걀지단, 까만 석이버섯채, 빨간 실고추의 적색, 푸른 파로 오색을 내기도 한다. 족편의 압권은 역시 젤라틴gelatin의 야들야들한 맛이라고 할 수 있다. 족편이라는 음식이 가능한 것도 우족을 장시간 고아서 콜라겐collagen을 젤라틴화하여 묵처럼 응고시킬 수 있기 때문

3부 다양한 고기 조리의 세계

이다.

족편 만드는 법은 여러 고조리서에도 소개되어 있으며, 1719년의 〈진연의궤進燕儀杌〉에도 족병足餅이라는 이름으로 포함되어 있어, 궁중연회용 음식이었다는 것을 알 수 있다. 족편을 족병이라고도 한 것은 반듯반듯하게 썰어놓은 모양이 떡을 연상케 했기 때문이리라. 족편이 굳는 데 필요한 젤라틴을 얻으려면 우족을 삶아야 해서 그것은 빠질 수 없는 기본적인 재료이지만, 전에는 꿩고기를 우족과 함께 삶은 족편이 전형적이었다.

돼지 족을 푹 삶아서 만드는 족편도 있다. 돼지 족으로 만든 족편은 1800년대 말의 저자 미상의 《음식방문》에 보인다. 만드는 법은 '우족편'을 만드는 방법과 거의 같은데, 돼지 족과 함께 닭, 꿩, 돼지의 고기를 같이 넣고 고는 게 특징이다. 《규합총서》에는 돼지껍질을 고아서 묵처럼 엉기게 한 저피수정회법猪皮水晶膾法이 나온다. 중국 원대의 《거가필용》에 소개된 조리법인데 콜라겐의 엉기는 특성을 이용한 족편 조리법과 같은 발상이다.

소, 돼지, 개의 창자를 삶아 만드는 순대

순대는 동물의 창자 속에 각종 채소, 선지, 고기, 곡물 등을 다져 양념하여 넣고 양쪽 끝을 동여맨 후 삶아 익힌 음식이다. 1800년대 말의 《시의전서》에 이르러 비로소 순대라는 단어가 나와서 이를 순대의 시초로 보기도 하지만 이미 오래전부터 다양한 순대 형태가 있었다. 1670년의 《음식디미방》에는 놀랍게도 개의 창자를 이용한 순대가 나온다. 이후에는 순대의 주재료로 소 창자가 주로 쓰였다. 1600년대 말에 나온 《주방문》에는 소 창자에다 선지를 넣어서 삶은 선지순대가 나온다. 그리고 《증보산림경제》나 《역주방문曆酒方文》, 《규합총서》 등에는 고기를 두드려 온갖 양념과 기름장을 간 맞추어 섞어 소 창자에 가득히 넣고 쪄낸 순대가 설명되어 있다.

그러나 이들 음식은 조리법은 순대인데도 순대라는 이름으로 소개되지 않았다. 《음식디미방》에는 개장이라고 했고, 《주방문》에는 황육 삶는 법, 《증보산림경제》 등에는 우장증牛腸蒸이라고 나온다. 그런데 이와 유사한 중국의 순대 조리법은 이미 6세기에 쓰인 중국의 종합 농업기술서인 《제민요술》에 양반장도羊盤腸搗라는 이름으로 기록돼 있다. "양의 피와 양고기 등을 다른 재료와 함께 양의 창자에 채워 넣어 삶아 먹는 법"으로, 이는 창자에 재료를 채워 먹는 지금의 순대 제조 방식과 흡사하다. 그런데 이와 비슷한 음식은 전 세계에 있다. 돼지 창자에 돼지고기를 다져 넣는 소시지, 양이나 돼지 창자에 돼지 피와 향신료를 넣어 삶는 초리소 등이다. 인간이란 비슷한 환경에서는 비슷하게 적응하게 마련인 듯하다.

끓이면서 즐기는 전골

고기의 조리법 중 전골이 있다. 전골은 인기 있는 외식 메뉴로, 쇠고기전골부터 만두전골, 곱창전골 등 종류도 다양하다. 냄비에 갖가지 재료들을 담고 함께 끓이면서 먹는 음식이다. 찌개와 비슷하지만, 찌개는 미리 끓여서 내놓는 데 비하여 전골 요리는 불에 냄비를 얹어놓고 조리하면서 먹는 것이 특징이다. 냄비 하나를 둘러싸고 여럿이 함께 먹으니 친밀감이 더해지고 또 냄비를 가열하는 불이 난방의 구실도 한다.

그런데 이 전골의 유래에 대해서는 설이 많다. 일본의 스키야키すき焼き에서 왔다고 하기도 하고 중국에서 왔다고도 한다. 조선 중기 유몽인柳夢寅의 《어우야담於于野譚》에는 토정 이지함李之菡(1517~1578)이 항상 철관을 쓰고 다니다가 고기나 생선을 얻을 때는 머리에 썼던 철관을 벗어 끓여 먹었다 하여 선생의 별호를 철관자鐵冠子라 했다는 말도 있다고 쓸 만큼 정감 있고 스토리가 넘치는 음식이다. 그런데 풍속서인 《경도잡지》에는 "냄비 이름에 전립투氈笠套라는 것이 있다. 전립과 벙거지 모양에서 이런 이름이 생긴 것이다. 채소는 그 가운데 움푹하게 들어간 부분에다 넣어서 데치고 둘레의 편편한 곳에 고기를 굽는다. 술안주나 반찬에 모두 좋다."라고 쓰여 있다. 이 전립투는 그림 〈야연〉이나 난로회 풍습에서 고기를 구워 먹던 전립과를 떠올리게 한다. 그때의 전립과는 고기를 구워 먹는 불판이었으나 여기서는 데치고 굽는 용도로 모두 쓰이는 것으로 묘사된다. 물론 《경도잡지》의 전골은 지금의 냄비 전골과 다르다. 지금의 전골은 끓이는 조리법이 주로 쓰이기 때문이다. 이렇게 본다면 전골은 본디 구이 전골이었으나 개화기에 접어들면서 어느새 냄비 전골 형태로 끓이는 음식이 된 것으로 보인다.

화려한 전골 요리, 한중일이 함께 즐긴 신선로

신선로는 우리가 흔히 먹는 음식은 아니지만 대개 화려한 신선로 틀은 기억한다. 한식의 대표선수로 주로 거론되는 음식이다. 그래서인지 종종 비판의 대상이 되기도 한다. 서민이 알지도, 먹지도 않는 음식을 한식 대표선수로 내세운다고 말이다. 일리 있는 비판이다. 들어가는 식재료가 너무 많고 화려하고 무엇보다 한국 고유의 음식이 아니라는 점에서 말이다.

그럼에도, 어느 사회나 최고의 음식은 존재하고 이를 통해 음식문화가 더 화려해지고 발전하는 것 또한 인정할 수밖에 없다. 그런 면에서는 신선로는 우리나라 고기 요리문화의 최고 수준을 보여준다. 지금은 신선로 재료가 많이 간단해졌지만 온갖 고기의 맛있는 식재료가 들어간다. 서유구의 《옹희잡지饔饎雜志》에는 "재료로서 쇠갈비고기, 양, 천엽을 데쳐 채 썬 것, 닭고기, 꿩고기를 기름에 데쳐내 채 썬 것, 붕어·숭어의 전유어를 잘게 썬 것, 마른 전복, 해삼, 파, 부추, 미나리, 순무 뿌리, 무 뿌리, 생강, 고추, 천초, 호초, 잣, 대추, 달걀 흰자위 등을 쓴다."고 했다. 조리서에 따라 약간의 차이가 있지만 호화롭고 다채로운 재료가 모두 들어가는 음식이니 우리의 고기 요리문화를 자랑하고 싶을 때 빼놓기 어렵다.

그 때문인지 신선로는 이름도 많다. 궁중연회식에서는 '입을 즐겁게 한다'는 뜻의 열구자탕悅口資湯으로 1827년의 〈진작의궤〉에 처음으로 나타난다. 이것을 《수문사설》에는 열구자탕熱口子湯이라고 썼고, 《송남잡지》에서는 열구지悅口旨라 불렀다. 그리고

《규합총서》,《시의전서》,《해동죽지》 및 《동국세시기》 등에는 신선로神仙爐라 했으며, 1868년 왕실의 〈진찬의궤〉에서는 신설로新說爐라고 나온다. 《규곤요람》(연세대 소장본)에는 구자탕이라고 되어 있다.

그런데 이 신선로는 우리 고유의 음식이라 보기 어렵다. 실제로 중국음식 용기에 화과자火鍋子라는 것이 있는데 우리 신선로 틀과 비슷하다. 정조 23년(1799) 서유문徐有聞(1762~1822)의 《무

그림 31 고기가 주인공이지만 각종 고급 식재료를 총동원하는 신선로.

오연행록戊午燕行錄》에는 이렇게 쓰여 있다. "하인들의 밥 먹는 것을 보고 와 말하기를 혹 열구자탕을 놓고 둘러앉아 어지러이 먹으며 술장수와 열구자탕 장수가 무수히 많더라 했다. 그리고 열구자탕은 저육과 닭고기를 넣어 만들되 그중 여부가 있어 두 양어치와 양 반어치와 한 양어치 양념과 나물이 다르다 하더라." 실제 중국에서는 오늘날에도 훠궈火鍋가 이용되고 있으니 중국에서 왔다고 보아야 한다. 한편, 신선로의 일본 유래설도 있다. 신선로가 일본의 기과寄鍋(지금의 나베)와 비슷한 것이라는 이유에서다. 그러나 이것은 전골이지 신선로 틀을 쓴 것은 아니니 서로 구별된다.

이렇게 신선로는 한국, 중국, 일본 세 나라에서 비슷한 형태로 발전했다. 그러나 시작이 어디서였든 우리의 신선로, 즉 열구자탕은 들어가는 재료가 매우 다채롭고 호화로운 전골 요리의 진수를 보여준다. 음식문화는 끊임없이 교류하고 변용된다. 시작이 다른 나라라고 해서 우리 음식이라고 하지 않을 이유는 없다.

조리고, 찌고, 볶고: 장조림, 장똑똑이, 쇠고기지짐, 볶이

고기 조림 요리, 장조림과 천리장

조림은 재료에 간을 하여 약한 불에서 오래 익히는 조리법이다. 이런 조리법에는 역시 고기가 제격이다. 장조림이나 장똑똑이가 대표적인 고기 조림이다. 궁중 용어로는 '조리니'라 했고 한자로는 '熬(오)',[86] 일본어로는 '니즈케煮付'에 해당된다. 조림은 대부분 반찬에 속하고 간은 주로 간장으로 하지만, 간장에 고추장을 섞어서 조리기도 한다. 그런데 1700년대까지의 고조리서에 조림이라는 말은 보이지 않는다.

1800년대 말엽에 쓴 《시의전서》에 장조림법이 나온다. "정육을 크게 덩이로 잘라 진장에 바짝 조리면 오래 두어도 변치 않고 쪽쪽 찢어 쓰면 좋다. 또 다른 법은 고기단자에 호두나 잣을 넣고 구워서 진장에 조리되 꿀을 많이 타서 단맛 나게 조린다." 이런 방식의 장조림 조리법은 장산적법이라고도 했으며, 《임원경제지》 정조지에서는 '동국육장東國肉醬'이라 했다.

육장肉醬이라 하면 콩을 띄워 된장, 간장, 고추장을 만들듯이 고기를 발효시켜 만드는 장이다. 중국에서 육장이라 하면 고기를 생선 젓갈처럼 발효시킨 것을 말하고, 우리 전통에는 고기와 어패류를 발효시켜 만드는 어육장이 있다. 하지만 중국음식 중 '오향장육'은 장에 고기를 삶는 방식으로 만든다. 오늘날 중국요리에서는 장조림을 '로우滷'로 표기한다. 대표적인 로우 요리가 동파육東坡肉, 즉 동퍼로우가 아닌가 싶다. 삼겹살 덩어리를 통째로 소흥주로 삶아 간장에 장시간 조려 만드는데, 입안에서 부드럽게 녹는 맛이 일품이다.

이와 비슷하게, 장醬이라는 이름이 붙었지만 조림에 해당하는 음식이 있으니, 천리장千里醬이다. 천리장은 고기를 발효시키기보다는 간장을 활용한 음식의 하나로, 천릿길을 들고 가도 상하지 않을 만큼 저장성이 좋다고 해 붙은 이름이다.

고기와 어패류로 담는 장, 어육장

우리가 알고 있는 장醬이란 콩을 발효시켜 만든 식품이다. 간장, 된장, 고추장 등이다. 장류는 한식에서 빼놓을 수 없는 중요한 조미료의 역할을 한다. 중국에서는 콩으로 만든 장 대신에 고기로 만든 육장肉醬을 많이 먹었다. 그런데 우리에게도 콩장뿐만 아니라 고기나 생선으로 만드는 어육장의 전통이 있다. 이는 고조리서를 통해서 확인할 수 있다. 먼저《규합총서》에 소개된 어육장이다.

쇠고기는 기름기가 적은 볼깃살을 골라 힘줄을 없애고 햇볕에 말려 물기가 제거한다. 꿩고기와 닭고기를 살짝 데쳐 내장을 없앤다. 숭어와 도미는 깨끗이 씻어 비늘과 머리를 제거한 다음 햇볕에 말려 물기를 없이 한다. 생복, 홍합, 새우 등의 해물과 달걀, 생강, 파, 두부 등을 준비한다. 쇠고기를 항아리 밑에 깔고 그 위에 생선, 닭고기, 꿩고기를 넣은 후에 메주를 장 담그는 방법과 같이 넣는다. 메주 1말에 소금 7되씩 끓여 식힌 물을 항아리 속에 붓는다. 짚으로 독을 단단히 싸서 묻고, 기름종이로 독 부리를 단단히 밀봉하여 뚜껑을 덮고 흙으로 묻어버린다. 1년 후에 숙성되면 먹는다.

다양한 어육류를 메주와 함께 띄워 만드는 장이다. 근대 조리서인 《조선요리제법》에도 어육장이 나오는데, 재료는 돈육 2근, 닭 1마리, 전복, 꿩 1마리, 생선 10마리, 메주 1말, 건강 5홉, 소금 5되, 고추 10개, 마늘 2톨, 물 3말로, 쇠고기 대신 돼지고기가 들어가는 조리법의 변화를 보인다.《규합총서》의 어육장과 달리 담근 지 일주일쯤 지난 후에 먹기 시작한다고 했다.

3부 다양한 고기 조리의 세계

《임원경제지》에서는 천리장이 "고기를 다져서 기름과 꿀에 볶아 익히면 오래 둘 수 있다."고 했는데, 더 자세한 조리법은 《증보산림경제》에 나온다. "맛이 단 감장을 약한 불에서 반으로 줄어들도록 졸인다. 기름기 없는 쇠고기를 삶아 얇게 썰어 햇볕에 말려서 가루를 만든다. 그것을 졸인 간장에 넣고 약한 불에서 진한 죽처럼 타지 않게 주의하여 조린다."

쇠고기 장조림은 기름기 없는 쇠고기를 크게 토막 내 물에 삶아 간장을 넣고 조려서 만드는 데 반해, 천리장은 쇠고기를 말린 후 가루를 내 장에 조리므로 손이 많이 간다. 그러나 죽 같은 형태의 음식이기 때문에 치아가 불편한 환자나 노인에게 좋고 보관성도 더 좋다.

조리거나 볶아서 만드는 각종 찜

원래 찜은 수증기를 이용한 조리법(증蒸, steaming)이다. 수증기로 재료를 익히면 재료 자체의 맛과 향기를 유지하면서 재료에 고루 열을 줄 수 있기 때문이다. 그러나 삶는 방법처럼 조미료를 차례로 넣으면서 조미할 수 없고 온도를 조절하기도 어렵다. 그래서인지 우리나라의 고리 조리법에는 시루를 쓰는 이 수증기 찜이 거의 없다. 대신 조리거나 볶아서 만드는 음식을 찜이라 칭하는데, 그 기법도 다양하다.

《임원경제지》에는 찜蒸이라는 분류 항목은 따로 없이 자법(煮法: 삶을 자煮)에 포함시키고 있다. 그럼, 찜에 대해 더 살펴보자. 먼저, 《증보산림경제》의 '우육증방牛肉蒸方'은 "자기 내에 고기와

그림 32 갈비찜. 이름은 찜이지만 찌기보다 삶기를 활용한 음식이다.

술, 식초, 장 등 조미액을 알맞게 넣고, 입구를 봉해 뭉근한 불로 중탕하여 자(煮)함으로써 연락(軟爛)하기를 기다려 먹는" 것이다. 즉, 중탕 방식으로 삶는데도 요리명은 찜(증蒸)으로, 다시 말해 '중탕형 찜'이다. 이때 재료는 천천히 가열하는 가운데 조미액은 고기 속에 배어 들어가고 고기 부분은 밀폐된 그릇 속에서 발생한 증기에 의해 익는다. 삶기와 찌기의 조리법이 같이 사용되는 것이다.

한편《규합총서》의 메추라기찜은 "국물이 바특하여 제 몸이 다 익은 후는 찢을 만해야 좋다."고 쓰여 있는데, 이는 증기로 찌지는 않지만 마무리된 상태가 수증기로 쪄냈을 때처럼 수분을 가진 것이라고 할 수 있다. 이때의 찜은 '지짐'이라고 할 수 있다. 즉 지짐이, 찌개, 찜 등을 통틀어 전(煎)이라 하고, 증(蒸)을 지짐이

3부 다양한 고기 조리의 세계

처럼 조미액이 고기에 배어 들어가서 조금 바특한 상태로 본 것이다. 그러니 보통 갈비찜 요리의 경우 찜이라고 했지만 실제로 쪄낸 것이 아니고 삶아서 조려낸 지짐이 형태로 볼 수 있다.

찜이라고 하면 쇠꼬리찜을 갈비찜보다 한 수 위로 보는 이도 많은데, 《증보산림경제》에 나오는 우미증방牛尾蒸方은 쇠꼬리와 우족을 함께 넣고 끓인 찜이다. 역시 수증기와 관계없이 즙이 바특하게 남을 정도까지 삶아서 익히는데도 조리법을 '증蒸'이라 했는데, 이를 자증煮蒸(삶기 찜)이라 할 수 있다. 갈비찜, 사태찜, 닭찜 등 고기 요리로서 찜은 대부분 이런 조리법을 쓴다.

찜의 재료로는 다양한 고기가 쓰였다. 우리가 지금도 흔히 먹는 쇠갈비와 우족은 말할 것도 없고, 살코기로 조리한 황육증黃肉蒸, 쇠골을 조리한 골증骨蒸과 곤자손증昆者巽蒸이 있다. 닭과 꿩도 찜으로 먹었다. 닭을 삶은 연계증軟鷄蒸, 꿩을 삶은 봉충증鳳充蒸·전치증全雉蒸·생치증生雉蒸이 있다. 돼지고기찜도 많이 먹은 것으로 보이는데 연저잡증軟猪雜蒸, 저포증猪胞蒸, 저육증猪肉蒸이 다 돼지고기찜 요리를 뜻한다. 왕실에서도 개고기를 먹을 때 찜으로 조리했다고 하고 구증狗蒸이라 부른다.

양볶이, 천엽볶이, 골볶이

조리고 볶는 요리로는 제일 먼저 떡볶이가 떠오를 것이다. 지금 흔히 먹는 떡볶이는 이름과 달리 '볶이'의 과정이 거의 들어가지 않지만 말이다. 우리 조상들은 확실하게 '볶이'의 과정이 들어간 고기볶음을 많이 먹었다. 조선 왕실 의궤에서는 이 음식들을 '복지ㅏㅈ'로 표기했는데, '볶이'의 음차로 보인다. 재료를 보면 소양으로 볶는 양볶이胖ㅏㅈ, 천엽으로 볶는 천엽볶이千葉ㅏㅈ, 쇠골로 볶는 골볶이骨ㅏㅈ가 있어 주로 소의 내장을 많이 활용했음을 알 수 있다. 묵은 닭으로 볶는 진계볶이陳鷄ㅏㅈ, 꿩고기로 볶는 생치볶이生雉ㅏㅈ도 있다. 《음식디미방》의 '양 볶는 법'을 보면 "솥뚜껑을 불 위에 놓고 오래 달궈서 기름을 둘러 양을 넣고 급히 볶아 그릇에 퍼내면 맛있다."고 했는데, 지금의 볶는 방법과 동일하다.

지금 우리는 볶이 하면 고춧가루나 고추장 양념으로 벌겋게 버무린 모양을 떠올린다. 역시나 고추가 가장 먼저 활용된 조리법 중 하나도 볶이다. 다음은 《시의전서》에서 소개한 고추장볶이다. "고추장을 새옹이나 냄비에 담아 물을 조금 붓고 뭉근한 불로 볶는데, 파·생강·고기를 다져 넣은 다음 꿀·기름을 많이 넣고 볶아야 맛이 좋고 윤이 난다."

볶음 요리의 하나로서 특이한 것에 '두루치기'가 있다. 쇠고기나 돼지고기에다 파·배추 등 각종 채소를 썰어 냄비에 한데 넣고 두루 뒤섞어가며 볶는 것이다. 조리 방법으로 쉽게 부르다가 요리명이 된 서민음식이라고 할 수 있다. 이러한 음식들을 보노라면 우리가 새로운 것을 뚝딱 만들어내는 창조적인 민족이라는 생각이 든다.

더 재미있는 이름의 고기볶음 요리가 있으니 '똑똑이자반'이다. 이는 쇠고기를 채 썰어 여러 가지 양념을 하여 볶은 전통 요리다. 고기를 똑똑 썰어 간장으로 짭짤하게 조리한다 하여 '장똑똑이'라고도 한다. 조선 말기의 궁중에서까지 쌈을 먹을 때 밑반찬으로 이용했다고도 전해진다. 이를 비빔밥이나 볶음밥에 사용하기도 하며, 주먹밥이나 김밥 등에 소로 넣어도 별미다.

의례 음식의 꽃: 적과 전

앞서 고기구이의 시작은 고기를 꼬치에 꿰어서 불에 굽는 '적炙'에서 출발한다고 했다. 이 요리는 조선 시대에는 산적, 느름적, 화양적 혹은 생고기를 꿰어 올리는 도적 등 주로 제사음식으로 변용되어 나타난다.

제사상에 빠지지 않는 제물, 산적

꼬치에 꿰어 굽는다 하면 바로 산적이 떠오른다. 그런데 왜 산적이라고 했을까? 산적의 산은 '셈 놓을 산算'이다. 추측이지만, 고기를 2~3촌 길이로 자른 모양이 셈을 할 때 쓰는 가늘고 긴 막대인 산가지 모양이라, 혹은 고기를 꿰는 대꼬챙이가 산가지와 같아서 붙인 이름이 아닐까 한다.

《임원경제지》 정조지에서 산적算炙을 "살찐 우육을 2~3촌 길이로 잘라서 유장에 담갔다가 참깨를 뿌리고 대꼬챙이에 꿰어 양쪽을 고르게 자르고 숯불 위에 굽는다."라고 설명한 그대로다. 살코기 말고 염통, 간, 밥통, 천엽 등의 고기를 서로 섞어서 대꼬챙이에 꿴 것을 '잡산적雜算炙'이라고 하고, 구운 후에 장을 묻힌 것을 '장산적醬算炙'이라 했다.

산적은 양념한 고기를 대나무 꼬챙이에 꿰어 옷을 입히지 않고 석쇠에 얹어 숯불에 쬐어 굽는 것이다. 그런데 산적을 번철에 지지기도 한다. 따라서 지지는 것인데도 전煎이라 하지 않고 적炙이라 했다. 우리나라 요리에서 전과 적이 혼동되어 쓰이는데, 지금도 경상도에서는 전을 가리켜 "적 부친다."고들 한다.

《시의전서》에서는 제물로 쓰는 적에 대해 자세히 설명하고 있다. 우선 육적에 대한 설명이다. "정육을 손바닥 두께 정도의 세 오라기로 저며 눈겨냥으로 염접하고 양념에 재웠다가 도마에 세 조각을 연해놓고, 싸리 꼬챙이 둘로 좌우를 찔러 꿰어 산적같이 잔칼질을 한 뒤에 깨소금을 뿌려 석쇠에 얹어 반숙이 채 안 되게 구워 쓰되 사지(종이장식)를 감는다."《시의전서》에는 제물로서 가리적, 족적, 어적도 소개했으며, 제물뿐만 아니라 혼인이나 수연壽宴 시의 큰상에도 쓴다고 설명했다.

종가宗家에서 행하는 기신제 때에 올리는 '적炙'을 '도적都積'이라 했다. 도都는 '모두'를 뜻하며, 적積은 '쌓다'의 의미로, '쌓아 합한 것'이 도적이다. 북어, 간고등어, 상어, 방어, 쇠고기 저민 것, 삶아 데쳐낸 문어, 생닭 등을 쌓아 올린다.

누르미, 느르미, 느라미, 누름적, 화양적은 어떻게 다른가

고조리서에는 이처럼 비슷한 이름의 음식이 많이 나온다. 이런 음식들은 같은 음식일까, 다른 음식일까? 답은 '같기도 하고 다르기도 하다'이다. 한식을 공부하다 보면 가장 어려운 게 음식

그림 33 제육누르미(왼쪽)와 화양적(오른쪽).

명이 들쑥날쑥하다는 점이다. 같은 음식이 지역이나 시대에 따라 달리 불리기도 하고, 또 같은 음식명인데 다른 음식일 경우도 있다. 적은 본디 꼬챙이에 꿰어 불에 쬐어 굽는 것인데, 석쇠가 나온 후에는 일부러 꿸 필요가 없어졌으나, 한편 꼬챙이에 꿰어 모양을 갖추어 직화에 쬐어 굽거나 지지는 산적이 남고, 또 굽거나 지진 것에 즙(밀가루나 달걀즙)을 쳐서 먹는 느르미가 생기고, 그 후에는 조리한 다음 즙을 치는 것이 아니라 미리 밀가루나 달걀흰자로 옷을 입혀 번철에 지지는 지짐산적 형태의 것이 나타나 이것을 느름적이라 하게 되었고, 느름적과 비슷한 형태의 화양적이 있다.

1700년대의 것으로 보이는 조리서 《음식보飮食譜》는 쇠고기 느르미법을 "날고기나 허파를 삶은 것에 도라지나 참버섯을 섞어서 굽고 여기에 즙을 치고 양념한다."라고 설명했으며, 《역주방문》은 우육인牛肉引(느림)을 고기를 꼬챙이에 꿰어 굽고 여기에 즙을 친 것이라고 설명했다. 그러니 느르미(느림)는 본디 재료를 찌거나 굽거나 하여 즙을 친 것이다. 또 재료를 꼬챙이에 꿰어 찌거나 구워서 즙을 친 것도 느르미라고 하는데, 이들은 즙산적이라고도 한다. 여기에 끼얹는 즙이란 오늘날의 중국요리 중 류채溜菜처럼 녹말 등을 풀어 만든 진한 조미액을 말한다. 이 느르미는 1700년대 접어들면서 점차 모습을 감추고 느름적이 등장하게 되었다.

1719년의 〈진찬의궤〉에는 천엽어음적千葉於音炙, 간어음적肝於音炙, 양어음적胖於音炙, 생복어음적生卜於音炙, 계란어음적鷄卵於音炙, 낙제어음적落蹄於音炙이 나오고, 1765년의 〈진작의궤〉에는 황육어음적黃肉於音炙 등이 나온다. 그러면 누름적과 어음적於音炙은 어떤 것일까? 〈진찬의궤〉의 양어음적의 재료는 "양 반 부, 병아리 1수, 밀가루 5홉, 참기름 2홉, 표고 2량, 간장 2홉, 달걀 3개, 후추가루 3작, 생강 2전"이다. 그런데 이석만李奭萬의《신영양요리법新營養料理法》(1935)에서 누름적을 보면 "고기, 도라지, 박오가리, 파 등을 꼬챙이에 꿰어 도마에 놓고 사면 끝을 가지런히 베어 밀가루를 묻히고 계란을 씌워 번철에 기름을 바르고 지지나니라."고 설명되어 있다. 따라서 느름적은 꼬챙이에 꿰어 옷을 입힌 일종의 지짐산적이며, 이것을 궁중에서는 어음적이라 표기한 것이다.

한편 화양적花陽炙은 재료를 양념하여 다 익힌 다음 색을 맞추어서 꿴 것인데, 조선 시대 궁중연회를 기록한 의궤에는 주로 화양적이 나온다. 양색화양적兩色花陽炙, 각색화양적各色花陽炙처럼 색에 맞춘 이름도 등장하고, 압란鴨卵화양적(기러기 알), 낙제

絡蹄화양적(낙지), 천엽千葉화양적, 양胖화양적, 어魚화양적, 동과
東瓜화양적처럼 재료에 맞춘 이름도 나온다.

꼬치에 꿰지 않고 지지는 고기전

잔치는 전煎을 지지는 고소한 기름 냄새로부터 시작한다는
말이 있다. 여기서 煎 자는 다릴 전, 졸일 전, 지질 전 등의 뜻을
가진다. 전은 고기, 생선, 채소 등의 재료를 다지거나 얇게 저며
서 꼬챙이에 꿰지 않고 밀가루와 달걀로 옷을 입혀서 번철에 기
름을 두르고 납작하게 양면을 지져내는 것인데, 고기는 전의 중
요한 재료다. 전유화, 전유어, 저냐 등으로 불리며, 그냥 전 혹은
지짐개라고도 한다.

《규합총서》에는 생선에다 밀가루와 달걀을 입혀서 지지는 생
선전유어를, 《증보산림경제》에는 해삼전海蔘煎과 게살로 부치는
해전蟹煎 등이, 《시의전서》에는 참새전유어가 나온다. 이 중 참새
전유어가 재미있는데, "참새의 털을 정히 뜯어 황육을 넣어 곱
게 다져 양념을 하여 화전처럼 얇게 만들어 가루를 약간 묻혀
계란을 씌워 지져서 초장을 곁들인다."고 설명되어 있다.

당연히 궁중연회 의궤에는 빠지지 않고 전이 나온다. 궁중의
잔치도 민가와 마찬가지로 전이 중요한 음식이었기 때문이다.
의궤 중 전 혹은 전유어라는 이름이 붙은 음식의 종류를 들어
보면 다음과 같다. 닭으로 만드는 계전鷄煎, 돼지로 만드는 저육
전유어猪肉煎油魚, 소의 위인 양으로 만드는 양전胖煎, 소의 간으
로 만드는 간전肝煎(혹은 간전유어肝煎油魚), 소의 천엽으로 만드는

그림 34 간적과 양전. 소의 내장을 활용한 전은 조선 왕실의 잔치음식이었다.

천엽전유어千葉煎油魚, 소의 골로 만드는 골전유화骨煎油花, 여기에
여러 가지 종류의 재료로 만드는 전유화를 뜻하는 양색전유어
兩色煎油魚와 삼색전유어도 있다.

간남이란 무엇인가?

전유어를 가리켜 간남肝南 혹은 간납이라고도 한다. 그런데 이
간남은 무엇을 뜻하는가? 먼저, 《시의전서》 제물(제수)부의 '육
어각색간랍', 일명 전유어煎油魚라는 항목에서는 다음과 같이 조
리법을 설명했다. "정육은 얇게 저미고, 양은 튀하여 삶아 건져
서 얇게 저미고, 처녑은 잎은 찢고 줄기는 칼로 자근자근 두드려

3부 다양한 고기 조리의 세계

놓고 각색 생선은 다 얇게 저며서 가루를 묻혀 계란을 씌워 지진다. 간납 부치는 계란은 깨뜨려서 휘젓되 소금을 조금 넣어야 한다." 이를 통해 볼 때 재료를 꼬챙이에 꿰지 않고 얇게 저며 옷을 입혀서 기름을 두른 번철에 지져낸 것을 전 또는 전유어라 하고, 이것을 제수로 쓸 때는 간납이라 한다는 것을 알 수 있다.

그러면 제물로 쓰이는 전유어를 어째서 간납이라고 할까? 일반적인 설명은 간적(소 간을 꼬치에 꿰어 만든 적)의 남쪽에 놓이기 때문에 간납이라고 했다는 것이다. 그러면 옷을 입혀서 지져내는 전유어, 이른바 간납은 언제부터 제물로 쓰이게 된 것일까? 김장생金長生(1548~1631)의 《사계선생전서沙溪先生全書》에는 "근래 풍속에 밀과蜜果나 유병油餠과 같이 기름을 두르고 지진 것을 제수로 쓰고 있는데 이것은 고래古來의 예가 아니다."라고 쓰여 있다. 우리는 전이 꼭 제물로 올라야 한다고 알고 있으나 이는 과거 풍속이 아니고 근래 풍습이라는 설명이다. 오히려 본디 쓰이지 않던 전의 무리가 조선 중기 무렵에 간납이라는 이름으로 나타나게 된 것이다. 그러니까 제상에 전을 꼭 올리지 않아도 아무 문제가 없다는 뜻인데, 정작 우리는 제물로 전은 꼭 장만해야 한다고 믿고 있는 것이다.

생으로 즐기는 고기 요리, 육회와 갑회

회는 크게 생회生膾와 숙회熟膾로 나눌 수 있다. 생회는 날것 그대로 먹는 것을, 숙회는 살짝 데친 것을 말한다. 생회 하면 생선회를 생각하겠지만, 쇠고기로 만든 육회와 천엽, 양, 간, 콩팥 같은 소 내장으로 만든 갑회를 오랫동안 먹어왔다. 회는 고려 말에 육식을 되찾았을 때부터 먹기 시작한 것으로 보이지만, 중국의 역사서인 《수서》 백제전에 "백제인들은 화식火食하지 않았다."라고 한 것으로 미루어보아 백제인들이 고기를 회로 생식했을 가능성이 있다.

이후 조선 시대에는 회를 즐겨 먹었다. 유교를 숭상한 조선에서 공자의 식성에 따라 별 저항감 없이 육류나 어패류 회를 생식했을 것이라는 견해도 있다. 요즘에는 회 하면 대개 신선한 생선이나 멍게, 해삼, 굴 등을 손질한 것으로 주로 초고추장에 찍어 먹지만 냉장시설이 발달하기 이전에 내륙 지방에서는 신선한 생선을 구하기가 어려워 먹기가 쉽지 않았다. 오히려 갓 도축한 소의 싱싱한 고기나 내장을 주로 회로 먹었다. 한나라 때 유희劉熙가 지은 사전인 《석명釋名》에서는 "회膾란 '모을 회會' 자"라 했고, 조선 후기의 《송남잡지》에서는 "생선의 회는 회鱠, 고기의 회는 회膾로 표기한다."고 하여 생선회와 육회를 구분했다.

생고기를 먹다, 육회

육회는 익히지 않은 살코기를 얇게 저며서 양념해서 무친 것으로, 우리나라에서는 예로부터 다양한 방법으로 육회를 먹었다. 쇠고기를 가늘게 채 썰어 양념에 무친 육회가 가장 유명하지만, 겨울에 꿩고기로 만들어 먹는 동치회凍雉膾도 있다. 겨울철에 꿩을 잡아 내장을 빼고 눈이나 얼음 위에 놓아 얼린 다

그림 35 익히지 않은 살코기로 만드는 육회.

음 단단해진 살을 가늘게 썰어서 초장과 생강, 파로 양념해 먹었다고 한다. 날고기는 불에 익힌 고기보다 부드럽다. 고기 단백질은 불에 익는 순간 단백질 응고로 질겨지지만, 기름기 없는 육회는 담백하면서도 고소한 맛이 일품이다. 보통 육회에는 배를 많이 곁들이는데 이는 배에 많이 함유된 소화 효소 때문이다. 《시의전서》는 다음과 같이 육회 조리법을 소개했다.

쇠고기는 기름기 없는 연한 살로 얇게 저며서 가늘게 썰어 물에 담가 피를 잠깐 뺀 후 베보자기에 잘 짜서 파와 마늘을 다져 (넣고) 후춧가루와 깨소금, 기름, 꿀을 섞어 잘 주물러 잰다. 잣가루 많이 섞고 깨소금이 많이 들면 맛이 탁하다. 기름은 많이 치고 후추와 꿀을 섞어 윤즙은 식성대로 하라. 잡회는 콩팥, 천엽, 곁간, 양지머리로 잰다. 소금기름에 재우는 잡회는 후춧가루, 기름소금에 주물러 쓰고 또는 깨소금 약간 넣는다[단, 천엽회는 갸름하게 썰어 가장자리로 실백자 하나씩 물려 말아서 담아 쓴다].

여기서 윤즙은 식초를 넣은 고추장, 즉 초고추장을 뜻한다. 이 조리법은 간장으로 양념하여 배와 달걀노른자를 곁들이는 최근의 육회와는 차이가 있다.

근대 조리서의 육회 조리법을 살펴보면, 1913년에 나온 《반찬등속》에서는 고추장을 곁들이지 않고 양념에 포함시켰고, 1924년의 《조선무쌍신식요리제법》에서는 진장이나 초고추장에 찍어 먹는다고 했다. 1939년의 《조선요리법》에서는 쇠고기를 간장과 설탕 등으로 양념한 후 겨자즙이나 초고추장을 곁들인다고 했고, 1957년의 《이조궁정요리통고》에서는 간장으로 양념해 겨자 초장과 함께 낸다고 했다. 비록 날고기를 먹는 야생적인 요리인 듯해도, 다양한 양념을 사용하여 다양한 맛을 내는 조리법이 발달했다.

소의 내장으로 만드는, 갑회와 잡회

갑회는 육회의 일종으로 소의 내장인 양, 천엽, 간, 콩팥 또는 전복이나 생합 등을 썰어 각종 양념을 섞어 무치거나 곁들여 내놓아 찍어 먹게 하는 독특한 전통 육회다. 각회 혹은 각색회라고도 한다. 갑회의 조리법은 1957년에 출간된 《이조궁정요리통고》의 '각색회'에 자세히 나온다.

염통과 콩팥은 얇은 막을 벗기고 가늘게 채로 썰어서 양념(간장, 참기름, 후춧가루, 깨소금, 설탕, 파, 마늘)을 한다. 천엽과 양은 소금으로 주물러서 여러 번 씻어 채로 썰어서 양념(간장, 후춧가루, 깨소금, 참기름, 파, 마늘)하고 고루 주물러 양념이 배도록 한다. 양념해놓은 각색회를 어울리게 담고 잣가루를 뿌려서 겨자와 초장을 상에 놓는다.

갑회는 궁중음식이자 서울 지역 음식으로 알려져 있다. 궁중의 갑회는 소 내장류 또는 전복 같은 해물을 한 그릇에 두세 가지 종류를 함께 담았다. 궁중연회를 기록한 의궤에는 두 가지를 담은 양색갑회兩色甲膾, 세 가지를 담은 삼색갑회三色甲膾, 각색갑회各色甲膾, 각색회各色膾 등의 명칭으로 쓰여 있다. 1828년의 〈진

그림 36 소의 내장을 데쳐서 만드는 갑회.

작의궤〉에는 양깃머리와 생복 두 종류에 생강, 파, 잣, 고추가 들어간 갑회가, 1892년의 〈진찬의궤〉에는 천엽, 양깃머리, 콩팥 세 가지를 담은 갑회가 기록되어 있다. 《시의전서》에는 갑회가 아닌 '잡회' 조리법이 나온다. "천엽회를 할 때 천엽을 갸름하게 썰어 가장자리에 잣을 하나씩 물려 말아 쓰며, 여러 내장류 회를 그릇에 옆옆이 담고 그 가운데 종이를 꽃전같이(화전처럼 동그랗게) 오려 거기에 소금과 후춧가루를 얹어 놓는다."는 것인데, 여러 내장류의 서로 다른 색만큼이나 잣을 물려 말아놓은 담음새가 예쁜 음식이다.

그 밖의 다양한 고기 음식들

왕실 식치음식, 전약

조선 시대 가장 매력적인 음식 중 하나를 소개하자면 왕실 보양식으로 먹은 '전약煎藥'이다. 쇠고기의 콜라겐이 농축된 아교 성분을 이용한 조선의 중요한 보양식이다. 이 음식의 매력에 빠져 닭발을 재료로 만든 전약 특허*를 냈을 정도다. 《규합총서》나 《후생록》 같은 조리서에 등장하는 이 음식은, 쫄깃하고 달콤한 풍미가 느껴지는 정과의 일종이다. 쇠고기나 돼지고기의 머리, 족, 껍질 등의 콜라겐을 이용해 굳히는 음식으로 족편이 있

---

* 나는 2012년 건국대학교 산학협력단의 일원으로 '닭발을 이용한 전약 및 그 제조방법'이라는 명칭으로 특허를 출원했다. 닭발에서 젤라틴을 추출하여 대추 곤 것에 꿀을 합하여 사각 틀에 굳힌 후 썰어서 먹는 전약 제품을 제조하는 방법에 관한 것이다.

는데, 고기 요리의 정체성을 그대로 간직한 족편과 달리, 전약은 콜라겐의 아교 성분만 굳히는 데 이용한 것으로, 지금의 젤리푸드와 비슷하다.

이 음식은 19세기 이전 귀한 음식의 대명사이자 왕실의 하사품이었으며, 음식이면서도 약으로 취급되어 내의원에서 제조했다. 외국에서 수입한 후추, 정향과 계피 등을 대추 과육, 쇠가죽과 섞은 후 고아서 만든 것이었다. 전약을 심층적으로 연구한 논문[87]에 의하면, 전약은 계속 진화를 거듭하다가 20세기 초반에 사라졌는데 15세기에는 우뭇가사리를 이용해서 굳혔다고 한다. 우뭇가사리에 있는 성분은 동물성 단백질인 콜라겐이 아니라 한천이라는 다당류의 식물성 성분이므로, 당시의 전약은 육류 음식이 아닌 해조류 묵으로 분류할 수 있다.

아교는 동물의 가죽, 힘줄, 창자, 뼈 등을 고아 그 액체를 고체로 굳힌 것으로, 예로부터 접착제 또는 의료용 지혈제로 쓰였다. 이런 물질을 음식을 만드는 데 이용한 지혜가 놀랍지 않은가.

고기의 즙을 짜내다, 양즙과 육즙

쇠고기는 예로부터 보양식의 재료였다. 살코기의 단백질은 성장에 필요한 필수 아미노산을 고루 함유하고 있다. 우족이나 쇠꼬리에는 사람의 몸을 구성하는 젤라틴, 콘드로이틴 등이 들어있다. 쇠고기에는 비위를 보하고 기혈을 돕는 성분도 다량 함유되어 있다. 지금도 몸이 허할 때는 설렁탕, 곰탕을 비롯해 쇠꼬리탕, 도가니탕을 찾는다. 쇠고기로 만든 보양식 중 지금 우리에게는 생소한 음식이 있다. 양즙과 육즙이다. 고기나 내장을 곰국처럼 충분히 고아서 보자기에 짜내어 얻은 국물을 즙汁이라 하는데, 여기에 곡물을 섞으면 죽이 된다.

육즙은 기름기 없는 살코기를 곱게 다져 잣가루와 함께 섞고 양재기에 담아 중탕한 다음 다 익으면 베보자기에 싸서 꼭 짜 그 즙에 후춧가루와 소금으로 간을 하여 마시는 것이다. 양즙도 소의 위인 양, 특히 깃머리를 깨끗이 씻고 다져서 중탕으로 익힌 후 베보자기에 즙을 짜서 후춧가루나 생강즙을 넣어 마시는 것이다. 역시 소의 내장인 천엽으로 만드는 천엽즙도 있다.

여간 정성이 드는 음식이 아니다. 그러나 몸이 허약해져 소화 흡수 기능이 떨어지고 음식 먹는 것이 힘들 때, 이렇게 정성을 들인 즙이야말로 보양식 중의 보양식이 될 것이다.

고기나 생선을 양념하지 않은 채 맹물에 푹 삶는 것을 '백숙白熟'이라 한다. 백숙 재료로 닭을 비롯해 오리, 잉어, 꿩 등을 쓰는데, 약으로 먹을 때가 많다. 잉어와 닭을 같이 백숙한 것을 용봉탕이라 하고, 영계에다 인삼을 넣어서 백숙한 것이 삼계탕이다. 백숙과 탕도 이름이 혼용된다.

저장을 위한 육포

고기는 누구나 좋아하는 식재료이지만 빨리 상하고 부패되면 냄새도 심각하다. 중세 유럽에서 중세에 후추가 그렇게 비쌌던 이유도 약간 부패한 고기에 뿌려 먹는 방편이었기 때문이다. 그렇지만 후추를 뿌려 먹는 것 또한 임시방편일 뿐 장기 저장 방법은 되지 못한다.

고기를 오래 두고 먹는 방법으로 말려두는 방법, 즉 포가 발달했다. 우리에게 익숙한 포는 어포, 즉 명태포처럼 생선을 말린 것이다. 육포는 쇠고기를 얇게 저며서 말린 것이다. 육포의 역사는 상당히 오래되어, 원시 수렵 시대에 먹고 남은 고기를 높은 데 걸어놓으면 자연 건조되어 오랫동안 두고 먹을 수 있다는 것을 자연스럽게 터득했으리라. 한반도의 기록으로는 신라 문무왕의 결혼 선물에 '포脯'가 들어 있는 것이 제일 오래되었고, 송나라 사신 서긍이 《고려도경》에 고려에서 대접받은 술상에 포가 있었다고 기록했는데, 아마도 육포와 어포일 것이다.

그림 37 오래전부터 저장음식으로 발달한 육포.

우리의 육포는 대개는 간장(진간장)으로 간을 하는데, 가장 흔한 것이 진장을 치고 주물러 말린 것으로, 장포라고 한다. 소금 간을 한 것은 염포라고 한다. 육포 재료로는 기름이 적고 연한 볼깃살을 결대로 도톰하게 썰어서 마련한다.

안줏거리로 만드는 편포에는 대추편포와 칠보편포가 있다. 대추편포는 다진 쇠고기를 양념하여 대추 모양으로 빚어 끝에 잣을 하나씩 박아서 말린다. 칠보편포는 다진 쇠고기를 지름 4cm로 동글납작하게 빚고 위에 잣 일곱 알을 꼭꼭 눌러 박은 다음 말린다. 처음 한식을 배울 때 이 모양도 이름도 아름다운 칠보편포에 반했다. 말 그대로 칠보족두리를 연상하게 하는 육포다. 예쁘기로는 포쌈을 빼놓을 수 없다. 포를 뜬 쇠고기에 잣을 소처럼 놓고 반달 모양으로 고기를 접어서 오려 꼭 만두처럼 만들어 말린다.

육포는 귀한 음식이라 혼례나 환갑 등의 잔칫상에 반드시 올렸다. 예전에는 폐백음식으로 많이 사용했다. 장포를 고이거나 큼직한 편포에 청홍 띠를 두르고 실에 꿴 대추와 함께 올린다. 육포는 제사상에도 올렸다. 제물의 기본은 주·과·포酒果脯인데 그중에서도 육포가 으뜸이었다.

조선 왕실 잔치에도 육포는 반드시 올리는 중요한 음식이었다. 이 육포는 '절육截肉'이라 하여 쇠고기 포와 꿩과 닭의 포, 말린 어류, 조개류 등을 같이 고였다. 고종 때 연회*에 올린 절

---

* 고종 24년(1887)의 〈정해 진찬의궤〉에 기록돼 있다. 익종비 신정왕후 조씨의 보령 팔순 축하연으로, 1월 13일이다.

3부 다양한 고기 조리의 세계

육을 살펴보니 1척 5촌(50cm 정도)의 높이로 고였다. 재료로 들어가는 수량이 무려 '편포 1첩貼(100개) 8립立, 황포黃脯 3첩 6립, 황대구 7마리, 백대구 18마리, 광어 13마리, 사어(모래무지) 6마리, 오징어 3첩 5개, 강요주江搖柱(꼬막) 7첩 20개, 전복 63개, 추복搥鰒(두들겨 말려 만든 전복) 9첩, 문어 2마리, 다시마 9립, 실백자 2승 7합'이었다. 이를 하나로 고였으니 엄청난 규모였다. 여기서 편포와 황포는 쇠고기 육포이고, 나머지는 거의 건어물이다. 육포와 어포 등을 차례로 고인 후에 문어, 오징어, 전복 등을 거북이, 봉황, 새, 꽃 모양으로 오려서 화려하게 장식한 것이다.

한국식 하몽? 조선 시대의 고기 발효저장법

요새 와인 안주로 하몽이 유행이다. 이는 발효생햄으로 스페인에서는 하몽, 이탈리아에서는 프로슈토라고 부른다. 하몽은 돼지 뒷다리의 넓적다리 부분을 통째로 잘라 소금에 절여 건조·숙성시켜 만든 스페인의 대표적인 고기 가공품이다. 비싼 값에 수입을 많이 하는 식품이 되었다. 그래서 최근에는 우리나라에서도 이 발효샘햄을 직접 만드는 축산농가가 생겨나고 있다. 그런데 이와 비슷한 조리법이 조선 시대에도 있었다. 겨울이면 돼지고기를 소금에 절여서 창고에 걸어두고 말리고 숙성시켜두었다가 필요할 때 잘라 먹는 방식으로, 추운 지방에서는 잘 해 먹던 고기 조리법이었다.

1680년경에 쓰여진 작자 미상의 국한문 혼용의 《요록》이라는 조리서는 '겨울에 고기 맛 내는 법冬月乾肉極味法'을 소개했다.

이에 따르면 "소나 노루나 사슴 고기의 뼈를 발라내거나 뼈를 그대로 두기도 한다. 또는 길게 자르거나 편육으로 얇게 썰어 항아리에 담고 소금물을 부어 10일쯤 두었다가 소금기가 고기에 배면 꺼내 물기를 제거하고 바람이 통하고 햇볕이 잘 드는 곳에 매달아 말린다. 얼었다 녹았다 하기를 반복하면서 마르면 감탕나무(싸리) 바구니에 넣어 보관하는데 여름을 지나고 먹어도 좋다. 거위나 오리나 닭이나 꿩도 털을 제거하고 위와 같은 방법으로 한다."고 하여 지금의 발효생햄 만든 법과 비슷하다.

그리고 1670년의 조리서인 《음식디미방》에도 '고기 말리고 오래 두는 법'이 나온다. 그 방법은 다음과 같다. "말리려는 고기의 뼈를 발라 버리고 매우 씻어 냄새와 피가 없도록 하여 베어서 편片을 만들어 두 판자 사이에 넣어 (돌로) 눌러두어라. 물기가 없어지거든 소금을 섞어 다시 눌러두어라. 햇볕에 말리되 반쯤 마르거든 다시 두 판자 사이에 끼워 밟아 편편하게 하여 매우 말려라. 볕이 없으면 시렁을 매고 발簾을 깔아 그 위에 (고기를) 널고 그 아래 불을 피워 말려라. 연기를 쐬면 고기에 벌레가 생기지 않는다."

직접 음식을 조리한 여성 저자의 조리서라는 점을 감안한다면 우리도 정말 세련된 고기 요리를 즐겼음을 다시 한 번 확인하게 된다.

소의 머리가 없는 쇠머리떡
고기가 없는데도 고기 이름이 들어가는 음식으로 쇠머리떡

그림 38 쇠머리편육을 닮은 쇠머리떡

과 양갱羊羹이 있다. 또한 육포로 만드는 육포다식 등은 재미있는 음식들이다.

쇠머리편육은 쇠머리를 푹 고아서 뼈를 발라내고 보자기에 싸서 눌러 굳히고 얇게 저민 음식이다. 썰어놓으면 물결같이 아름다운 무늬가 보이는 특별한 편육이다. 그런데 쇠머리떡은 찹쌀가루에 밤, 대추, 곶감 등의 과일과 콩을 섞어서 쪄낸 떡이다. 쇠머리와는 전혀 상관이 없는 음식이다. 쇠머리떡은 한 번에 찌기 어려우므로 한 되 정도씩 쪄내 뜨거울 때 겹쳐서 식힌다. 굳으면 두툼한 떡이 되는데 얇게 썰면 생김새가 마치 쇠머리편육과 비슷하게 보여서 쇠머리떡이라고 하지만, 고기에 대한 사람들의 욕망을 드러낸 것으로도 읽힌다.

양고기가 없는 양갱

양갱은 지금도 즐겨 먹는 과자의 한 종류다. 모 제과 회사의 최장수 상품이라고 알고 있다. 얼마 전 기차를 타고 가다 자판기에서 이 양갱을 발견하고 추억에 젖어 사 먹었다. 당이 떨어지고 단맛이 당길 때 나름 역할을 하는 추억의 과자다. 그런데 양갱은 한자로 '羊羹'이다. 글자대로라면 양羊으로 끓인 국이라는 의미다. 그러니 과자 이름을 양갱으로 한 것은 조금 이상하고 유래가 궁금해진다. 이 이름의 유래는《당서唐書》에 나오는 양간병羊肝餅이라고 한다. 양간병은 곡물가루와 검은 설탕을 반죽해 양의 간처럼 보이게 쪄낸 음식이다.

이 음식이 일본으로 전해져서 일본의 고조리서에는 "팥, 마, 설탕, 밀가루, 칡가루를 반죽하여 양의 간 모양으로 다듬어 쪄내어 이것을 된장국물에 넣어 먹는다."고 설명되어 있다.[88] 이후 이것이 과자로 발전해 1589년에 일본 교토의 한 가게에서 팥소, 설탕, 한천을 재료로 끓이고 굳혀서 영양갱(요칸)으로 만들어 팔았다는 것이다. 이것을 본떠 만든 게 우리도 추억의 과자로 즐겨 먹는 양갱이다. 양갱이라는 이름 하나에 한, 중, 일 삼국의 음식 역사가 담겨 있는 셈이다.

차과자가 아니라 찬, 고기로 만드는 육포다식

육포다식이라는 이름을 처음 들었을 때는 다식, 즉 차에 곁들이는 과자인가 보다 했다. 그런데 아니었다. 육포다식은 말 그대로 육포를 가루 내 다식판에 찍어낸 것으로, 밑반찬이지 간식이

그림 39 육포다식과 어란. 이름은 다식이지만 고급스러운 밑반찬이다.

아니었다. 《고사십이집》과 《산림경제》에 '우육다식'이라는 이름
으로 소개된다. "정육을 꿩고기와 섞어 난도하고 유장으로 섞어
다식판에 찍어내 잠깐 건조시켜서 먹으면 맛이 매우 좋다."고 했
으니 일종의 육회이면서 말린 편포를 말한다.

그래서 육포다식을 만들어본 적이 있다. 쇠고기를 양념하여
말려서 육포를 만들고 이를 다시 가루를 내어 다식판에 찍어내
니 여간 손이 많이 가고 힘든 게 아니었다. 물론 맛은 좋았지만,
고기반찬 하나 만들면서도 이렇게 공을 많이 들이고 노력하는
구나 하는 감상에 젖게 했던 음식이다.

고기로 만드는 국수, 육면과 진주면

국수라면 당연히 밀가루 혹은 메밀가루 그것도 아니면 쌀가루나 전분으로 만드는 국수를 떠올릴 것이다. 국수는 곡물로 만드는 게 우리가 아는 상식이다. 그런데 조선 시대에 고기로 만드는 국수가 등장한다. 바로 육면과 진주면이라는 이름을 가진 요리다.

육면이라는 음식은 조선 중기 김유가 지은 《수운잡방》에 나온다. "기름진 고기를 반쯤 익혀서 국수처럼 가늘게 썰어 밀가루를 고르게 묻힌다. 토장국에 넣어 여러 번 더 끓인 후 상에 올린다."고 되어 있다. 즉 고기를 가늘게 썰어 국수처럼 만드는 것이다. 그러니까 국수의 주재료가 고기인 셈이다. 고기도 좋아하고 국수라는 음식도 좋아해서 새롭게 창조한 음식일까? 다른 고조리서에서는 육면을 찾아보기 어렵다.

대신, 고기로 만드는 진주면 또는 진주탕이라는 음식을 발견할 수 있다. 진주면은 1800년대 저자 미상의 《음식방문》에 그 조리법이 나온다. "쇠고기나 돼지고기나 꿩고기를 진주처럼 썰어 녹말을 묻히고 데쳐 찬물에 (넣었다가) 건져 초간장에 갖은 양념을 넣어 써라."고 한다. 고기를 주재료로 하되 국수처럼 길게 썰지 않고 진주 모양으로 썰어서 녹말을 묻히는 방법이다. 그런데 이 《음식방문》에 나오는 '추포탕'이라는 음식의 조리 방법이 진주면과 비슷하다. "전복, 해삼, 양, 표고버섯, 석이버섯, 청지, 곤자소니, 양지머리, 돼지고기, 꿩고기를 잘게 썰어서 맹물에 끓여 잣을 띄워 깻국에 써라." 다양한 고기와 전복, 해삼과 같은

　　　　　　　　　　　　　　　　3부 다양한 고기 조리의 세계

고급재료가 들어가는 색다른 고기 요리다. 한편, '진주탕'이라는 이름의 음식은《주식방문》에 나온다. "닭이나 꿩이나 기름진 고기를 팥알 크기만큼 썬다. (거기에) 메밀가루를 묻혀서 간장국에 익게 삶는다. 석이버섯, 생강, 표고버섯을 넣어 쓴다."

우리 민족의 고기 음식들을 정리하면서, 한 번도 고기를 풍족하게 먹어본 적이 없는 우리 조상들이 이처럼 다양한 고기 요리를 개발한 것이 신기했다. 그만큼 귀한 식재료였기에 오히려 끊임없이 맛있는 고기 조리법을 생각하고 또 생각한 것이 아닐까.

새로운 고기 요리의 탄생, LA 갈비

LA갈비는 이제 거의 국민음식이 되었다. 그런데 왜 LA갈비라고 부르는지에 대해서는 정확한 설명이 없다. 오히려 이 갈비의 정확한 명칭을 모르는 사람들도 아직 많다.

오래전 한국문화를 전공하는 남성 교수와 한국음식에 대해 이야기를 나누기 위해 인사동의 전통 한정식집이라는 곳에 간 적이 있다. 그때 이 LA갈비가 나왔다. 나는 내심 놀랐다. 전통 한정식집이라면서 가리찜(갈비찜)이 아닌 LA갈비찜을 내는 게 의아해서였다. 그런데 같이 간 교수는 내가 그 음식이 LA갈비라고 하자 "이게 LA갈비예요?" 하면서 놀랐다. 그는 LA갈비라는 이름은 들어 알고 있었지만, 음식은 모르고 있었다.

왜 LA갈비인가? 최근에 생겨나서 쉽게 불러온 이름이라, 사실 이름의 정확한 유래는 알 수가 없다. 단지 LA갈비가 미국의 로스앤젤레스 지역의 한국인 거주자들이 먼저 먹기 시작한 데서 유래한 이름이라는 추측이 가능하다. 우리가 흔히 갈비구이집에서 먹는 형태로 먹으려면 숙련된 갈비 손질이 필요하다. 정육점에서 갈비를 잘라 가지고 온 형태로는 갈비구이를 할 수가 없다. 고기 결에 따른 자르는 방향, 기름기 제거 정도에 따라 갈비구이집 요리사들의 숙련도가 드러난다. 그래서 갈비구이는 전문점에서 요리사가 손질한 형태로 주로 구워 먹고 집에서는 갈비찜을 해 먹었다. 그런데 갈비고기가 싼 미국에서는 한국의 전통적인 방식인 종으로가 아닌 횡으로Lateral로 갈비를 잘라 오니 별다른 손질 없이 갈비구이가 가능해진 것이다.

그래서 일단 두 가지 설명이 가능하다고 생각된다. 하나는 LA 지역에 살던 사람들이 갈비구이를 쉽게 하기 위해서 개발해낸 요리라는 것, 다른 하나는 갈비를 전통적인 방식의 종으로가 아니라 횡으로 잘랐다는 의미라는 것이다. '횡으로'의 영어 LATERAL의 약자로 LA를 사용하게 되었다는 것이다.

우리는 음식을 할 때 이상하게 같은 방식을 고집한다. 그리고 소위 전통음식학자들 간의 가장 큰 논쟁은 늘 이게 전통이냐 아니냐. 한편, 요리가 창조적인 과정이라고도 하지만 전문 요리사들 사이에서는 사제지간에 전수되는 보수적인 영역이기도 하다. 그래서 고기 자르는 방법 하나도 수백 년을 늘 그 방식 그대로 고집해온 게 아닌가 싶기도 하다. 그런데 고기 자르는 방법 하나만 바꾸어도 새로운 방식의 요리가 탄생하고 더 많은 사람들이 요리를 쉽게 만들 수 있게 된다. 늘 새롭게 거듭난다는 것. 이게 중요하다.

10장

고조리서를 통해 본
육류 조리법의 세계

현대 한국인의 육류 조리법은 새로운 식재료의 도입, 외국음식과의 교류 등으로 과거에 비해 다양해진 면이 있다. 그러나 다른 한편으로 생각해보면, 과거에 사용하던 식재료를 점차 쓰지 않게 되거나 운송 및 냉장 기술의 발달에 따라 식품 저장에 필요한 기술은 사라지기도 했다. 음식은 그 시대와 지역의 자연과 문화를 담는다. 따라서 옛 조리법을 살펴본다는 것은 과거의 자연과 문화를 이해하는 통로로 들어가는 것이기도 하다.

여기서는, 한편 사라지고 한편 이어진 옛 조리법을 통해 지금의 육식문화를 살펴보기 위해 고조리서를 들춰보았다. 우리 고조리서 및 음식문화에 지대한 영향을 미친 중국 고조리서 두 권과 조선 후기 음식문화를 집대성했다 할 수 있는 여성 저자의 조리서 두 권, 그리고 근대를 연 조리서 두 권이다.

500년대의 고기 조리법을 알 수 있는 《제민요술》

《제민요술齊民要術》은 530~550년에 편찬된 것으로 추정되는 문헌으로, 현재까지 전해지는 종합적 농서로서는 가장 오래된 것이다. 북위北魏의 고양태수 가사협賈思勰이 편찬했으며, 10권의 구성으로 농경, 축산, 식품의 조리 및 가공 등 농가 생활 전반을 다루는 농가 생활 백과사전이다. 이 책이 저술된 고양高陽(현재의 산둥성 지역)은 상고 시대부터 한민족과 관련이 깊은 지역이고 교류가 활발했다. 《제민요술》은 우리의 고대 음식을 추정 연구하는 데 도움이 되는데, 조선 시대 농업서들이 가장 많이 인용한 원대의 《농상집요農桑輯要》가 바로 이 책을 많이 인용했기 때문이다. 여기서는 《제민요술》 번역서[89]를 중심으로 고기 조리법을 살펴보려 한다.

《제민요술》은 총 10권 72편인데, 이 중 고기 가공이나 조리에 관련된 부분은 8권과 9권이다. 여기서 소개된 육류 조리법은 모두 여덟 가지로, 돼지고기로 젓갈을 담그는 저육자법豬肉鮓法(물고기로 젓갈을 담그는 魚鮓法의 하위 항목이다), 저장을 위해 건조시키는 포납법脯臘法, 국이나 탕을 끓이는 갱학법羹臛法, 찌고 삶는 증부법蒸缹法, 삶거나 끓이고 튀기거나 볶는 정·암·전·소법脏膽煎消法, 식초 등에 고기를 넣는 저록菹錄, 굽는 적법炙法, 고기를 오래 저장하기 위해 발효시키거나 염장하는 자·오·조·포법脌奧糟

표 6 《제민요술》의 구이炙 조리법

음식명	재료	조리법
적돈	돼지, 청주, 돼지기름 또는 참기름	떡갈나무에 꿰어 은근한 불로 고기를 돌리면서 굽는다.
봉적	소	한쪽만 굽고 그 한 면이 흰색이 될 때 자른다.
남적1	양, 소, 노루, 사슴, 염시즙, 총백	불에 가깝게 하여 돌리면서 굽는다.
남적2	집오리 또는 거위, 귤피, 술, 어장즙, 시즙, 파, 생강	고기를 썰어 양념에 담근 후 굽는다.
간적	소, 양, 멧돼지의 간은 모두 가능	재료에 염시즙을 넣고 지짐질을 한다. 산적 크기, 길이 1촌 반, 너비 5푼.
우현적	소의 천엽	꼬챙이에 꿰어 가까운 불에서 급히 굽는다.
관장	양의 창자, 양고기, 염시즙, 총백, 생강, 산초	양고기를 다져 창자에 넣고 두 개의 곁가지로 잡아서 굽는다.
박적돈	돼지고기, 집오리, 귤피, 어장즙, 총백, 생강, 꿀	돼지고기와 오리고기를 다진 후 저며놓은 돼지고기에 평평하게 놓고 대꼬치로 꿰어 약한 불로 굽는다.
도적1	거위, 달걀, 귤피, 초, 총백, 산초	대쪽에 담고 강한 불로 급히 굽는다.
도적2	거위, 집오리, 노루, 사슴, 멧돼지, 양, 달걀, 집오리 알, 과저, 죽저, 귤피, 호근, 염시즙, 파, 생강, 산초	고기를 대나무통 위에 놓고 굽는다.
함적	거위, 백어, 과저, 귤피, 소산, 어장즙, 대추초, 생강, 산초	백어의 살을 다져서 옷으로 삼아 재료를 싸서 석쇠에 놓고 굽는다.
병적	멧돼지, 백어, 과저, 귤피, 어장즙, 초, 파, 생강	재료를 다져서 기름에 지진다.
양적백어	집오리, 백어, 과저, 귤피, 어장즙, 시즙, 초, 파, 생강	집오리 다진 것과 양념을 합하여 구워 익히고 이것을 생선의 뱃속에 넣고 꼬치에 꿰어 약한 불에서 굽는다.
저육자법	멧돼지, 쌀, 소금	멧돼지고기를 저며 소금으로 간하고 밥을 섞는 것은 자 만드는 법과 같다.
범적	거위, 집오리, 귤피, 염시, 파, 생강, 산초	거위, 집오리의 가슴살에 양념 등을 넣고 통째로 굽는다.

苞法이다.

육류로 포를 만들거나 국을 끓이고 찌는 등은 지금도 많이 하는 요리다. 그러나 그 재료의 다양성에서 지금 우리가 쫓아가지 못하는 면이 있는데, 소, 양, 돼지는 물론 노루, 사슴, 토끼, 오리, 닭 등 다양한 육류와 조류가 식재료로 쓰였다. 또한, 현재 우리에게는 낯선 향신료와 조미료가 사용되었는데, 소금과 장은 간을 하기 위해 필수적으로 사용되었으며 향신료로는 우리도 많이 사용하는 파와 생강을 비롯해 산초, 귤피, 회향 등이 사용되었다.

이 중 우리에게 유난히 낯선 조리법에 눈길이 가는데, 저록이다. 다양한 고기를 재료로 하며 조리법 또한 제각각이지만 공통점을 찾으라면 식초나 채저菜菹(발효시킨 채소) 즙을 고기에 부어 먹는 요리라는 것이다. 주로 돼지고기를 많이 썼는데, 갓 태어난 새끼돼지를 이용한 조리법도 두 개나 있다.

《제민요술》에 나오는 육류 조리법 중 가장 많은 것은 불에 굽는 것, 즉 적炙인데, 그 식재료와 조리법을 정리하면 〈표 6〉과 같다. 이 중 관장은 양순대를 만드는 법을 가리킨다.

조선 고조리서의 교과서, 《거가필용》

《거가필용사류전집居家必用事類全集》(이하 《거가필용》)은 원나라 초기에 편찬된 저자 미상의 종합 생활 백과사전 성격의 문헌이다. 10책으로 구성된 《거가필용》에서 음식에 관한 부분은

6권 기집己集과 7권 경집庚集에 있으므로, 이 부분을 중심으로 육류 조리법을 살펴보려 한다. 전체 조리법은 약 390개인데, 그중 육류가 차지하는 비중이 작지 않다. 중국 당대의 조리법뿐 아니라 문헌 기록이 남아 있지 않은 고려 시대의 조리법을 파악하는 데 큰 참고가 된다.

《거가필용》이 우리에게 중요한 이유가 또 하나 있다. 조선 시대 고조리서의 기본을 이루는《산림경제》의 치선 편(조리 가공 편)의 약 60%가《거가필용》의 내용이다. 그만큼《거가필용》이 조선 식생활에 미친 영향이 크다. 이후《증보산림경제》,《임원경제지》,《오주연문장전산고》,《시의전서》와 같은 음식 관련 문헌이나 조리서에도 인용되었다.

《거가필용》 기집 '육류 음식류'에 소개된 것은 주로 저장음식이다. 엄장육품醃藏肉品은 육류의 저장을 위해 절이고 말리는 방법이다. 현재와 달리 냉장시설이 없는 시대에 고기를 오래 보관하는 것은 매우 중요한 일이었다. 이를 위해서 소, 돼지, 양, 사슴, 노루, 거위, 오리 알 등의 육류를 절이거나 말리거나 훈연함으로써 장기간 보존하는 방법과 여름철에 고기를 상하지 않도록 저장하는 방법을 다루고 있다. 절이는 방법 중 하나인 사시납육四時臘肉은 "섣달 중에 돼지고기를 간수에 절여 저장하거나 간수·납수·소금 등으로 절여두었다가 쌀뜨물과 소금에 삶아 쓰는 방법"이며, 말리는 방법 중 하나인 포법脯法은 "돼지고기나 양고기 혹은 쇠고기를 길쭉하게 썰어 순료, 초, 마근, 시라, 소금을 넣고 은근한 불로 물기가 마르도록 조려서 육포로 만드는 방법"이다.

조자품造鮓品은 젓갈을 만드는 방법으로, 대부분 식재료가 어패류이지만 참새로 만드는 황작자黃雀鮓, 거위로 만드는 아자鵝鮓도 다루고 있다.

경집의 15개 항목 중 육류를 다루는 항목이 6개다. 각각 굽는 소육품燒肉品, 삶는 자육품煮肉品, 고기 안주를 뜻하는 육하주肉下酒, 고기순대와 육채를 뜻하는 육관장홍사품肉灌腸紅絲品, 고기 반찬인 육하반품肉下飯品, 고깃국을 소개하는 육갱식품肉羹食品이다.

소육품 중 연상소육사건筵上燒肉事件은 고기 종류와 부위에 따른 굽는 법에 대한 소개인데, 생으로 구워야 하는 것과 삶아서 반쯤 익힌 후 구워야 하는 것의 구분이라 할 수 있다. 그 외 소개된 방법은 솥에 막대기를 걸고 고기를 매달아 굽는 방법, 양념이나 술을 발라 굽는 방법, 찌는 방법 등이다.

안주를 뜻하는 육하주에서 흥미로운 것은 고기와 내장(허파)을 생으로 사용하는 조리법이 다양하다는 점이다. 생폐生肺와 수유폐酥油肺, 유리폐琉璃肺 등이 각종 짐승의 허파 요리이고, 수정회水晶膾는 돼지껍질 회, 간두생肝肚生는 간과 천엽의 생회, 취팔선聚八仙는 닭과 소, 양, 각종 채소를 함께 담는 회다.

고기로 만드는 각종 반찬을 소개하는 육하반품은 모두 16개의 조리법이 동원되는데, 붕어와 잉어를 쓰는 것 외 14가지는 고기반찬이다. 여기서는 재료와 조리법이 거의 망라된다 할 수 있으며, 참새와 메추라기, 토끼와 망아지, 소와 양이 모두 나온다. 조리법 또한 삶고 절이고 조리고 굽고 볶는 방법이 모두 등장한다.

국을 소개하는 육갱식품에는 모두 15가지 조리법이 나오지만, 이 중 8개는 참게, 자라, 새우 등을 사용한 요리이고, 3개는 고기를 함께 사용한 가지 요리다. 순수한 고깃국은 양 갈비탕인 골삽갱骨揷羹, 양고기뭇국인 나복갱蘿蔔羹, 볶은 양고깃국인 초육갱炒肉羹, 자라탕처럼 끓인 닭국을 뜻하는 가별갱假鱉羹 네 가지 뿐이다.

《음식디미방》의 고기 요리들

경북 영양군에서 안동장씨(1598~1680)가 저술한 《음식디미방》(1670년경)은 한글로 쓴 가장 오래된 조리서다. 조선 시대에는 남성이 기록한 한문 조리서가 다수 있으나 주로 중국 조리서 내용을 옮겨 적은 것이 많아 실제 우리 음식의 조리법이라고 보기 어렵다. 그러나 《음식디미방》은 한양이 아닌 경상도 산간벽지에서 70세를 넘긴 여인이 중국의 조리서와는 관련 없이 예부터 전해지거나 스스로 만든 조리법을 기록한 문헌이라 당시의 음식을 연구하는 데 가치가 크다.

이 책에는 총 146가지의 조리법이 나오는데, 저자는 세 가지로 이를 분류하고 있다. 첫째 면병류(18가지), 둘째 어육류(74가지), 셋째 주류 및 초류(54가지)다. 어육류 항목을 따로 둘 만큼 중시한 것으로 보인다. 그러나 어육류 항목에는 면류, 병과류, 채소류에 속하는 것들도 섞여 있다. 그래서 이를 다시 정리해 어육류만 분리하면 44항목이다. 이 중에서 육류 조리법이라고 볼 수 있는 것은 다음과 같다.

생치침채법, 생치잔지히, 생치지히, 별미, 난탕법, 국의 타는 것, 쇠고기 삶는 법, 양숙, 양숙편, 족탕, 연계찜, 웅장, 야제육, 가데육, 개장, 개장고지 누름이, 개장국 누름이, 개장찜, 누른 개 삶는 법, 개장 고는 법, 셕뉴탕(맛질방문), 질긴 고기 삶는 법, 고기 말리는 법, 고기 말리고 오래 두는 법, 닭 굽는 법(맛질 방문), 양 볶는 법(맛질방문), 계란탕법

이 조리서에 나오는 육류 조리법에는 다음과 같은 특징이 보인다.

첫째, 쇠고기 조리법이 많지 않다. 쇠고기 삶는 법이 나오지만, 살코기가 아니라 소의 위인 양을 이용하는 조리법이다. '양숙'과 '양숙편'으로 소양을 삶아 껍질을 벗겨내고 갖은양념을 하여 만드는 음식이다.

둘째, 개고기를 빈번하게 사용했다. 개고기 조리법이 다양하게 나오는데, 개장, 개장고지 누름이, 개장국 누름이, 개장찜, 누른 개 삶는 법, 개장 고는 법으로 무려 6개다. 이 중 개장은 개의 창자에 소를 넣어 만든 일종의 순대 요리로, 이후 《시의전서》에 나오는 돼지고기를 활용한 순대법과 비교해볼 만하다. 개장고지 누름이와 개장국 누름이도 《음식디미방》의 특이한 조리

법이라고 할 수 있다.

셋째, 개고기에 비하여 돼지고기 조리법은 매우 간단하다. 야제육(멧돼지고기) 삶는 법이 두 줄 나오고, 가제육(집돼지고기) 볶는 법이 세 줄 나온다. 당시에는 돼지고기보다 개고기를 더 많이 먹었다고 볼 수 있다.

넷째, 곰 발바닥 요리로 보이는 웅장이 나온다. 물론 일상적으로 먹는 음식이 아니라 특별한 날 먹는 별식이었을 테지만, 이런 조리법이 나오는 것으로 보아 당시 곰 발바닥 요리가 있었음을 알 수 있다.

다섯째, 꿩고기가 요리에 다양하게 사용된다. 생치침채법, 생치잔지히, 생치지히같이 생치(꿩)를 김치나 장아찌 담그는 데 이용하고 있다. 생치침채법은 오이지를 도톰하게 썰고 삶은 꿩고기와 함께 나박김치처럼 담그는 것이고, 생치잔지히는 오이지 껍질을 벗겨 가늘게 채 썰고 꿩고기도 그렇게 썰어서 간장기름에 볶아 천초와 후추로 양념한 것이다. 또 어만두의 소를 만드는 재료로도 다진 꿩고기를 사용하고 있다. 어만두의 경우 생선만두로 생각되지만 조리법에는 육류와 생선의 구분 없이 고기라는 표현을 쓰고 있다. 대구껍질 누름이의 소 재료로도 꿩고기가 들어간다.

《음식디미방》 속 특별한 음식을 몇 가지 더 살펴보자. 먼저 '국에 타는 것'이라는 이름으로 소개되는 것은 맛을 내는 조미료의 일종으로 볼 수 있다. 큰 잔치를 치를 때 가마에 물을 많이 붓고 암탉 서너 마리 정도를 고아서 풀어지면 체에 밭아두고 온갖 음식에 양념으로 쓴다고 했다. 재미있는 것은 '춤새'라는 이름의 요리인데, 이는 참새고기로 젓갈을 담는 방법이다. 《거가필용》의 황작자黃雀鮓가 연상되는데, 참새고기에 소금, 끓인 기름과 술, 천초, 파 등을 넣어 만드는 젓갈로, 반년 정도 두고 먹을 수 있는 저장음식 조리법이다.

한편, 조리법은 나오지 않지만 설하멱적이 언급된다. 산적이나 느르미를 만들 때 "설하멱적 꿰듯이 하라."고 설명한 것이다. 이를 통해 설리적 또는 설하멱적의 조리법이 꼬치에 꿰어 굽는 것임을 다시 한 번 확인할 수 있다.

《규합총서》의 고기 요리들

《규합총서》는 1809년 빙허각 이씨가 엮은 일종의 가정생활 백과다. 조선 후기의 생활상을 알 수 있는 귀중한 사료로, 이 책을 보고 있으면 빙허각 이씨가 실학자이면서 과학자가 아니었을까 하는 생각이 든다. 실용성과 함께 철저한 고증이 돋보이는 책이기 때문이다. 오랫동안 작가와 발간 연대를 알 수 없었으나 1939년 《빙허각전서憑虛閣全書》가 발견되면서 《규합총서》가 이 총서의 1부 내용이라는 것이 밝혀졌다.

《규합총서》는 주사의酒食議, 봉임측縫紝則, 산가락山家樂, 청낭결靑囊訣, 술수략術數略의 다섯 개의 부로 구성되어 있는데, 이 중 음식 조리에 대한 내용을 담은 것은 '주사의'다.

《규합총서》에 소개된 음식의 특징을 꼽자면 크게 두 가지다.

첫째, 단순히 조리법만 나열한 것이 아니라 식재료의 특성, 의학적 효능 등에 대한 문헌을 참조해 주석을 달고 또한 자신의 의견까지 부가했다. 또한, 각 항목의 끝에는 자신이 직접 실행해본 결과 등을 밝혀놓았다.

예를 들어 대표적인 고기구이 요리인 설하멱에 대해 설명하면서 "눈 오는 날 찾는다는 말이니 설이목은 음이 잘못된 말이다."라고 주석을 단 것이다. 또한, 양고기에 대해 설명하면서 "본초에 이르되, 양의 눈은 동자가 없으며, 그 다리뼈 사른 재로 거울을 닦으면 맑아지고 머리뼈는 쇠를 사라지게 한다 하였다."고 참조를 붙였다. 여기의 '본초'는 명대 이시진의 《본초강목》이다.

둘째, 서울 반가음식의 표본이라 할 만하다. 빙허각 이씨는 15세 되던 해 서유본徐有本과 혼인했는데, 그는 명망 있는 소론 가문의 일원이었다. 시아버지 서호수徐浩修와 남편, 시동생 서유구에 이르기까지 모두 이름난 학자이자 문인이기도 했다. 그러니 빙허각 이씨가 남긴 음식들은 당대 반가음식을 망라하고 있다고 봐야 한다.

《규합총서》에 소개된 대표적인 반가음식으로 열구자탕과 족편을 들 수 있다. 열구자탕은 신선로다. 재료만 21가지, 조리 과정은 재료에 따라 어떤 것은 채 썰어 지지고, 어떤 것은 밀가루 옷을 입혀 지져 색 맞춰 담고, 육수를 만들어 붓는 등 복잡하고 손이 많이 가는 화려한 음식이다. 손 많이 가고 모양 좋기로는 족편도 빠지지 않는다. 우족을 고아 콜라겐을 내고 꿩고기를 다져 양념한 것을 섞고, 거기에 또 달걀지단을 넣고 잣가루와 후 춧가루를 뿌려 굳히는 음식이다.

셋째, 당시의 새로운 음식, 즉 외국음식이나 새로 도입된 식 재료를 적극 활용한 음식에 대한 소개도 보인다. 외국음식의 예 로 승기악탕을 들 수 있다. "살진 묵은 닭의 두 발을 잘라 없애 고, 내장을 꺼내 버린 뒤, 그 속에 술 한 잔, 기름 한 잔, 좋은 초 한 잔을 쳐서 대꼬챙이로 찌른다. 박우거리, 표고버섯, 파, 돼지 고기 기름기를 썰어 많이 넣고, 수란을 까 넣어 국을 금중감 만 들 듯하니, 이것이 왜관 음식으로 기생이나 음악보다 낫다는 뜻 이다."라고 소개하고 있다. 여기서 왜관倭館은 통상을 위해 조 선에 머무르던 일본인의 거주 구역으로, 곧 일본음식이라는 뜻 이다.

조선 후기에 도입된 새로운 식품 중 고추가 있고, 고추는 곧 우리 음식의 많은 부분에 스며들었다. 《규합총서》는 고추를 이 용한 우리만의 발효식품 고추장을 활용한 음식도 소개하고 있 는데, 바로 '장볶이'다. 조리법은 다음과 같다. "맛 좋은 고추장 을 고기를 두드려 거른 것과 양이 같게 한다. 꿀을 식성대로 치 고, 파 뿌리 흰 대와 생강을 다져 조금 넣고 기름을 많이 쳐서 숯불에 뭉근한 불로 볶되, 자주 저어 눋지 않게 한다. 기름에 끓 여 스스로 잦을 만하거든 실깨를 조금 넣어 섞어 볶아 쓰라."

쇠고기를 사용한 음식이 그리 많지 않은 《음식디미방》에 비 해, 《규합총서》는 쇠고기 음식이 다양한 것도 눈에 띈다. 대표 적인 고기구이 음식인 설야멱을 비롯해 '진주좌반'이라는 이름의 쇠고기볶음, 우족을 고아 만든 족편, 보양음식의 대명사 쇠꼬리탕은 물론, 소의 창자로 만든 쇠창자순대가 있다. 보통 순대는 돼지나 양의 창자로 만드는데 특이하게 소의 창자를 사용한 것이다. 그 조리법은 다음과 같다. "소의 창자를 안팎을 정히 씻어 한 자 길이씩 베고, 쇠고기와 꿩, 닭고기를 두드려 온갖 양념과 기름장을 간 맞추어 섞어 그 창자 속에 가득히 넣고 실로 두 끝을 맨다. 솥에 먼저 물을 붓고, 대나무를 가로지르고, 그 위에 얹되 물에 잠기게 말고, 뚜껑을 덮어 뭉근한 불로 고아 꽤 익은 후 내어 식거든 말굽 모양으로 저며 초장에 쓰라."

《규합총서》는 가장 많이 읽히고 필사된 조리서다. 1800년대부터 필사본이나 목판본으로 전해지던 책이라 그간 저자와 간행 연대도 밝혀지지 않던 것이다. 또한, 그동안 전통 한식문화를 공부하면서 가장 많이 보고 공부한 책이기도 하다. 《음식디미방》과 더불어, 직접 음식을 만들었던 여성이 직접 쓴 조리서가 있어 다행이라는 생각이 든다.

《조선무쌍신식요리제법》과 《조선요리법》 속 고기 음식

《조선무쌍신식요리제법》은 위관 이용기李用基가 1924년에 쓴 한글 조리서다. 이 조리서는 《임원경제지》의 정조지를 바탕으로, 여기에 새로운 조리법·가공법을 소개하고 외국음식까지 간단히 덧붙여 가히 당대 음식문화를 망라했다 할 만하다. 책 제목의 '무쌍無雙'은 '조선요리 만드는 법으로서 이만한 것은 둘도 없다.'라는 뜻으로, 대단한 자부심을 드러낸다 하겠다. 1924년 초판을 인쇄했고, 1930년에 재판을 거쳐 1936년에는 증보판을 찍었고, 1943년에는 4판을 찍을 정도로 인기가 있었다.

목차를 나열하는 데에만 한참 걸릴 만큼 방대한 음식을 다루고 있지만, 여기서는 육류 조리법에 한정해 살펴보자. 일반적으로 육류는 밥과 떡, 한과, 음청류를 제외하고는 음식을 맛나게 하는 부재료로서 많은 음식에 사용한 것을 알 수 있다. 쇠고기를 특히 좋아하는 민족이지만, 결코 많은 양을 먹는 것이 아니라 음식의 맛을 돋우는 데 주로 활용하는 것이 전통적인 방식이었다.

육류가 중심이 된 요리 중에서도 국물 민족답게 국에 가장 많은 페이지를 할애했다. '국 끓이는 법'에 무려 58종의 국이 나온다. 국의 재료로는 육류, 어패류, 채소, 가금류 등 소위 육해공이 다 출동하지만 특히 육류 국이 많다. 육개장, 곰국, 잡탕, 골탕, 신선로, 전골, 벙거지골, 가리탕 등이 쇠고기를 주재료로 한 국이다. 이외에도 닭국, 개장국, 선짓국, 순댓국이 나온다. 여러 가지 생선으로 끓인 국에도 역시 쇠고기를 부재료로 하여 맛을 내는 것을 볼 수 있다.

고기 조리법의 최고는 역시 적과 구이라고 볼 수 있다. 이 책에서도 '적 만드는 법'이 따로 나오고 18종류나 되는 적 요리─누름적(눌음이, 화양적), 잡누름적, 산적, 사슬산적, 떡산적, 파산적, 송이산적, 닭적, 생치적, 족적, 염통산적, 너뷔안이, 방자구이, 양서리목, 간서리목, 잡산적, 집산적, 장산적─가 나온다. 이

적 요리들은 서로 비슷하기도 하지만 또 다른 조리법의 각기 다른 개성을 가지고 있다. 누름적은 의궤에 화양적이라고 나오는 음식을 일컫는다. 쇠고기, 도라지, 배추, 박오가리를 양념하여 꼬치에 꿰고 밀가루와 달걀을 씌워 굽는 형태다.

여기서 대표적인 고기 음식인 너뷔안이와 방자구이도 등장한다. 너뷔안이는 불고기와 비슷하게 양념을 해서 재웠다가 굽는 것이고, 방자구이는 소금 간만 해서 굽는 것이다. 여러 가지 재료를 꿰어서 만드는 잡산적, 즙 나는 재료에 재웠다가 굽는 집산적, 잡산적을 장에 재워서 만드는 장산적도 나온다. 그 외의 구이 종류로는 갈비구이, 염통구이, 생치구이, 닭구이, 연계구이 등이 있다.

근대기 한국음식의 면모를 살펴볼 수 있는 조리서로는 1939년에 조자호趙慈鎬(1912~1976)가 지은 《조선요리법》이 있다. 이 책은 구한말에서 일제강점기로 넘어오는 시기에 우리 전통음식이 단절될 상황에서 출간되었다. 우리 한식의 진수라고 할 수 있는 궁중음식과 반가음식의 조리법을 대중에게 공개했다는 점에서 의미 있다. 저자인 조자호가 윤비(대한제국의 마지막 왕 순종의 비인 순종효황후)와는 이종사촌으로, 서울 반가의 전통요리에 능숙했기 때문에 가능했을 것이다. 시절식을 비롯한 총 425가지의 음식과 43가지의 음식·의례 상식을 근대적 문체로 상세하게 기술했다. 이 조리서를 통하여 당시 육류가 어떻게 사용되었는지를 살펴보자.

여기서 소개된 고기 요리는 자반류와 포류, 육회와 잡회, 구이 등 다양하다. 약포, 편포, 대추편포, 산포, 장포 등의 포류는 저장음식이기도 하지만 잔치음식으로 많이 쓰였고, 간장과 고추장으로 곱게 다진 고기를 조리듯이 볶아 만든 자반류는 주로 반찬으로 먹었다. 구이 요리로는 갈비구이, 고기너비아니, 염통너비아니, 제육구이, 고기산적이 나오고, 고기와 채소(혹은 떡이나 어류)를 번갈아 꿰어 굽는 산적도 있다.

이런 본격적인 고기 요리 외에도 다양한 음식에서 고기를 맛을 내는 부재료로 활용했다는 점은 《조선무쌍신식요리제법》과 마찬가지다. 이 조리서에는 16종의 김치가 나오는데, 이 중에서 꿩을 사용한 관정자(꿩김치), 닭고기를 넣어 감칠맛을 낸 닭김치가 눈에 띈다. 나물 16종 중 물쑥나물에는 차돌백이편육이 약간 들어가고, 시금치나물에도 볶은 돼지고기가 들어가서 맛을 낸다. 장아찌류 중에서도 무장아찌와 오이장아찌에는 볶은 쇠고기를 넣었다.

잡채류 8종이 나오는데, 이때 잡채는 지금처럼 당면이 들어가는 것이 아니며, 주재료는 쇠고기 정육이다. '잡채2'라고 한 음식의 재료는 전복, 우설(소 혀), 쇠고기 등이고, 족채는 쇠족을 채쳐서 넣고 제육(돼지고기), 편육(쇠고기), 전복 등을 넣어 겨자로 간을 맞춘다. 그리고 겨자선, 탕평채, 구절판 등의 요리에도 육류가 빠지지 않는다. 고기를 많이 사용하지 않는 대신 음식의 포인트를 주는 데 적절하게 활용한 것이다.

전골류 12종과 조치류(찌개류) 9종도 소개되는데, 여기서도 쇠고기가 빠지지 않는다. 두부전골, 갖은전골, 쑥갓전골, 조개전골, 낙지전골, 버섯전골, 채소전골에 다 쇠고기 정육(육수)이 맛을 내기 위하여 들어간다. 조기조치, 계란조치, 명란조치, 명태조치, 게알조치, 민어조치, 비웃조치, 게조치, 숭어조치와 같은 생선찌개에는 전부 다 쇠고기 정육을 넣어서 끓이고 있으니, 쇠고기가 찌개에서 얼마나 중요한 부재료로 쓰였는지 알 수 있다. 이처럼 생선을 주재료로 찌개나 탕을 끓일 때 쇠고기 육수를 쓰는 것이 서울식 조리법이기도 하다.

11장
세계인의
고기 조리법

고기라는 한 가지 식재료를 두고 세계 여러 나라에서 다양한 조리법이 발달했다. 그러나 크게 본다면 서양과 동양의 고기 조리법이 나뉠 것이다. 동양의 조리법도 무척 다양하지만, 말 그대로 육식 문화권이라고 할 만한 서양의 고기 조리법 또한 살펴볼 가치가 있다. 그러나 서양의 고기 조리법을 다 다룰 수는 없고, 국가별로 대표적인 고기 요리 몇 가지만 간단히 소개하려 한다.

우선, 만국 공통의 고기 요리라면 스테이크를 꼽을 수 있다. 보통 쇠고기, 송아지고기, 양고기의 연한 부분을 구운 것으로, 쇠고기를 구운 비프스테이크가 일반적이다. 부위가 중요한데 어깨 부분을 사용한 블레이드 스테이크, 갈비 부분을 잘라낸 립 스테이크, 허리 부분을 사용한 포터하우스 스테이크, 티본 스테이크, 클럽 스테이크가 있으며, 채끝등심을 사용한 설로인 스테이크가 있다.

고기의 나라인 미국의 대표적인 고기 요리를 들자면 햄버거, 핫도그가 있다. 물론 이 음식들은 국경 없이 전 세계인이 즐기는 고기 요리다. 햄버거는 대표적인 패스트푸드이자 프랜차이즈 음식으로 발달했다. 햄버거는 나이프나 포크를 사용하지 않고 쉽게 먹을 수 있는 음식이다. 쇠고기를 다져서 달걀, 빵가루, 볶은 양파 등을 넣고 둥글넓적하게 빚어 익힌 패티를 둘로 가른 둥근 빵 속에 끼워 먹는다. 핫도그는 길쭉한 빵에 소금물로 데치거나 기름에 지진 소시지를 끼운 음식으로, 그 간편함 때문에 가장 미국적인 음식으로 꼽을 만하다. 물론 스테이크도 발달했다. 가까운 캐나다 역시 목축업이 발달한 나라로, 스테이크, 바비큐, 훈제 쇠고기, 육포 등이 유명하다.

세계적인 고기 생산국이자 소비국인 브라질은 주식이 육류로 '추라스코churrasco'라는 요리가 유명하다. 여러 종류의 육류를 각 부위마다 분리하여 1m나 되는 긴 쇠꼬치에 끼워서 구워 먹는 음식이다. 브라질은 또한 아프리카인 이민의 나라로, 흑인 노예들이 주로 먹었던 음식인 '페이주아다feijoada'가 유명하다. 돼지의 꼬리, 귀, 코, 혀, 발 등을 찬물에 담가 냉장고에 보관했다가 소시지 등을 넣고 콩과 함께 푹 삶아서 먹는 음식이다. 가까운 아르헨티나 역시 주식이 고기라고 할 수 있다. 목축업이 발달해 스테이크가 맛이 좋기로 유명하다. 그리고 '아사도asado'가 유명하다. 아사도는 '구이'를 뜻하는 스페인어로, 쇠고기에 소금을 뿌려 숯불에 구워 먹는 아르헨티나식 숯불구이로서 정착했다. 아르헨티나 대평원의 목동인 가우초gaucho들이 먹던 요리에서 유래하여 전통음식이 되었다고 한다.

유럽으로 넘어와 미식으로 유명한 이탈리아의 고기 요리를 살펴보자. 이탈리아식 육류 요리는 숯불이나 오븐에 굽거나 솥에 찌는 등 조리법은 단순하다. 피렌체식 쇠고기 티본 스테이크인 비스테카 알라 피오렌티나bistecca alla fiorentina가 대표적인데, 무게가 1kg을 넘고 T자 모양의 뼈를 중심으로 안심과 등심을 동시에 즐길 수 있는 요리다.

고급요리의 대명사인 프랑스요리에서는 어떤 고기 요리가 있을까? 중세의 일급 요리사인 기욤 타유방이 쓴 최초의 요리책인 《르 비안디》에서는 송아지고기, 쇠고기, 돼지고기, 가금류를 주된 식재료로 썼다. 오리나 거위 간 요리인 푸아그라와 거위고기 조림, 햄이나 스튜, 순대 요리가 유명하다. 돼지고기 훈제품도 많이 먹는다.

독일음식은 잘 알려지지도 않았고 평판도 낮지만 가장 유명한 고기 음식을 대표적인 독일음식으로 자랑한다. 바로 햄과 소시지다. 원래 긴 겨울을 나기 위한 저장음식으로 발달한 소시지는 200~300종류가 있으며 독일 식생활에서 가장 기본적이고 중요한 음식이다. 그 외에 학세haxe와 아이스바인eisbein이 있다. 학세는 돼지 다릿살에 소금을 문질러 살짝 절인 후 채소와 향신료를 넣고 함께 삶은 후 맥주를 발라가며 구운 요리다. 아이스바인은 우리 족발과 비슷한 음식으로 돼지 윗다리 고기를 절였다가 부드럽게 삶은 것으로 얇게 썰어 양념을 곁들여 먹는 음식이다.

영국 역시 음식이 유명하지는 않다. 하지만 연한 안심을 통째로 오븐에 구운 음식인 로스트비프, 그리고 여기에 곁들이는 요크셔 푸딩Yorkshire pudding(요크셔 지방에서 발달한 짭짤한 맛의 푸딩)을 들 수 있다. 영국만의 고기 요리로 돼지고기 파이가 있는데, 돼지고기와 비계 다진 것, 돼지 콜라겐을 섞어 속을 채운 파이다. 이외에 다진 양고기와 양파를 볶아서 그릇에 담고 그 위에 삶은 감자를 으깬 것으로 덮어 오븐에 구워낸 셰퍼드 파이, 양고기 대신에 쇠고기 다진 것을 이용한 코티지 파이도 있다.

오스트레일리아는 목축업이 발달해 쇠고기, 돼지고기, 양고기, 닭고기를 대량으로 생산하며 캥거루, 에뮤, 악어, 물소의 고기도 즐겨 먹는다. 대표적인 요리로는 파이껍질 속에 걸쭉한 쇠고기 요리를 채운 미트 파이와 스테이크, 바비큐를 들 수 있다. 바비큐가 일상적이라 고기 소비량이 세계적으로 많은 편에 속한다. 뉴질랜드에서도 목축업이 발달해 양고기, 사슴고기, 쇠고기의 주요 생산국이다. 따라서 질이 좋으면서도 값싼 육류 요리로 유명하다. 특히 새끼양 요리, 트림포크, 베니손이라는 사슴고기 요리가 대표적이다.

중앙아시아에서 서아시아를 거쳐 북아프리카까지 폭넓게 먹는 고기 요리는 일종의 꼬치구이인 케밥이다. 터키에서는 케밥, 이집트 등에서는 카바브라 불리는 이 요리는 주로 양고기를 쇠꼬챙이에 꿰어 화덕에 굽는다. 이집트에서는 카바브 외에 비둘기 배에 쌀을 넣고 쪄서 굽는 하맘 피르타켄, 닭고기에 향신료를 넣고 삶은 물루키야가 있다. 터키에서는 잘게 다진 고기를 양념과 다양한 식재료로 섞어 모양을 만든 후 구워 먹는 쾨프테도 유명한 육류 요리다.

4부

고기의 과학,
맛있게 그리고 건강하게

오래전부터 여러 인류학적, 사회학적 연구는 인간이 고기를 좋아하여 어떤 일들을 벌였는지, 또 고기를 그렇게 밝히는 것을 막기 위해 어떤 금기들이 있었는지 해명해왔다. 그러나 인간이 그토록 고기를 좋아하고 밝히는 원인, 고기는 왜 그렇게 맛있는가, 혹은 인간은 왜 고기를 맛있게 느끼는가에 대한 해명은 과학만이 할 수 있다. 이 장에서는 과학의 입장에서 맛의 원리로 그 답을 풀어보려 한다.

한편, 고기를 둘러싼 가장 많은 논쟁의 핵심이 되는 것은 역시 고기와 건강의 연관성이다. 고기를 많이 먹는 것이 건강에 좋지 않다는 것은 이제 상식에 가깝다. 그러나 전혀 먹지 않는 것도 건강에 이롭지 않다. 그렇다면 막연히 고기가 건강에 나쁘다는 생각에서 벗어나 건강 측면에서 고기의 문제를 과학적으로 다루어보아야 한다. 고기와 건강의 관계를 실험이나 조사를 통해서 연구해온 과학자들의 성과를 종합적으로 살펴보려 한다.

12장

고기 맛의
비밀

고기는 왜 맛있을까?

문화인류학자인 마빈 해리스는 《음식문화의 수수께끼》에서 세계의 기이한 음식문화를 생태학적 관점에서 설명했다.[90] 대학생 때 이 책을 읽었는데, 1981년 정부가 고기 공급량을 20% 줄이겠다고 발표한 후 폴란드인이 격렬하게 저항했으며, 추운 겨울날 정육점 앞에 몇 시간씩 줄을 설 정도로 고기를 갈구했다는 사실이 충격적이었다. 고기를 즐기지 않는 나로서는 인류에게 고기가 그토록 중요하다는 것을 느낀 계기가 되었다. 해리스는 이를 동물성 단백질의 섭취가 인간의 영양에 매우 중요하며, 인간 집단은 이를 만족시키기 위해 각자의 생태학적 조건 속에서 적응해왔다는 주장에 기초하여 여러 문화가 보여주는 다양한 식습관을 나름대로 해석했다. 매우 흥미로운 설명이었으나, 아울러 나는 인간이 그토록 고기를 밝히는 데는 '맛의 비밀'도 있다고 생각해왔다.

세계인이 고기를 갈구하는 이유는 무엇일까? 평상시 고기를 즐기지 않는 사람도 가끔 고기가 당긴다고 한다. 이유를 물어보면, 고기가 맛있기 때문이라고 대답한다. 그렇다면 사람들을 흥분시키는 고기 맛의 비밀은 과연 무엇일까?

인간이 느끼는 맛은 대개 다섯 가지로 분류된다. 단맛, 짠맛, 신맛, 쓴맛, 감칠맛이 그것이다. 전통적으로 한국에서는 매운맛을 오미에 넣어 생각했다. 그러나 매운맛은 맛이라기보다 통각으로 분류된다. 감칠맛은 비교적 최근에 규명된 맛이다. 과학자들은 감칠맛이 기본 맛에 해당하는지 오랫동안 논쟁했다. 감칠맛이라는 말은 오래전부터 음식이 맛있을 때 썼던 말로, '입에 착 달라붙는 맛'이라는 의미다. 단맛도, 매운맛도, 신맛도, 쓴맛도 아니지만 '맛있음'을 표현하는 데 쓰던 말이다.

'제5의 맛' 이론은 1908년 일본 도쿄제국대학의 이케다 기쿠나에池田菊苗 박사가 다시마의 특이한 맛을 발견, 이 맛을 유발하는 분자를 분리해낸 뒤 '우마미旨味'라고 부른 것에서 시작되었다. 이케다 박사는 인간의 4대 기본 미각을 어떤 방식으로 섞어도 우마미를 낼 수 없다는 이유로, 이것이 또 다른 기본 미각이라고 주장했다. 이것을 기본 미각으로 인정할 것인가를 두고 많은 논쟁이 있었으나, 1985년 하와이에서 개최된 제1회 우마미 국제 심포지엄에서 감칠맛이라는 용어가 글루타메이트와 뉴클레오타이드의 맛을 나타내는 과학 용어로 공인되었다. 현재 감칠맛은 제5의 기본 맛으로 널리 인정받고 있다.

감칠맛은 구아노신1인산GMP, 이노신1인산IMP과 같은 5′-리보뉴클레오타이드와 아미노산인 L-글루타메이트의 맛이다. 감칠맛은 오랫동안 지속되는 혀를 덮는 듯한 수프 또는 고기 맛으로, 군침이 돌게 한다. 감칠맛은 인간과 동물의 혀에 있는 특수 수용체 세포에서 글루타메이트의 카복실레이트 음이온을 감지할 때 느껴지는 미각이다. 이것은 기본적으로 맛의 균형을 유지하고 요리의 전체 맛을 완성한다. 우리는 잘 구운 고기를 입에 넣었을 때 대부분 정말 맛있다고 느낀다. 이 맛이 바로 감칠맛으로, 고기의 단백질이 분해되어 나오는 아미노산들에 의해서 만들어진다. 인간은 모유를 통해 감칠맛을 처음으로 접한다고 하니 감칠맛에 대한 인간의 집착이 얼마나 클지 짐작할 수 있다.

이런 아미노산에는 물론 글루탐산이 영향을 미친다. 그러나 글루탐산은 채소나 다른 식물성 식품에도 들어 있어, 고기 특유의 맛을 결정한다고 보기는 어렵다. 고기에는 채소와 같은 식물성 식품에는 없는 감칠맛 성분이 있는데, 그것이 바로 이노신산이다. 이노신산은 동물 몸의 에너지원이 되는 중요한 물질인 아데노신3인산ATP이 분해되면서 생긴다. 식물들은 움직이지 않으므로 이노신산을 만들지 못한다. 하지만 동물의 근육에는 아데노신3인산이 다량 함유되어 많은 이노신산이 만들어진다.

이노신산은 글루탐산과 함께 핵산 조미료의 핵심 원료다. 채소나 콩 같은 식물성 식품에 글루탐산이 있음에도 고기에 비해 감칠맛이 떨어지는 이유는 고기에 있는 이노신산이 글루탐산과 함께 맛을 최대로 올리기 때문이다. 즉, 이노신산이야말로 고기의 감칠맛 성분의 핵심이다. 우리가 채식을 하다가도 고기가 먹고 싶어지는 이유는 바로 이 이노신산의 감칠맛 때문이라고 볼 수 있다. 이 맛을 느끼고 싶어하는 것이 고기에 대한 맹렬한 욕구로 나타나지 않을까 싶다. 이는 또한 식욕을 증가시키는 역할도 하고 의욕도 생기게 한다. 이렇게 감칠맛 나는 고기가 있다는 것은 먹을거리를 찾고 즐기는 풍요로운 삶을 위한 축복이 되기도 한다. 물론 지나치게 추구하면 또 다른 문제를 낳지만 말이다.

고기의 구성

모든 동물은 근육조직, 결체조직, 지방조직으로 구성된다. 그리고 구조를 만드는 뼈(골격)가 있다. 이 중 주로 식용으로 하는 고기肉는 근육이 대부분으로, 몸 전체의 30~40%를 차지하고 있다. 근육은 횡문근橫紋筋으로, 우리가 먹는 것은 횡문근 중에서도 주로 골격근이다. 내장은 주로 평활근平滑筋으로 이루어져 있다. 이런 근육섬유의 길이와 양은 동물의 종류와 나이, 암수, 노동량, 사료 종류에 따라서 달라진다. 고기가 연하다 혹은 질기다라고 느끼는 것이 주로 이런 특징에 의해서 결정되는데, 나이가 어린 암소가 황소보다 더 연한 것이 그 예다. 그리고 한 동물의 고기 부위에서도 운동을 많이 한 부위는 질기고 등이나 허리 그리고 몸의 가운데에 위치하는 부위는 운동을 적게 해 고기가 연하다.

결체조직은 근육과 근육, 근육과 뼈 혹은 장기를 연결해주는 부위다. 가죽도 일종의 결체조직이다. 결체조직은 콜라겐과 엘라스틴으로 이루어져 있다. 요즈음 피부에 좋다고 각광받는 바로 그 콜라겐이다. 콜라겐을 장시간 물에 넣고 가열하면 젤라틴으로 변한다. 우족의 결체조직이나 가죽을 물에 끓여 젤라틴으로 굳힌 음식이 바로 족편이다.

우리가 고기를 이야기할 때 빼놓을 수 없는 것이 바로 지방이다. 고기의 포화지방은 만성질환의 원인물질이지만 맛을 주는 마블링의 구성물질이기도 하다. 원래 지방조직은 결체조직의 일부로서 세포의 원형질 내에 형성되어 있다. 각 지방세포는 지방 또는 지방구로 채워져 있으며 에너지를 내는 데 쓰인다. 지방조직은 주로 피하, 내장기관의 주위에 다량 침착하여 지방층을 형성한다. 지방조직이 근육 내에 작은 백색의 반점같이 퍼져 있는 것을 마블링marbling이라고 한다. 고기 맛을 평할 때 가장 많이 사용하는 용어가 바로 마블링인데, 마블링이 적당히 퍼져 있으면 고기가 연하고 입에 닿는 촉감이나 풍미 등이 우수하다. 주로 불고기나 전골, 로스구이, 스테이크 등의 건열 조리에 이용하면 좋다.

골격(뼈)은 동물의 나이에 따라 달라진다. 어린 동물의 등뼈는 연하고 분홍빛을 띠지만, 성숙한 뼈는 단단하고 백색이다. 사골을 생각하면 된다. 고기의 근육량에 비해 골격 함유비가 높으면 값이 싸지고, 골격에 비해 근육량이 많은 것이 이상적이다.

고기의 구성하는 영양소

육류는 사람과 마찬가지로 주로 단백질, 지방, 당질, 무기질, 비단백질질소, 비질소화합물, 색소, 효소, 비타민 그리고 물로 이루어져 있다. 육류 내의 단백질 함량은 근섬유의 양에 달려 있으며 보통 20% 정도 함유되어 있다. 식육 단백질은 근장 단백질, 근원섬유 단백질 그리고 육기질 단백질로 이루어져 있다. 근장 단백질은 마이오글로빈과 헤모글로빈 같은 색소 단백질과 효소 등을 말하고 근원섬유 단백질은 전 단백질의 50%를 차지하는 근육구조 단백질로, 근육 수축, 보수성, 결착성과 관련이 깊다. 그리고 육기질 단백질은 콜라겐과 엘라스틴, 레티쿨린과 같은 결체조직 단백질이다.

지방은 육류에 따른 차이가 가장 큰 성분이다. 지방은 조직지방과 축적지방으로 나뉜다. 이 중 조직지방은 거의 모든 동물에서 비슷한데 문제는 축적지방이다. 축적지방의 대부분은 중성지방으로, 동물의 나이나 영양 상태 또는 사육 조건에 따라 변화가 있으며 부위에 따라서도 함량 차이가 있다. 동물을 비육시키면 지방이 피하나 내장 주위의 결체조직에 축적되며 근육 사이에도 지방조직이 생겨 소위 마블링을 형성한다. 근육 속의 지방이 녹는 융점은 구강 내 촉감과 관계가 깊다. 예를 들어 돼지 지방이 소 지방보다 혀에 닿는 촉감이 좋게 느껴지는 것은 융점이 사람 혀의 온도에 가깝기 때문이다.

축산동물의 지방은 주로 올레익산, 팔미틱산, 스테아릭산, 리놀레익산 등으로 이루어져 있다. 동물의 종류와 부위에 따라 구성 지방산이 다르다. 일반적으로 돼지나 닭의 지방은 불포화지방산의 함량이 높아 요오드가가 높고 융점도 높다. 쇠고기 음식은 융점이 낮아 온도가 낮아지면 지방이 쉽게 응고하고 맛도 나빠진다. 쇠고기나 양고기 같은 적색육에 비해 돼지고기나 닭 같은 백색육이 더 건강하다고 하는 이유도 이런 지방산의 구성 때문이다.

육류에는 무기질과 비타민도 많다. 주된 무기질은 인과 철분이다. 이외에도 칼륨, 나트륨, 마그네슘, 칼슘, 아연, 염소 등이 있다. 특히 칼슘, 마그네슘, 아연 등 2가금속이온은 고기의 보수성과 관련이 깊다. 그리고 고기에는 주로 비타민B군이 많이 함유되어 있는데, 특히 돼지고기에는 비타민B_1이 많은 편이다. 비타민B군 이외에도 비타민A와 비타민C가 다량 함유되어 있다. 간과 콩팥에는 비타민B_2가 많으며 다른 부위보다 약 2배의 니아신을 함유하고 있다. 특히 간이 비타민A의 중요한 급원이다.

부위별로 맛있게 조리하는 법이 다르다

이처럼 동물의 종류에 따라, 또 같은 동물이라 해도 부위에 따라 조직과 영양소가 각각 다르기 때문에, 부위에 따라 잘 조리하는 법이 다를 수밖에 없다. 달리 말하면, 적절한 조리법을 적용하기 위해서도 어떤 동물의 어느 부위인지 알아야 한다는 뜻이다. 어떤 동물의 어느 부위인가를 식별하는 척도는 기본적으로 근육의 색과 지방조직의 특성 그리고 지방의 양이다. 도축 직후의 신선한 쇠고기는 검정색이 도는 붉은색인데, 이것이 공기 중에 노출되면서 점차 선명한 붉은색을 띠게 된다. 계속하여 장기간 공기 중에 노출되면 쇠고기는 점차 갈색으로 변한다. 송아지고기는 쇠고기 색보다 연한 분홍색을 가지고 있으며 뼈도 분홍색을 띤다. 돼지고기도 연분홍색을 띠며, 양고기는 진한 붉은색을 띤다. 돼지고기의 지방은 쇠고기나 양고기보다 연하다.

특히 쇠고기는 용도에 따라 적절한 부위를 선택해야 하는데, 부위에 따라 지방 함량이 다르기 때문이다. 이를 한 번 살펴보자.

• 안심 | 갈비 안쪽의 양지머리 위에 붙은 고기. 기름이 많이 끼여 있어 맛이 좋다. 외국에서는 스테이크로 먹는 가장 연하고 맛있는 부위 중 하나다. 우리 음식으로는 구이, 전골이나 산적에 좋다. 안심에 붙은 고기의 일종으로 '제비추리'가 있는데, 이것은 '씨아갈비'(갈비에서 떼어낸 뼈) 사이에 있다.

• 등심(로스) | 등의 척추 양편에 붙은 살로, 하얀 기름이 고기 사이사이에 끼여 있다. 안심과 더불어 구이, 전골, 산적용으로 좋다.

• 채끝 | 소의 등뼈 끝부분 요추에서 바깥쪽으로 형성된 살코기로, 등심과 연결된 부위.

• 우둔 | 볼깃살을 말하며 힘줄이나 지방이 없는, 새빨간 살

덩어리 부분이다. 질기므로 장조림으로 많이 쓴다.

• 홍두깨살 | 우둔과 이어진 살로서 육회에 알맞다.

• 사태살 | 무릎 위에 붙은 살덩어리를 '북사태'라 하는데, 힘줄이 많아서 질기다. 뒷다리 무릎 뒤에 있는 덩어릿살은 '아롱사태'라 한다. 좀 질기지만 장조림과 편육에 좋다. 소금구이용으로도 좋다.

• 대접살 | 소의 사타구니에 붙은 것으로 살덩어리로 되어 있다.

• 도가니살 | 소의 무릎뼈를 도가니뼈라 하는데, 여기에 붙은 살덩이가 도가니살이다. 도가니뼈는 하얗고 단단한 뼈로 연골과 질긴 고기가 붙어 있어서 곰국 끓이는 데 좋다.

• 업진 | 소의 내장 전체를 싸고 있는 살인데 넓은 조각으로 되어 있고, 앞뒤로 얇은 막이 덮여 있다. 편육과 곰국 재료로 많이 쓰인다.

• 양지머리 | 가슴 쪽에 가까운 내장을 싸고 있는 살로, 단맛을 낸다. 맑은장국의 국물은 양지머리뼈와 양지머리에 붙은 홀때기(짐승의 힘줄이나 혹은 살과 살 사이에 있는 얇은 껍질 모양의 질긴 고기)로 끓인다.

• 차돌박이 | 양지머리뼈의 복판에 붙은 기름진 부분. 지방이 희게 박혀 있어 마치 차돌이 박힌 것처럼 보인다고 해서 이런 이름이 붙었다. 편육을 만든다.

• 갈비 | 《아언각비》에서는 우협牛脇을 갈비라 하고, 갈비에 붙은 고기에서 고기만 떼어낸 것을 '갈비색임'이라 한다고 했다.

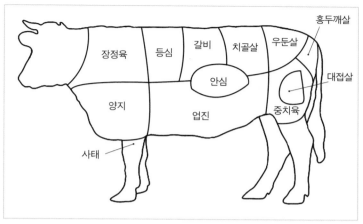

그림 40 쇠고기 부위와 이름

갈비뼈에 붙은 살은 국을 끓이거나 구이용으로 쓴다.

우리 민족은 특히 고기의 내장과 특수부위를 잘 이용했다. 힘줄은 심줄이라고 부르고 혓밑이라 하여 소의 혀밑에 붙은 고기도 알뜰히 먹었다. 꼬리는 주로 고아서 먹고 족도 오래 고아서 족편을 만들어 먹었다. 쇠머리는 쇠머리편육을 만들거나 설렁탕 재료로 썼다. 소의 골과 척추 속의 등골로는 전까지 부쳐 먹었다. 우설牛舌은 연하고 맛도 좋아 편육 재료로 많이 썼다. 염통과 간은 구이나 산적, 볶음 재료로 쓰이고, 양과 천엽은 회나 양즙을 내는 데 사용한다. 콩팥은 팥이나 콩처럼 생긴 모양 때문에 두태豆太라고도 하며 회로도 먹고 볶음이나 구이로도 먹었다. 지라는 비장脾臟을 말하고, 만화는 비장과 췌장을 통틀어 말하기도 하고 때로는 지라를 가리키기도 한다. 허파는 부아라고 하며, 대창과 곱창은 구이와 장국에 많이 사용했다.

어떻게 조리해 어떻게 먹을까

생고기를 육회로 즐기기도 하지만 생육은 세균과 기생충에 감염되기 쉬우므로 주의해서 다루어야 한다. 특히 돼지고기는 더 감염되기 쉬우므로 조심해야 한다. 위생 문제 말고도, 고기를 익히면 맛과 향기가 좋아지고 육질은 연해져 소화도 잘된다. 고기를 조리할 때 가장 중점을 두어야 하는 것은 조리할 고기의 성질을 잘 이해하는 것이다. 동물의 나이가 어리고 운동량이 적을수록 연하고, 따라서 결체조직이 적다. 질긴 고기는 세포막이 두껍고 결체조직 양이 많은데, 조리로 연해지지 않는 엘라스틴을 많이 함유하고 있다.

고기를 가열하면 경도에 영향을 준다. 육류의 단백질은 50도 내외에서 응고되기 시작하며 온도가 높아질수록 응고도 더욱 진행되어 고기가 굳는다. 그러나 콜라겐은 가열하면 가수분해를 일으켜 젤라틴화해 연해진다. 불을 바로 쬐어 굽든 물에 넣어 끓이든 너무 높은 온도에서 조리하면 고기가 지나치게 수축해 질겨진다. 직화로 조리할 때는 낮은 온도에서 익혀야 전체적으로 고르게 익고 덜 오그라들어 부드럽게 조리할 수 있으며 또 고기의 특유한 맛과 향기를 얻을 수 있다.

우리는 전통적으로 고기를 조리할 때 채소를 많이 썼다. 장조림을 만들 때도 고추나 통마늘을 넣고 갈비찜을 할 때도 밤, 감자, 양파, 대추, 버섯 등을 넣어 만든다. 고기를 볶을 때도 버섯, 감자, 당근, 양파, 부추, 파 같은 채소를 많이 사용한다. 요즘에는 빨간색과 노란색의 파프리카를 많이 넣는다. 고기구이를 먹을 때에도 고기만 먹기보다는 상추나 깻잎에 싸서 먹거나 마늘을 함께 곁들여 먹었다.

이렇게 채소와 함께 먹으면, 그 색감으로 식욕을 돋우는 효과가 있을뿐더러 건강에도 좋다. 채소에는 고기에는 부족한 비타민C와 칼륨이 풍부하며, 또한 채소에 많이 함유된 지용성 비타민인 비타민A와 비타민E의 체내 흡수율이 고기의 지방성분으로 인해 높아지기 때문이다. 지용성 비타민을 필요한 곳으로 운반하기 위해서는 단백질도 필요하니 고기와 천상궁합인 셈이다.

게다가 채소 속의 식이섬유소가 고기의 콜레스테롤을 끌고 나가는 역할을 하므로, 특히 고지혈증이 있는 사람은 고기를 먹을 때 채소를 많이 먹어야 한다. 섬유소는 수분을 흡수해 변의 양을 증가시켜 변비를 방지하고 장내 노폐물을 배출시키는 중요한 역할을 한다. 이렇게 장을 깨끗이 해주는 효과로 고기를 많이 먹으면 생긴다는 대장암 예방까지 된다.

따라서 고기 요리는 비타민A가 풍부한 녹황색 채소를 곁들이는 게 좋고, 섬유소가 풍부한 버섯을 함께 먹는 것도 아주 좋다. 가을철, 맛있는 고기와 송이버섯은 그 맛과 향 그리고 건강에도 좋은 궁합이라고 할 만하다. 또한, 삼겹살에 상추나 깻잎을 싸서 먹는 우리 쌈문화야말로 건강 지킴이다.

주로 삶거나 조려 먹는 우리 음식문화에 비해, 서양에서는 고기를 주로 구워 먹었다. 그런 그들이 고기를 먹을 때 빠뜨리지 않는 게 레드와인 한 잔이다. 분위기, 맛과 향에 있어서도 그렇지만 건강 면에서 레드와인과 고기는 궁합이 좋은 편이다. 포도 껍질에는 레스베라톨이라는 강력한 항산화물질이 많은 편이다. 그래서 화이트와인보다 레드와인이 더 좋다. 이 레스베라톨이 동맥의 산화과정을 억제해주고 동맥경화증의 원인물질이 되는 LDL 콜레스테롤의 혈액 내 수준을 감소시키기 때문이다. 그래서 레드와인이 동맥경화증이나 심혈관계 질환을 예방한다고 알려져 있다.

포도 껍질의 항산화 효과를 원한다고 해서 굳이 값비싼 수입 레드와인을 찾아 마실 필요는 없다. 우리 머루포도는 그 껍질이 두껍고 따라서 항산화물질이 훨씬 더 많이 들어 있다. 머루로 담그는 머루주나 복분자주도 고기구이에 좋은 궁합이다.

쇠고기 등급제, 마블링의 비밀

쇠고기를 말할 때 마블링이라는 표현을 많이 쓴다. 붉은 쇠고기 속 하얗게 박혀 있는 지방이 대리석의 무늬처럼 보여 마블링이라 한다. 원래 우리 소의 품질 기준에서는 없던 용어다. 1920년대에 미국의 농무부에서 마블링을 기준으로 품질 평가를 하기 시작했는데, 이 등급제가 일본을 통해 1993년 우리나라에 도입되었다. 이후 우리는 쇠고기에 새하얀 꽃처럼 피어 있는 마블링이 많은 것을 최고의 쇠고기로 여기게 되었다.

마블링 고기가 맛있는 이유는 다음과 같다. 지방은 결체조직 막과 근섬유 덩어리를 쉽게 분해한다. 열을 가하면 결체조직이 쉽게 끊어져 부드러운 식감을 느끼게 한다. 또한 지방은 열전도가 잘 안 되므로 고기를 익힐 때 내부의 수분 증발을 억제한다. 마블링이 많으면 육즙이 풍부하게 느껴지고 육질이 부드럽고 촉촉한 이유다.

현재 고기 품질을 평가하는 방법은 두 가지로 나뉜다. 고기의 도체* 평가는 육량과 육질로 나누어 구분한다. 육량은 A, B, C의 3등급으로 나누고, 육질은 1++, 1+, 1, 2, 3의 5등급으로 나눈다. 흔히 말하는 쇠고기 등급은 육질 등급에 기준을 둔 것으로 흔히 말하는 '투뿔'이 바로 1++ 등급이다. 육질 등급은 지방 함량을 기준으로 예비 등급을 매긴 후 육색, 조직감, 성숙도 등을 평가한 결과다. 그러니까 좋은 고기의 기준이 전체적인 맛보다 지방에 있는 것이다. 이런 지방 기준의 등급 판정은 최근 고기의 지방이 심혈관계 질환을 유발할 수 있다는 점에서 많은 논란의 중심에 서게 되었다.

이렇게 마블링 고기에 높은 등급을 주는 평가 기준에 대한 비판은 일본에서도 일어나고 있다. 일본은 지방 함량에 따라 12등급으로 구분하고, 그 점수로 A1에서 A5까지 5등급으로 나

---

* 도체屠體란 "축산물위생관리법 시행규칙 제2조의 규정에 따라 도살 처리된 소, 돼지, 닭, 오리 등"이다. 소의 도체는 '도축하여 방혈 및 가죽, 머리, 내장, 족 등을 제거하고 좌우 이분등한 상태의 도체'를, 돼지의 도체는 '머리와 족을 모두 절단하지 않고 이분체도 하지 않는 바비큐 등 특수한 경우를 제외하고 소 도체에 준하는 것'으로 규정된다.

눈다. 한국과는 반대로 A5에 가까울수록 근내지방(마블링) 비율이 높다. 최고 등급인 A5등급은 지방 함량이 무려 30%가 넘는다. 고기 색도 백색에 가까울수록 높게 평가한다.

이러한 쇠고기 마블링에 대한 비판으로 새로운 쇠고기 등급 판정 기준이 추진되었고, 2019년 12월 1일부터 쇠고기 1++ 등급 기준에서 근내지방 비중을 줄이고(기존 17% 이상에서 15.6% 이상으로 하향), 육색이나 지방색, 조직감 등 다른 평가항목 비중을 강화하는 쪽으로 바뀐다.

닭고기를 제대로 즐기려면

붉은 살코기에 대한 우려가 퍼지면서 닭가슴살이 건강식 혹은 다이어트식으로 사랑받았다. 국민음식인 프라이드치킨은 말할 것도 없고, 백숙과 삼계탕 등 닭은 전통적으로 한국인이 가장 많이 먹는 육류라 할 수 있다. 그러면, 닭고기는 어떻게 먹어야 제대로 먹는 걸까?

당연히 각각의 조리법에 따라 닭 또한 잘 골라 써야 한다. 미국에서는 닭고기를 다음과 같이 분류한다. 그릴에 굽거나 튀기는broiler or fryer 용도로는 보통 8~12주 키운 닭을, 구이roaster용으로는 3~5개월 키운 닭을 쓴다. 닭을 비롯한 조류 고기를 조리할 때 기본 원칙은 다른 조리법과 별 차이가 없다. 주로 서양식 조리법인 구이나 튀김에서는 어리고 연한 고기가 좋고, 끓이고 삶는 조리법에는 성숙한 질긴 고기가 좋다. 끓이거나 삶을

표 7 닭고기 일반 성분

고기 성분	kcal	수분(%)	단백질(%)	지방(%)	회분(%)
성계	135	72.8	21.0	5.0	1.2
영계	122	72.1	24.9	1.7	1.3
내장	216	65.4	17.6	15.6	1.4
껍질	230	57.3	31.1	10.8	0.8

때는 약한 불에 뭉근하게 익혀야 높은 온도로 인해 섬유질이 질겨지는 것을 막을 수 있다.

닭고기의 구성과 영양가는 쇠고기나 돼지고기 등과 비교해 큰 차이는 없지만, 니아신이 훨씬 많이 들어 있다. 특히 영계의 살코기에는 니아신이 많이 농축되어 있다. 영계는 성계에 비해 단백질은 약간 많으나 지방은 적다. 또 살코기에 비해 내장과 껍질에 지방이 많다. 닭고기는 부위에 따라서 색이 다른데 흰 살은 붉은 살보다 근섬유가 가늘고 부드럽고 소화가 잘 된다. 닭고기는 쇠고기나 돼지고기에 비해 지방이 적고 지방의 융점도 낮아서 맛이 담백하다. 닭의 종류 및 부위에 따른 성분의 차이는 〈표 7〉과 같다.

그러면 닭고기는 어떻게 저장해야 하는가? 일반적으로 조류고기는 구입한 후 되도록 빨리 먹는 것이 좋다. 조육은 살모넬라균에 감염되기 쉬우므로 식중독의 원인이 된다. 남은 것은 냉장고에 저장하고, 2~3일 후 또는 더 오래 두었다 먹고자 할 때는 냉동해야 한다. 냉동 시에는 내장을 제거하는 것이 좋다. 냉동 조육은 냉장고에서 서서히 해동시켜 반쯤 녹았을 때 곧 조리하는데, 급하게 조리해야 할 때에는 찬물에 넣어 녹인다. 해동한 것은 다시 냉동시키지 않는다. 냉동되었던 영계를 조리하면 뼈나 뼈 주위가 거무스레하게 변색되는 것을 볼 수 있는데, 닭 뼈 속 골수 적혈구가 파괴된 것이다. 냉동된 것을 해동하지 않고 바로 조리하면 이런 현상을 감소시킬 수 있다.

고기를 먹으면 건강이 나빠질까

　인류가 고기 섭취를 줄여야 한다는 점은 심각한 당위다. 지나친 고기 섭취가 건강에 해롭고, 지구 환경에도 심각한 영향을 끼치기 때문이다. 동물복지의 차원에서도 육식을 줄여야 한다. 그런데 이 중 고기가 건강에 나쁘다는 지적에 대해서는 좀 더 신중하고 과학적인 접근이 필요하다. 고기를 많이 먹는 경우 고기의 포화지방이 심혈관계 질환의 원인이 될 수 있다는 점은 사실이다. 그러나 적당량의 고기는 인체에 필요한 단백질을 제공한다는 측면에서 건강을 위해 필수적이라는 연구 결과도 많다. 고기, 과연 먹어야 할까 말아야 할까?

현대인은 고기가 건강에 나쁘다고 막연히 생각한다. 이는 육류의 과잉섭취로 인해 만성질환이 증가하고 있는 서구에서 시작된 육식 기피 현상 때문이다. 한국사회에서도 늘어나는 비만과 생활습관병의 주범을 고기로 보는 경향이 있다. 현재 한국인의 평균 육류 섭취량은 세계 평균 정도에 머무르고 있다. 물론 일부 계층의 육류 과잉섭취는 심각한 수준이다. 그러나 한국사회에는 여전히 질 좋은 육류를 필요로 하는 계층도 엄연히 존재한다. 최근 서구사회에서 이루어진 육류 섭취에 관련된 연구들을 살펴보면 대부분 포화지방의 과잉섭취가 문제이지, 적절한 육류 섭취는 오히려 건강에 유익하다고 보고 있다.

그렇다면, 육류를 전혀 먹지 않고 식물성 식품만을 먹는 것은 건강에 이로울까? 소위 몸에 좋다고 하는 그 어떤 식품도, 그것만을 많이 먹는 것은 건강에 해롭다. 우리가 몸에 좋다고 생각하는 비타민, 무기질, 심지어 항산화 작용을 하는 파이토뉴트리언트(식물영양소)도 많이 먹으면 독성을 우려해야 하며, 이를 방지하기 위해 섭취량 상한까지 설정해두고 있다. 오히려 우리가 걱정하는 비만과 생활습관병은 지방이 아니라 탄수화물 과잉섭취에서 오는 경우가 많다. 육류를 제한하면 필요한 열량을 자연히 탄수화물을 통해 충당하므로 섭취량이 증가하게 된다. 과잉의 탄수화물 섭취는 혈당 증가 및 복부의 중성지방 축적을 가져온다. 육류는 지방의 중요 급원일 뿐 아니라 인체 구성에 필수적인 단백질의 중요 급원이다. 단백질이 부족하면 빈혈이나 골다공증, 면역력 저하를 가져온다.

　최근의 다이어트 열풍도 육류를 기피하게 만들었다. 지나친 다이어트로 인해 심각한 빈혈과 생리불순이 나타나고 이로 인해 모성 건강까지 위협받고 있다. 우리 사회는 아직도 육류 섭취가 부족한 임산부, 노인 등 영양불량 계층이 존재하며, 적절한 육류 섭취가 오히려 필요하다. 채식에 기반하는 전통 한식도 식물성 식품과 동물성 식품의 비율을 7~8 대 3~2 정도로 맞춰 왔다. 즉, 동물성 식품과 식물성 식품의 조화에서 건강이 지켜진다고 과거부터 생각했다. 그래서 전통적으로 보양식은 대부분 동물성 식품으로 허약해진 몸을 보하는 것이었다.

고기 단백질은 노인과 어린이에게 특히 필요하다

　고기를 통해 섭취하는 가장 중요한 양분은 단백질이다. 인류의 생존에 가장 필요하고 중요한 물질이었다. 우리 몸을 구성하는 것은 물이 60~70%이고, 약 20%가 단백질이다. 그만큼 단백질은 인간에게 중요하다. 이 단백질을 구성하는 성분이 아미노산인데, 아미노산 중에는 인간 체내에서 합성이 안 되는 것들이 있다. 이를 필수 아미노산이라고 부르며 8종류(이소류신, 류신, 발린, 리신, 메티오닌, 페닐알라닌, 트레오닌, 트립토판)다. 체내에서 합성이 안 되므로 식품을 통해서 섭취해야 한다. 우리가 질 좋은 단백질이라고 부르는 것은 바로 이 필수 아미노산이 균형 있게 들어 있는 식품인데, 일반적으로 고기 단백질에는 필수 아미노산이 균형 있게 들어 있다. 그래서 우리 몸을 건강하게 유지하는 데에 고기 단백질이 필요하다고 권장하는 것이다.

성인이 자신의 소신이나 다이어트를 위해서 채식을 선택한 경우, 이런 필수 아미노산을 잘 따져서 먹는다면 크게 문제되지 않는다. 단지 그런 수고로움과 맛없음을 인내하기보다는 약간의 고기를 먹는 것이 유리하다고 권하고 싶다. 문제는 채식이 위험한 그룹이 있다는 것이다.

먼저, 어린이다. 어린이의 경우는 앞서 말한 8개의 필수 아미노산 외에 아르기닌과 히스티딘이라는 아미노산이 더 필요한 중요한 시기다. 성인과는 달리, 신체의 활동에 필요한 에너지 외에 성장에 많은 단백질이 필요하기 때문이다. 그래서 고기를 통해 질 좋은 단백질을 공급받기를 권장한다. 지금 청소년들의 키가 과거에 비해 거의 10cm 이상 커진 것은 고기 단백질 섭취량이 증가한 덕분이라고 해도 과언이 아니다. 실제로 2~3세 어린이의 경우 체중 1kg당 성인에 비해 단백질 요구량이 2배 많다. 일부 학령군의 저소득 가정 어린이의 식생활 평가를 실시한 연구[91]에서 일반 가정 어린이에게서는 발견되지 않는 특수한 식생활 문제로서 고기, 생선, 달걀, 콩류의 섭취 부족이 나타났는데, 이를 해결하기 위해서는 적극적인 지원 대책이 필요하다.

또 고기가 필요한 이는 노인이다. 나이가 들수록 현저히 육류 섭취량이 떨어지고 있다. 노인이 되면 소화력도 떨어지고 기력도 없어서 고기를 기피하곤 한다. 그러나 단백질 영양을 식물성 식품으로 만족시키기는 너무 어렵다. 섬유소가 많아 위에 부담이 되기 때문이다. 몇 년 전 노인들의 영양 상태와 인지 기능의 관련성을 노인 300여 명을 대상으로 직접 조사[92]한 적이 있다. 그랬더니 고기 같은 단백질 식품을 많이 섭취한 그룹의 인지 기능 점수가 높은 것을 확인할 수 있었다. 노인이 될수록 질 좋은 고기를 잘 조리해 제대로 먹어야 오래, 건강하게 살 수 있다.

그리고 질환을 앓고 있을 경우에도 채식보다는 고기로부터 필수 아미노산을 충분히 섭취해야 한다. 몸에 질병이 생기면 단백질 소모가 커진다. 그래서 질소 균형이 네거티브(-)를 이루게 된다. 특히 화상이나 수술 등의 치료 중인 경우에 질소 균형이 네거티브(-)가 되는데, 새로운 조직 생성과 세포 교체를 위한 단백질이 많이 필요하기 때문이다. 그래서 병원에서도 고단백질 식사를 처방한다. 이 고단백질은 양질의 고기 단백질로 보충되어야 한다. 고기 단백질로써 인체의 각종 효소나 호르몬, 항체를 효율적으로 만들어낼 수 있기 때문이다.

질병을 예방하기 위해서도 단백질 섭취는 필수적이다. 단백질이 부족하면 면역 능력이 저하하기 때문이다. 고기의 질 좋은 단백질은 인체의 면역 기능을 증진시켜 감염 질병에 효과적으로 예방했고 그 효과로 인류의 수명 연장에도 중요한 역할을 했다. 실제로, 몇 년 전 한국 노인들을 대상으로 조사한 연구에서 양질의 고기 단백질을 섭취한 노인들의 면역지수가 더 높게 나타나기도 했다.[93] 또한 양질의 단백질은 혈관 벽을 튼튼하게 해준다. 대개 고기에는 칼슘도 풍부한데 칼슘은 뼈 건강에도 중요하지만 세포의 기능에도 영향을 미쳐 면역력 증진에 도움이 된다. 고기의 지방은 성인병의 원인이지만 단백질은 건강에 필수적이다. 결론은 고기의 포화지방은 피하되 양질의 살코기는 잘 이용하라는 것이다.

아직 고기를 충분히 섭취하지 못하는 한국인이 많다

한국인이 현재 섭취하는 육류의 양은 어느 정도일까? 한국인의 평균 육류 섭취량에 대해서는 여러 가지 자료가 있는데, 자료에 따라서 수치에서 차이가 보인다. 그래서 가능한 한 여러 자료를 참고해보려 한다.

우선, 농촌경제연구원의 《식품수급표》에 의하면, 2015년도 국민 1인당 연간 육류 공급량은 52.9kg(1인 1일당 145.0g)으로 전년보다 1.1kg(2.1%)이 증가했다. 같은 기관의 육류 소비량 조사를 연도별로 살펴보면, 그동안 우리의 육류 섭취량이 놀랄 정도로 변화했다는 것을 알 수 있다.

불과 50년 사이에 고기 소비가 5.2kg에서 47.1kg으로 거의 10배 증가한 것이다. 그러나 이후에는 완만한 증가율을 보이며, 이 기간 동안 식생활의 서구화가 이루어졌다고도 볼 수 있다. 늘어난 육류 소비량은 그 상징인 것이다.

그런데 육류 소비의 구조를 살펴보면 흥미로운 변화가 보인다. 이미 1970년에 돼지고기 소비가 2.6kg으로 전체 소비의

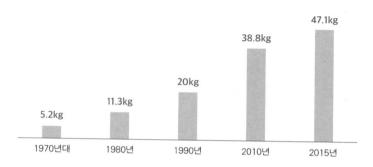

그림 41 **한국인의 1인당 육류 소비량 추이(연간 쇠고기, 돼지고기, 닭고기 소비 총량)**

5.2kg 1970년대
11.3kg 1980년
20kg 1990년
38.8kg 2010년
47.1kg 2015년

50%를 넘어섰다. 2015년의 육류 소비량(국민 1인당, 연간)을 품목별로 살펴보면, 쇠고기는 10.5kg(1인 1일당 28.7g)이 공급되어 전년과 비슷했지만, 돼지고기는 22.4kg(1인 1일당 61.4g)으로 전년보다 0.6kg(2.8%) 증가했다. 닭고기는 10.3kg(1인 1일당 28.3g)이 공급되어 전년보다 3.2% 증가했다. 육류 부산물(살을 제외한 내장 등의 남은 부위)의 국민 1인당 연간 공급량은 9.7kg(1인 1일당 26.6g)으로 전년과 비슷하다.

그러니까 현재 가장 많이 먹고 있는 육류는 돼지고기이고, 쇠고기와 닭고기는 비슷한 수준이다. 1970년대 이후 돼지고기 소비가 급격히 증가했는데, 이는 한우의 수가 감소하자 돼지고기와 닭고기로 소비 패턴을 변화시키려 했던 정부의 정책에 힘입은 바 크다. 이 중에서도 삼겹살 소비량은 전체 소비 육류의 12.8%를 차지해 한국인이 삼겹살을 얼마나 좋아하는지 알 수 있다.

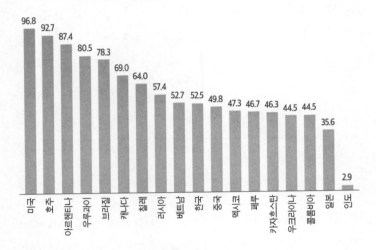

그림 42 **국가별 1인당 육류 소비량(2016년)**[94]   단위 : kg

※ 수치는 쇠고기, 돼지고기, 가금류, 양고기를 다 합친 양이다.

이와 같은 한국인의 육류 소비량은 세계인과 견줄 때 어느 정도의 수준일까? 경제협력개발기구OECD에서 2017년에 발표한 자료를 참고해 정리하면 〈그림 42〉와 같다.

고기 종류별로 소비량이 높은 국가를 살펴보면 다음과 같은데, 경제수준, 종교, 자연 및 역사적 배경 등이 고루 작용하고 있음을 알 수 있다.

- 쇠고기 : 우루과이 > 호주 > 브라질
- 돼지고기 : 유럽연합 > 중국 > 베트남
- 가금육 : 이스라엘 > 미국 > 사우디아라비아

4부 고기의 과학, 맛있게 그리고 건강하게

- 양고기 : 호주 > 카자흐스탄 > 알제리

세계 연간 1인당 평균 육류 소비량은 34.2kg이다. OECD 평균 소비량은 63.5kg이고 한국에서는 51.3kg을 소비한다. 그러니까 한국은 세계 평균보다는 높고 OECD 평균보다는 낮다. 1인당 국내총생산GDP이 3만 달러 이상인 국가에서는 닭고기 소비량이 다른 육류보다 많은 편이다. 한국은 현재 돼지고기 소비량이 가장 높지만, 1인당 GDP가 증가함에 따라 닭고기 소비량이 훨씬 증가할 가능성이 높은 것으로 예상된다. 한편, 1980년에서 2010년까지의 쌀, 육류, 유지류, 설탕류 및 기타 식품의 열량급원 식품의 기여도를 살펴보면 육류의 확연한 증가를 보기 어렵다. 오히려 유지류나 설탕류의 증가가 더 큰 것으로 나타났다.

이렇게 우리나라의 육류 소비량이 OECD 국가 평균 이하임에도 불구하고 육류 식품에 대한 지나친 두려움을 갖는 이유는 무엇일까? 서구에서 과도한 고기 섭취로 인한 나타난 육식 폐해를 우리에게 그대로 적용하기 때문이다. 고기 섭취량 자체의 차이 및 음식문화로 인한 소비 패턴의 차이가 크기 때문에 서구에서 나타난 현상에 지나치게 반응할 필요는 없다. 우리의 육식문화는 고기 자체를 즐기기보다는 채식과 조화를 이루는 세련된 문화다. 육류를 지나치게 나쁜 음식으로 취급한 나머지 건강한 육식문화의 전통이 사라지는 것이 오히려 걱정스럽다.

육류 섭취와 생활습관병

육류 섭취가 기피되는 이유는 무엇보다 만성질환 때문이다. 물론 서구와 같이 육류 섭취량이 권장 섭취 수준 이상을 넘어간다면 당연히 만성질환의 중요한 원인이 된다. 그러나 OECD 평균 섭취량에도 미치지 못하는 우리의 섭취량으로는 확실한 인과관계가 존재한다고 보기 어렵다. 서구에서든 아시아에서든, 대규모 집단을 대상으로 한 육류 섭취와 만성질환에 관한 역학 연구들 역시 그 관련성에 명확한 답을 제시하지 못하고 있다.

기존의 국민건강영양조사 자료를 분석하여 육가공품 섭취 빈도와 대사증후군의 상관관계를 분석한 연구[95]에서도, 육가공품을 거의 먹지 않는 사람들과 일주일에 두 번 이상 먹는 사람들 사이의 신체질량지수BMI*, 허리둘레, 혈액 내 중성지방, 콜레스테롤, HDL-콜레스테롤, 혈압에 거의 차이가 없다는 결과가 나왔다.

또한 과일, 채소 및 육류 섭취와 유방암 발생위험의 상관관계를 환자-대조군 연구로 살펴본 연구[96]에서도, 과일 중에서는 포도, 채소 중에서는 고추 섭취가 유의적으로 유방암의 발생률을 낮추는 보호인자로 밝혀진 반면 육류 섭취는 폐경 전후 여성의 유방암 발병과 유의적인 관련성을 보이지는 않았다. 대구·경북 지역 103명의 유방암 환자와 159명의 대조군을 대상으로 식품

---

* 체중(kg)을 신장(m)의 제곱으로 나눈 값으로, 25 이상을 비만으로 간주한다.

4부 고기의 과학, 맛있게 그리고 건강하게

섭취 패턴을 본 연구[97]에서도 생선류, 육류, 유지류, 유제품의 섭취 빈도에 따른 위험성은 나타나지 않았고 유방암의 위험과 관련된 요인으로는 높은 BMI, 유방암 가족력, 높은 유산 경험과 낮은 모유 수유 경험, 짧은 모유 수유 기간이 원인이라고 했다.

대사증후군과 식이의 관계를 살펴본 또 다른 연구[98]에서 대사증후군 유무에 따른 탄수화물:단백질:지방의 섭취 비율을 살펴본 결과, 2005년의 경우 정상 그룹은 66.6:15.9:17.3으로 이상적인 비율이었으며, 대사증후군 그룹은 68.1:15.4:16.4로서 정상 그룹보다 상대적으로 탄수화물 비율이 높고 지방의 비율은 낮았다. 또한 2007년에는 정상 그룹이 70.1:14.6:15.1인 데 비해 대사증후군 그룹은 71.2:14.4:14.2로, 두 그룹 모두 탄수화물의 비율이 현저히 높았으며, 특히 대사증후군 그룹은 정상 그룹에 비해 상대적으로 탄수화물 비율이 높고 지방 비율이 낮았다고 나타났다. 오히려 지방의 적절한 섭취가 중요함을 시사한다.

성인 여성의 비만 여부와 식품 섭취 수준을 살펴본 다른 연구[99]에서도 비만군에서 칼슘 섭취가 유의적으로 낮고 감자류와 설탕 섭취가 높은 반면, 육류 섭취는 정상군의 76.8g에 비해 비만군은 69.6g으로 오히려 낮아 육류 섭취량이 비만의 원인이 되지 않음을 보여준다. 중요한 것은 균형 잡힌 섭취임을 다시 한번 확인할 수 있다.

대사증후군 증상 중에서도 가장 문제가 되는 인슐린저항성과 식품군 섭취의 관련성을 본 연구[100]에서도, 위험 그룹에서는 남성은 인슐린저항성 유무에 따라 영양소 및 식품군 섭취가 유의적인 차이를 보이지 않은 반면, 여성은 인슐린저항성을 가진 경우 에너지 섭취량이 낮으면서 유지·당류의 섭취가 높았다. 즉 대사증후군의 경우 육류에 의한 지방보다는 간식으로 섭취하는 탄수화물이 더 문제될 수 있음이 시사되었다.

심혈관 질환에서도 육류보다 탄수화물이 더 위험함이 밝혀지기도 했다. 2018년에 독일 뮌헨에서 열린 유럽심장학회European Society of Cardiology에서 흥미로운 연구 결과가 발표되었다.[101] 가공하지 않은 붉은 고기와 지방을 제거하지 않은 유제품을 채소와 과일 그리고 생선과 함께 먹는 사람들이 가장 건강하고 오래 산다는 것이다. 캐나다 맥매스터대학교 영양 및 역학과의 앤드루 멘티 교수는 전 세계에 사는 사람들 21만 8,000여 명을 대상으로 한 기존 연구논문 5건의 조사 자료를 메타분석한 결과 이 같은 결론에 도달했다.

연구팀은 하루에 유제품 3종과 가공되지 않은 육류 120g을 섭취한 사람들이 가장 많은 혜택을 입었다고 밝혔다. 유제품과 붉은 고기를 많이 먹는 사람들은 조기 사망 위험이 25%나 낮아졌으며 치명적인 심장마비가 22% 감소했다고 연구자들은 보고했다. 닭고기나 칠면조와 같은 흰 고기도 비슷한 효과를 나타냈다고 연구자들은 말했다. 이는 임금, 교육, 이외의 다른 건강요인을 모두 보정한 결과로, 연구 결과는 탄수화물보다 포화지방이 더 유익하다고 밝히고 있는 것이다. 고기에 관한 최근의 연구[102]에서도 붉은색 육류는 미량영양소인 셀레늄, 비타민B6, 비타민B12, 비타민D 같은 항암인자를 가지고 있어서 고기와 다른 식사요소 간의 균형을 잘 맞추면 오히려 잠재적인 암 위험도를 낮출 수 있다는 결과가 도출되었다.

그러나 멘티 교수는 많은 양의 유제품과 고기를 섭취하라고 권하지는 않는다고 했다. 즉, 여기서 이야기하는 육류는 가공하지 않은 고기이며, 고기와 유제품을 적당히 섭취하라는 것이지 많이 먹으라는 것이 절대 아니라는 뜻이다.

고기문화의
미래

지난 20여 년간 전 세계 육류 소비량이 두 배 이상 늘었다. 늘어나는 소비량을 감당하기 위해 공장식 사육이 증가했고, 조류독감이나 구제역 같은 가축 전염병에도 취약한 환경이 되었다. 동물들이 음식으로 태어나 음식으로 죽는다고 해도 과언이 아니다.

최근 선진국에서는 동물복지의 사회적 기준이 계속 만들어지고 있다. 기왕 육식을 한다면 건강한 고기, 살아 있는 동안 좀 더 행복했던 고기를 먹겠다는 것이고, 이는 동물을 대하는 태도 변화에서 출발한다. 모피를 반대하는 움직임이나 반려동물을 대하는 태도와도 연결되는 변화다.

전 세계 기아인구는 8억 명 정도이고, 식량 부족은 인류가 직면한 심각한 문제다. 물 부족도 세계적 문제다. 인간은 고기를 먹기 위해 상당한 양의 곡물과 물을 가축 사육에 쓴다. 전 세계가 식량 부족이지만 세계 농토의 3분의 1 이상은 곡물 생산이 아니라 축산에 쓰이고 있다. 유엔식량농업기구 FAO에 따르면, 축산 부문에서 배출하는 온실가스가 지구 전체 온실가스 배출량의 14.5%에 이른다. 축산은 중요한 단백질 공급 산업이지만 다른 한쪽에서는 지구에 다양한 악영향을 끼치고 있다. 육식을 줄이고 채식에 관심을 가지는 것은 단지 입맛의 문제가 아닌 시대적 선택이기도 하다. 육류 소비를 조금만 줄여도 세상이 바뀔 수 있다.

많은 사람들이 건강이나 식성 때문에서뿐만 아니라, 공장식 축산의 폐해를 줄이기 위해서, 동물복지 차원에서, 더 나은 지구 환경을 위해 채식을 선택한다. 그러면 우리 모두가 채식주의가 되어야 할까? 이제 인류가 함께 생활하는 지구라는 공동체 차원에서 고기의 문제를 다루어보자.

14장

육식이 환경을
망친다

2018년 여름, 한반도에서는 보기 어려웠던 연일 40도를 오르내리는 무더위를 겪으면서 많은 사람이 기후변화의 심각성을 한 번쯤 생각해보았을 것 같다. 이미 오래전부터 미국을 비롯한 서구에서는 고기를 좋아하는 식습관이 기후변화에 큰 영향을 미친다는 연구 결과들이 많이 나와 있다. 인간이 배출하는 온실가스* 중 14.5%가 가축에서 유래하는데, 육류 생산이 배출하는 온실가스는 승용차, 트럭, 선박, 비행기 등 모든 운송수단이 배출하는 양과 거의 비슷하다.[103]

미국 미시간대학교 연구팀의 최신 연구[104]에 따르면, 식품 생

---

* 온실가스는 지구 온난화를 일으키는 원인이 되는 대기 중의 가스 형태의 물질이다.

5부 고기문화의 미래

산에서 발생하는 온실가스 배출에서 쇠고기가 차지하는 비중이 가장 큰 것으로 나타났다. 연구팀은 빅데이터 분석을 통해 미국 성인 1만 6,000여 명의 식습관과 300여 가지 식품의 생산이 환경에 미치는 영향을 살펴봤다. 그 결과, 온실가스 배출에 가장 큰 영향을 미치는 사람들은 가장 적게 영향을 미치는 사람에 비해 온실가스를 8배나 더 배출하는 것으로 나타났다. 특히 쇠고기를 많이 먹는 사람일수록 온실가스 배출에 큰 영향을 미치는 것으로 나타났는데, 가장 큰 영향을 끼치는 그룹과 가장 작은 영향을 끼치는 그룹 간의 온실가스 배출량 차이의 72%가 쇠고기 섭취량과 관련이 있었다.

쇠고기가 발생시키는 온실가스는 첫째, 소가 먹는 많은 양의 사료를 만들기 위한 비료 등을 생산하면서 소비되는 엄청난 에너지로 인해 발생한다. 둘째, 되새김을 하는 소들이 트림하면서 메탄을 배출하고 또한 배설물을 통해서도 온실가스가 배출된다. 결과적으로 사람들이 육류를 덜 먹고 칼로리 섭취량을 줄이면 온실가스 배출을 줄일 수 있는 것이다. 특히 고기를 많이 먹는 미국에서 식습관을 변화시키고 식품 생산 과정을 개선하면 온실가스 총 배출량을 10% 가까이 줄일 수 있다고 한다.

그러나 전 세계 인구의 육식에 대한 욕구는 전혀 줄어들지 않고 있으며 부유한 국가의 1인당 고기 섭취량은 계속 증가하고 있다. 지금 추세대로라면 2050년의 개발도상국은 육류 섭취량을 감당할 수 없을 것이다. 19세기 초반의 사람들은 1년간 1인당 평균 10kg 정도의 고기를 섭취했다. 그런데 2013년에는 1인당 1년 평균 육류 섭취량이 43kg으로 늘어났고, 현재의 성장률대로라면 2050년에는 52kg이 될 것이다. 게다가 인구 증가를 고려하면 고기 생산량은 두 배로 늘어나야 할 상황이다.

2050년에 세계 인구를 먹이려면 식량 생산량을 70% 정도 늘려야 한다. 식량을 늘려야 한다고 해서 자원을 육류에 투자하면 더 큰 문제가 생긴다. 육류를 생산하기 위해 가축에게 곡물을 먹이지만, 투입된 사료의 양에 비해 고기로 생산되는 양은 적다. 가축을 사육하는 데에는 많은 낭비가 생긴다. 소의 체중을 0.5kg 늘리기 위해 필요한 사료 곡물은 약 6kg이다. 이미 미국에서는 수확되는 곡물 중의 약 60%가 가축을 사육하는 데에 쓰인다.[105] 사람보다 가축이 곡물을 더 많이 먹어치우고 있는 것이다.

인류는 지금 심각한 물 부족에도 직면해 있는데, 가축을 사육하는 데에는 물도 많이 필요해 물 부족을 악화시키고 있다. 소의 체중 0.5kg을 늘리기 위해서는 약 7,040리터의 물이 필요하다.[106] 과학자들은 약 10년 후에는 인구의 절반 이상이 물 부족에 직면하게 되리라고 경고한다.

15장

공장식 축산의 진실과
동물복지 축산

넷플릭스에서 상영하여 인기를 끈 봉준호 감독의 영화 〈옥자〉
(2017)는 공장식 축산을 고발한 영화로 보인다. 그만큼 공장식
축산에 대한 대중의 관심이 높아진 것일까? 한국에서 공장식
축산은 언제부터 어떤 방식으로 이루어진 것일까? 현대에 들어
서서 전 세계적으로 높아진 동물성 식품의 수요를 충족시키기
위해 좁은 공간에서 여러 마리를 사육하며 빠른 성장을 유도하
는 공장식 축산이 발달했다.

한국에서의 축산정책과 산업화 과정을 간단히 살펴보자.[107]
농업 생산의 자본주의적 발전도 산업화의 경로를 밟는다. 바로
우리 사회에서 이루어진 가축과 그 산물을 생산하는 현대의 축
산업이 그렇다. 이른바 공장식 축산으로 집약되는 산업형 축산

은 농사에서 가축을 분리하고 동물의 대규모 감금 밀사를 확산했다. 공장식 축산은 세계 농업·식량·보건 문제의 관건이 되고 있다. 한국의 축산업도 유사한 상황에 있다.

1980년대에 일부 전업·기업 농장에서 시작된 공장식 축산은 1990년대에 농촌의 축산농에서도 지배적 형태로 정착되어 2000년대 들어 더욱 고도화되고 있다. 목축의 조건도, 전통도 부족했던 한국에서 이처럼 산업축산이 정착될 수 있었던 바탕에는 농업의 산업화를 지지하는 곡물-축산 복합체의 형성과 발전이 있었다. 특히 1990년대 이후 배합사료, 육가공, 소매유통 등 축산식품의 생산과 유통 전반을 지배하게 된 재벌형 농식품 자본이 그런 변화를 주도했다. 1980~90년대에는 미국식 산업축산이 확대된다. 이는 1970년대부터 국내에 도입되기 시작한 미국식 산업축산의 모형이 확대되는 수입개방을 전제로 한국 축산업에 널리 뿌리를 내리면서 '축산혁명'이 전개되었기 때문이다.

그러나 이는 궁극적으로 2008년 '광우병 촛불시위'의 원인이 되었다. 당시의 촛불시위는 한미자유무역협정에 대한 반대뿐 아니라 고기의 안전성에 대한 사회적 관심을 촉발하는 계기가 되었다. 당시 수입산 고기의 안전성 문제에 집중된 국민의 관심은 2010년과 2011년 초의 대규모 구제역 사태를 거쳐 더욱 커졌다. 이후 국내 축산업과 축산식품의 안전 문제가 전 국민의 관심사가 된다.

공장식 축산의 진실

마트나 정육점에 가면 다양한 부위의 돼지고기, 쇠고기, 닭고기가 포장된 채 진열돼 있다. 이 많은 고기는 도대체 어떤 과정을 통해 우리 식탁에 오르는 것일까? 우리가 먹는 고기는 99% 공장식 축산을 통해 생산된 것이라고 한다.[108] 공장식 축산의 목표는 최단 시간 안에 최대 체중으로 성장시키는 것이다. 마치 공장에서 최단 시간에 최대 생산을 하기 위해 좁은 공간에 필요한 기계를 집적시키듯, 공장식 축산에서는 사육 동물들을 최소 공간에 가둬두고 움직임을 최소화한다.

동물보호단체들이 비판하는 공장식 축산의 잔인한 사육 방식의 대표적인 예는 전 세계에서 널리 사용되고 있는 사육 틀과 비윤리적 사육이다. 먼저, 닭의 사육 틀인 배터리 케이지가 너무 작아서 큰 문제로 제기되고 있다. 배터리 케이지는 가로 세로 50cm의 철장으로, 한 케이지 안에 대개 6마리의 산란계*가 들어간다. 이런 좁은 공간에서 닭들은 제대로 움직이지 못한 상태에서 1년 반 동안 알만 낳다가 도축된다. 폐쇄형 케이지에서 사육되는 닭들은 평생 땅을 밟지 못한다. 날개도 한 번 펴보지 못하고, 자연광도 보지 못하고, 옴짝달싹 움직이지도 못하고, 가장 본능적인 행동인 먹이를 찾는 행동, 모래목욕도 하지 못한다. 환기도 되지 않는 곳에서 대규모의 밀집사육 방식으로 닭들을 가두어 키우다 보니 닭들의 분뇨 등으로 인한 위생 문제와 악취

---

* 달걀을 얻기 위해 키우는 닭. 고기를 얻기 위해 키우는 닭은 육계라 한다.

가 심각하다. 닭들은 스트레스를 받아 다른 닭의 깃털을 쪼는 일이 일어나기도 하는데, 이를 방지한다는 명목으로 병아리 때 부리를 자른다.

돼지의 경우도 닭과 크게 다르지 않다. 식용 돼지는 걷기, 뛰기, 땅파기 등의 본능적인 행동이 제한되는 폭 60cm, 길이 210cm의 스톨에서 평생을 산다. 심지어 약해 보이는 새끼를 어미가 보는 앞에서 때려죽이기도 한다. 그나마 살아남은 새끼들이 스트레스로 인해 서로 꼬리를 물어뜯어 염증이 생기는 것을 방지하기 위해 이빨이 뽑히거나 꼬리가 잘린다. 돼지의 도축 방식 역시 비윤리적으로 이뤄지고 있다.

이런 공장식 축산에 대한 문제의식을 가진 이들에 의해 '동물복지' 개념이 등장했다. 1911년 영국의 동물보호법 제정을 시작으로 국가와 국제기구 차원에서 다양한 동물 관련 법제가 만들어지기도 했다. 동물복지란 인간의 필요에 따른 동물 사육을 부정하지는 않지만, 동물이 살아 있는 동안 불필요한 고통을 받지 않도록 해야 한다는 취지로 동물이 정신적·육체적으로 편안함을 느끼도록 환경조건을 개선하는 것을 추구한다. 따라서 이 개념을 적용한 '동물복지 축산'은 영국의 '농장동물복지위원회Farm Animal Welfare Council: FAWC'에서 1993년에 발표한 '동물의 5대 자유'*를 갖도록 사육해 가축의 스트레스를 최소화하는 인도적

---

* 1. 갈증, 배고픔으로부터의 자유, 2. 불편함으로부터의 자유, 3. 고통, 상처 및 질병으로부터의 자유, 4. 정상적인 행동을 표현할 자유, 5. 두려움과 스트레스로부터의 자유.

5부 고기문화의 미래

인 사육 방법이다.

동물들의 권리를 생각하는 동물복지 축산

최근 전 세계적으로 동물복지 수준을 향상시키려는 노력이 진행되고 있으며, 유럽 등 축산 선진국들은 '동물복지 축산농장 인증제도'를 시행하고 있다. 국제수역사무국OIE은 지난 2005년부터 동물복지 인증 가이드라인을 제시하고 있으며, 이를 시행하는 국가에게만 외국에 축산물을 수출할 수 있는 자격을 부여한다. 우리나라에서도 이런 기준에 맞춰 동물복지 축산농장 인증제를 단계적으로 도입하고 있다. 지난 2012년 산란계를 시작으로, 2013년 돼지, 2014년 육계, 2015년 한우, 육우, 젖소, 염소, 2016년 오리의 인증 기준을 설정했다.

그럼, 기존의 공장식 축산농장과 동물복지 농장은 무엇이 다를까. 두 농장의 가장 큰 차이점은 동물을 살아 있는 생명체로 바라보는가의 여부다. 기본적으로 동물복지 축산은 가축의 신체 일부를 훼손함으로써 고통을 주는 것을 금지하고 동물들이 보다 행복할 수 있는 방법을 고민하는 것이라고 할 수 있다. 닭을 예로 들면, 동물복지 농장에서는 산란계들의 본능과 생리적 욕구를 최대한 실현하는 데 초점을 맞춘다. 이를 위해 감금 사육을 금지하고, 부리 다듬기와 강제 털갈이 금지 등의 인증 기준을 갖추고 있다. 더불어 모든 산란계는 자유롭게 돌아다니고 편안하게 휴식을 취할 수 있으며, 바닥에 깔린 짚풀을 통해 모래목욕을 즐길 수 있다.

동물복지 농장에서의 돼지 사육은 스톨과 분만 틀 사용, 이빨과 꼬리 자르기를 금지하는 인증 기준을 갖고 있다. 또한, 소비 촉진을 위해 시행되는 수컷돼지의 거세를 수의사만이 할 수 있도록 해 무분별한 거세를 막고 있다.

16장

지속가능한
고기문화의 미래

　오늘날 먹거리운동의 화두는 '지속가능성'이다. 아마도 우리가 함께 살아가는 지구에서 더 이상 인간들을 충분히 먹일 만한 먹거리가 생산되지 않을 수도 있다는 위기감 때문일 것이다. 우리는 한국인이 당면한 먹거리 문제도 함께 고민해야 한다. 더 이상 밥을 먹지 않아서 쌀 소비가 줄어들고, 우리의 나물문화가 사라지는 상황이다. 육식문화는 정반대의 길로 가고 있다. 고기를 찾는 사람이 점점 늘어나면서 그 인구를 먹이기 위해 공장식 축산의 확대로 인한 동물 학대가 자행되며, 가축이 먹어치우는 사료곡물로 인해 인간의 식량 부족이 심각해지고 있다. 무엇보다 가축을 사육할 때 배출되는 온실가스와 물 부족이라는 환경 문제에 직면해 있다.

이를 해결하기 위해 대체 육류를 제안하는 이들도 있다. 2050년에는 세계 인구가 약 100억 명으로 전망되는데, 이만한 인구를 먹이기 위해서는 진짜 고기 대신 대체 육류가 필요하다는 것이다. 마이크로소프트의 빌 게이츠, 버진 그룹의 리처드 브랜슨, 구글의 세르게이 브린 등 세계 유명 투자자들이 푸드테크 스타트업에 투자 중인 것으로 알려져 이목을 끌었다.[109] 그러나 이 대체 육류가 근원적인 해답이 될 수는 없을 것이다. 그럼, 무엇을 어떻게 해야 할까? 우리 모두 채식주의자가 되어야 할까? 어떻게 하면 고기 맛을 그리워하는 욕구를 충족시키면서도 동물과 인간, 궁극적으로 지구에 해가 되지 않는 육식을 할 수 있을까?

이에 대한 해답으로, 먼저 슬로푸드협회에서 진행 중인 슬로미트Slow Meat 운동에 대해 살펴보자. 슬로푸드국제협회에서는 몇 년 전부터 슬로미트 운동을 전개하고 있다. 이 운동이 왜 필요하고 그 지향점이 무엇인가에 관해서는 다음 선언문을 보면 잘 알 수 있어 전문을 그대로 옮긴다.[110]

슬로푸드는 영농법, 생산 및 소비의 다양한 부분에서 늘 그래왔듯이 10여 년 전부터 육류 소비와 동물복지 분야에서도 최전선에 서 있습니다. 육류의 소비는 서구뿐만 아니라 전 세계 다른 곳에서도 점점 더 지속 불가능해지고 있습니다. 우리 건강은 물론, 우리가 살고 있는 지구의 건강, 농부들의 생활조건, 그리고 증가하는 시장의 요구에 맞추어 매년 도살되고 있는 수십억 마리의 동물들의 측면에서도 지속될 수 없는 것입니다.

이미 저희가 여러 차례 말씀드렸습니다만, 지난 몇 년 동안에는 목소리를 모아 더욱더 큰 소리로 외쳐야 했습니다. 예상대로, 2050년이 되면 전 세계의 육류 소비는 배로 증가하게 될 것입니다. 소비되는 육류가 2억 5,000만 톤에서 5억 톤으로 증가하게 됩니다. 시스템이 붕괴될 수 있습니다.

몇 년 전부터 슬로푸드는 슬로미트 캠페인을 벌여왔습니다. 동물복지를 존중하는 중소 규모 생산자들을 알리고 공동생산자(소비자)들의 더 좋고, 깨끗하고, 공정한the good, clean, fair 소비 습관에 대한 인식을 제고하기 위해 마련된 캠페인입니다. 시스템에 긍정적인 영향을 미치기 위해 우리가 할 수 있는 많은 선택지가 있습니다만 이 캠페인은 다음과 같은 단순하면서도 효과적인 슬로건으로 요약될 수 있습니다.

슬로미트: 좋은 고기를 적게 먹읍시다Slow Meat: Eat less meat, of better quality.

이렇게 함으로써, 우리는 건강, 영농 시스템 및 공기와 토양과 물의 질에 있어서 엄청난 이익을 창출하게 될 것입니다. 슬로푸드는 2년마다 미국 콜로라도주 덴버에서 개최되는 슬로미트 캠페인과 국제 슬로미트 이벤트를 통해 한층 더 좋고, 깨끗하고, 공정한 세상을 만들기 위해 노력하고 있습니다.

고기를 제대로 잘 먹자

캐나다의 과학저널리스트 마르타 자라스키는《고기를 끊지 못하는 사람들Meathooked》[111]에서 건강과 환경, 동물복지의 측면에서 고기의 문제점을 지적했다. 고기를 먹는다는 것에 대해 많은 생각을 하게 한 책이다. 그러나 육식의 심각한 폐해를 지적하면서도, 그녀 역시 온전한 채식주의자가 되는 것은 불가능하다고 보았다. 그녀가 일종의 절충안으로 주장한 것은 플렉시테리언이 되자는 것이다. '플렉시테리언Flexitarian'이란 플렉서블 베지테리언Flexible Vegetarian의 줄임말이다. 말 그대로 융통성 있는 채식주의자로 볼 수 있다. 즉, 채식을 기본으로 하면서 상황에 따라 육식도 하는 느슨한 채식 유형이다.

엄격한 채식주의자가 아닌 세미 베지테리언이 있다. 세미 베지테리언은 채식 외에 뭘 먹고 안 먹느냐에 따라 몇 가지 유형으로 나눈다. 그중 페스코는 채식을 기본으로 유제품, 달걀 그리고 어패류까지 먹는다. 또 다른 유형인 폴로는 페스코가 먹는 것에 조류까지 먹는다. 닭고기를 먹는 치맥을 할 수 있다는 얘기다. 그리고 플렉시테리언은 해산물은 물론 조류, 불가피한 상황에서는 돼지고기, 쇠고기도 먹는다. 아니 안 먹는 고기 없이 다 먹는다. 그러면 왜 채식의 유형에 포함될까 의아해하는 이들도 있을 텐데, 세미 베지테리언이 된다는 것은 채소만 먹는다는 의미가 아니고, 고기도 먹되 적절히 잘 섭취하자는 것이기 때문이다.

나는 우리 민족이 고기를 먹어온 방식이 다름 아닌 이 플렉시테리언이었다고 생각한다. 채식을 기반으로 하되 고기를 조금씩 먹으면서 즐겨온 민족이라는 것이다. 우리는 과거부터 먹어온 그대로 우리 한식을 잘 먹으면 된다. 물론 우리 민족이 고기를 조금씩 먹은 이유는 축산에 적합하지 않은 우리 환경조건 때문이었다. 최근 고기 섭취량이 일부 계층에서 급격히 늘고 있는 것은 부인하기 어렵다. 그러나 전 국민을 대상으로 하는 건강영양조사 결과에 의하면, 우리는 현재 전체 칼로리 중 20% 내외를 지방에서 얻고 있으며 고기 소비량도 1년 1인당 50kg 이내다. 그리고 하루 식품 섭취량의 비율도 식물성 식품 대 동물성 식품의 비율이 70~80% 대 30~20%로 나타난다. 이는 우리 한식 위주의 식사에서 나오는 황금비율이다. 그러니 이것이 깨지지 않으면 된다.

또한, 우리 조상들이 가축을 가족으로 생각하면서 살아왔다는 점도 다시 한 번 돌아보았으면 한다. 3장에서 살펴본 많은 그림을 통해 짐작할 때, 우리 조상들은 가축을 식구로서 생각했던 것을 볼 수 있다. 마당에서 자유롭게 먹을 것을 나누어주면서 키웠다. 물론 지금은 환경이 많이 달라졌고 옛 사육 방식을 그대로 고수할 수는 없다. 그러나 적어도 가축을 가족으로 생각하고 자연친화적으로 길렀던 조상들의 방식을 생각한다면 끔찍한 공장식 밀집사육은 사라지지 않을까 생각한다.

마지막으로 먹는 방식, 즉 조리법을 고민해보자. 우리 조상들이 조리해 먹었던 방식에서 지혜를 얻었으면 한다. 튀기거나 굽기보다는 삶거나 찌는 조리법이다. 지금 한국인이 좋아하는 고기 음식인 설렁탕, 갈비찜, 삼계탕 등의 조리 방식이 좋은 예다. 우리는 이런 음식을 먹을 때 꼭 김치를 곁들이는데 이 또한 좋은 방식이다. 고기만 먹지 않고 여러 가지 채소와 함께 먹는 방식도 권장한다. 고깃국을 끓여도 쇠고기뭇국, 미역쇠고깃국, 육개장, 따로국밥같이 여러 가지 채소를 활용한 채솟국을 끓이고, 고기 음식인 전골도 두부전골, 채소전골같이 여러 가지 채소와 함께 먹는 조리법이 널리 활용되었으면 한다. 우리가 좋아하는 삼겹살구이를 도저히 끊을 수 없다면 상추와 깻잎 같은 잎채소와 함께 쌈을 싸 먹고 마늘과 고추, 부추 등을 적극 활용하여 같이 먹는 방식 말이다. 거기에 우리 고기문화의 미래가 있을 것이다.

고기와 함께한
여정을 끝내며

고기를 둘러싼 이야기를 더듬어보는 긴 여정을 끝냈습니다. 한국인의 고기 역사와 문화, 그리고 과학에 관한 꽤 긴 이야기를 풀어냈습니다. 그러나 마지막 편집을 위해 저에게 돌아온 원고를 다시 읽어보니 부족하고 또 부족함을 절감합니다. 그래도 이제 고기를 향한 제 길고 긴 여정의 마무리를 지으려고 합니다. 돌이켜보면 제가 사랑한 것은 수천 년을 이어온 한국인의 고기문화로, 여기서 파생된 다양하면서도 건강한 고기 조리법과 친환경적인 전통적인 가축 사육법이었습니다.

《고기의 인문학: 미안하고 불안하지만 끊을 수 없는 고기의 매력이 만든 역사》라고 했지만 못 다룬 이야기가 더 많습니다.

특히 우리의 토종 가축류가 이 땅에서 거의 사라지고 있는 아픈 현실을 다루지 못한 아쉬움이 큽니다. 정지용 시인의 〈향수〉에 등장하는 얼룩빼기 황소, 화가 이중섭의 그림에 등장하는 얼룩소, 그리고 힘이 세고 육질이 강해 일소로 통했던 토종 한우 칡소가 일제의 수탈로 인해 이 땅에서 그 자취를 감추었습니다.

하지만 최근에 기쁜 소식을 들었습니다. 꼬리가 긴 닭, 검은 닭, 흰 닭, 얼룩무늬 닭까지 무려 재래 닭의 15가지 색상과 특성을 복원한 파주 현인닭이 국제슬로푸드협회의 '맛의 방주' 목록에 그 이름을 올렸다는 소식입니다. '맛의 방주'는 소멸 위기에 처한 음식문화유산을 찾아 목록을 만들고, 이에 대한 사람들의 관심을 유도해 지역 농업을 활성화하는 전 세계적인 사업으로, 우리나라에서는 울릉도 칡소와 섬말나리, 진주 앉은뱅이 밀, 연산 오계, 제주 푸른콩장, 장흥 돈차 청태전, 제주 흑우, 태안 자염 등이 등록되어 있었는데, 이번에 현인닭이 합류한 것이죠.

또 하나, 동물복지 축산을 하는 농장도 점차 늘어나고 있습니다. 농림축산검역본부가 발표한 '2018년 동물복지 축산농장'으로 인증된 농가는 전년보다 36.6% 증가해 이제 모두 198개 농가에 이른다고 합니다. 동물복지가 중시되고 이러한 축산으로 사육된 동물로 만든 건강한 육가공품들을 생산하는 젊은이들도 늘었습니다. 몇 년 전 파주의 '평화나무농장'에서 1박 2일을 머물면서 건강한 가공 햄과 소시지를 만들었던 추억 또한 잊을 수 없습니다.

　이제 제가 두려움을 안고 세상에 보내는 이《고기의 인문학》
이 환경을 생각하는 건강한 고기 먹기 실천을 위한 희망적인 먹
거리운동에 미약하나마 도움이 된다면 더없이 기쁠 것입니다.

　마지막으로 현재 우리가 가장 많이 먹는 고기 음식인 삼겹살
을 노래한, 제가 좋아하는 시를 소개하는 것으로 이 지난했던
여행을 마치고자 합니다. 고맙습니다.

　　삼겹살을 뒤집는다는 것은

　　　　　　　　　　　　　　원구식

　　오늘밤도 혁명이 불가능하기에
　　우리는 삼삼오오 모여 삼겹살을 뒤집는다.
　　돼지기름이 튀고,
　　김치가 익어가고
　　소주가 한 순배 돌면
　　불쾌한 얼굴들이 돼지처럼 꿰엑 꿰엑 울분을 토한다.

　　삼겹살의 맛은 희한하게도 뒤집는 데 있다.
　　정반합이 삼겹으로 쌓인 모순의 고기를
　　젓가락으로 뒤집는 순간
　　쾌락은 어느새 머리로 가 사상이 되고

열정은 가슴으로 가 젖이 되며
비애는 배로 가 울분이 되는 것이다.

그러니까, 삼겹살을 뒤집는다는 것은
세상을 뒤집는다는 것이다.
모든 것이 살아 움직이는 이 불판 위에서
정지된 것은 아무것도 없다.
너무나 많은 양의
이물질을 흡수한 이 고기는 불의 변형이다!

경고하건대 부디 조심하여라.
혁명의 속살과도 같은 이 고기를 뒤집는 순간
우리는 어느새 입안 가득히
불의 성질을 가진 입자들의 흐름을 맛보게 되는 것이다.
세상이 훼까닥 뒤집혀 버리는
도취의 순간을 맛보게 되는 것이다.

참고문헌

1. 릴리어스 호턴 언더우드, 《언더우드: 조선에 온 첫 번째 선교사와 한국 개신교의 시작 이야기(Underwood of Korea)》, 이만열 옮김, IVP, 2015.
2. 오카다 데쓰, 《돈가스의 탄생》, 정순분 옮김, 뿌리와이파리, 2006.
3. 김종서 외, 《신판 고려사절요 상》, 민족문화추진회 옮김, 신서원, 2004.
4. 윤서석, 《한국음식: 역사와 조리법》, 수학사, 1992.
5. 윤서석, 《식생활문화의 역사》, 신광출판사, 1999, p 93.
6. 윤서석, 〈한국의 자연과 식생활〉, 《한국식생활문화학회지》, 1995, 10(3): 208.
7. 김원룡, 《한국고고학개설》(3판), 일지사, 1986, p 43.
8. 리처드 랭엄, 《요리 본능》, 조현욱 옮김, 사이언스북스, 2011.
9. 고경희, 〈대곡리 암각화에 나타난 신석기 시대 한반도의 식생활문화〉, 《한국식생활문화학회지》, 2006, 21(6): 606-613.
10. 《한국고고학사전》, 국립문화재연구소, 2001.
11. 윤서석, 《한국식품사연구》, 신광출판사, 1974, p. 205.
12. 최남선, 《고사통》, 류시현 옮김, 경인문화사, 2013.
13. 강인희, 《한국식생활사》, 삼영사, 1989.
14. 李盛雨, 《高麗 以前의 韓國食生活史硏究》, 향문사, 1978, pp. 362~363.
15. 주영하 외, 《조선 지식인이 읽은 요리책: 거가필용사류전집의 유입과 역사》, 한국학중앙연구원출판부, 2018.
16. 李盛雨, 《高麗 以前의 韓國食生活史硏究》, 향문사, 1978, p. 364.
17. 김동진, 《조선, 소고기 맛에 빠지다》, 위즈덤하우스, 2018.

18. 박제가, 《북학의》, 안대회 옮김, 돌베개, 2003.

19. 한치윤, 《(신편 국역) 옥유당 해동역사》, 민족문화추진회 엮음, 한국학술정
    보, 2008.

20. 김정호, 《조선의 탐식가들》, 따비, 2012.

21. 유몽인, 《어우야담》, 신익철 외 옮김, 돌베개, 2006.

22. 차경희, 〈조선시대 소고기의 식용과 금지에 대한 고찰〉, 《한국식생활문화
    학회지》, Vol. 30, No. 1 (2015).

23. 차경희, 앞의 책.

24. 차경희, 앞의 책.

25. 안대회 외, 《18세기의 맛》, 문학동네, 2014.

26. Griffis, W. E., *Corea, the Hermit Nation*, W. H. Allen & Co, 1882(그리
    피스 지음, 신복룡 옮김, 《은자의 나라 한국》, 집문당, 1999).

27. W. E. Griffis, 앞의 책.

28. Oppert, E. J., *A Forbidden Land : Voyages to the Corea*, Simpson
    Low, Searle, Marston, and Rivington, 1880(오페르트, 《조선기행》, 일조각,
    1982).

29. 한일비교문화세미나, 《조선만화: 100년 전 조선, 만화가 되다》, 어문학사,
    2012.

30. 內藤八十八 編, 《古蹟と風俗》, 朝鮮事業及經濟社, 1927.

31. 佐佐木正太, 《朝鮮の實情》, 帝國地方行政學會, 1924.

32. 일본 농무성 역, 〈로국대장성 조사〉(1905), 일본 농상무성 산림국.

33. 本間久助, 《朝鮮雜記》, 荀祥堂, 1894.

34. 時重初態, 《韓國牛疫其他獸疫ニ關スル事項調査復命書》, 發行者不明,
    1905.

35. 稲垣乙丙·向坂幾三郎, 《朝鮮農事示教》, 大日本農業獎勵會, 1911.

36. 朝鮮及朝鮮人社 編, 《朝鮮農林畜蠶大鑑(大正十五年版)》, 朝鮮及朝鮮人社,
    1926.

37. 《韓國に於ける農業調査(한국의 농업조사)》(소장처: 일본 국립국회도서관)

38. 유영대, 《판소리의 소설적 전개》, 집문당, 1993, p. 354.

39. 김진영·김현주, 《심청전》, 박이정출판사, 1997.

40. 김진영·김현주·김희찬, 《춘향전 전집1》, 박이정출판사, 1997.

41. 김진영·김현주,《흥보전》, 박이정출판사, 1997.

42. 이성우,《한국고식문헌집성: 고요리서(Ⅲ)》, 수학사. 1992, pp. 843-849.

43. 김진영·김현주·김동건·이성희.《토끼전 전집1》, 박이정출판사, 1997.

44. 김진영·김현주,《적벽가 전집1》, 박이정출판사, 1997.

45. 이성우,《한국식품사회사》, 교문사, 1984.

46. 이성우, 앞의 책.

47. 프레데릭 J. 시문스,《이 고기는 먹지 마라?: 육식 터부의 문화사》, 김병화 옮김, 돌베개, 2004.

48. 이성우,《한국식품사회사》, 교문사, 1984.

49. 원매,《수원식단》, 신계숙 옮김, 교문사, 2015.

50. 마빈 해리스,《음식문화의 수수께끼》, 서진영 옮김, 한길사, 2012.

51. 이성우,《한국식품사회사》, 교문사, 1984.

52. 오카다 데쓰,《돈가스의 탄생》, 정순분 옮김, 뿌리와이파리, 2006.

53. 이성우,《한국식품사회사》, 교문사, 1984.

54. 이성우, 앞의 책.

55. 정경운,《고대일록》, 문인채·문희구 옮김, 서해문집, 2016.

56. 이익,《성호사설》, 민족문화추진회 엮음, 솔, 1997.

57. 이성우,《한국식품사회사》, 교문사, 1984.

58. 정귀동,〈우육용어〉,《한글》5(6), 1937. 6. p. 540.

59. 이성우,《한국식품사회사》, 교문사, 1984.

60. 강인희,《한국식생활사》, 삼영사, 1978.

61. 이성우,《한국식품사회사》, 교문사, 1984.

62. 이옥,〈백운필〉,《완역 이옥전집3: 벌레들의 괴롭힘에 대하여》, 실시학사 고전문학연구회 편역, 휴머니스트, 2009.

63. 프레데릭 J. 시문스,《이 고기는 먹지 마라?: 육식 터부의 문화사》, 김병화 옮김, 돌베개, 2004.

64. 강인희,《한국식생활사》, 삼영사, 1989.

65. 이사벨라 버드 비숍,《한국과 그 이웃나라들: 백 년 전 한국의 모든 것》, 이인화 옮김, 살림, 1994.

66. 바츨라프 세로셰프스키,《코레야, 1903년 가을》, 김진영 등 옮김, 개마고 원, 2006.

67. 끌라르 보티에·이폴리트 프랑댕,《프랑스 외교관이 본 개화기 조선》, 김상희·김성언 옮김, 태학사, 2002.

68. W. E. 그리피스,《은자의 나라 한국》, 신복룡 옮김, 집문당, 1999.

69. 에른스트 폰 헤세-바르텍,《조선, 1894년 여름: 오스트리아인 헤세-바르텍의 여행기》, 정현규 옮김, 책과함께, 2012.

70. 관세청 통관지원국 보도자료, "양고기 수입, 매년 최고치 경신: 최근 3년 146.4% 증가, 지난해 수입액 1억달러 돌파" 2018. 4. 6.

71. "양 꼬치구이는 신장 위구르 음식이지만 1980년대에 처음으로 연길시에 양 꼬치구이가 생겼다"(한식재단 편,《연변조선족 전통음식을 담다》, 2016).

72. 이성우,《한국식품사회사》, 교문사, 1984.

73. 이성우, 앞의 책.

74. 한식재단,《숨겨진 맛 북한전통음식, 첫 번째》, 2013.

75. 편집부,《자랑스런 민족음식: 북한의 요리》(북한연구자료선16), 한마당, 1989.

76. 농촌진흥청 농촌영양개선연수원(현 농촌자원개발연구소),《한국의 향토음식》, 1994.

77. 마이클 폴란,《요리를 욕망하다: 요리의 사회문화사》, 김현정 옮김, 에코리브르, 2014.

78. 박유미, 〈맥적의 요리법과 연원〉,《선사와 고대》 39집, 2013.

79. 박유미, 앞의 책.

80. 정혜경,《서울의 음식문화》, 서울학연구소, 1996.

81. 정양완, 〈'궁중음식과 서울음식' 출현 어휘 해설〉,《서울말 연구》 2호, 박이정, 2003.

82. 이규진,《근대 이후 100년간 한국 육류구이 문화의 변화》, 이화여대 식품영양학과 박사학위논문, 2010.

83. 이규진, 〈문헌에 나타난 불고기의 개념과 의미변화〉,《한국식생활문화학회지》 2010: 25(5).

84. Q. 에드워드 왕,《젓가락》, 김병순 옮김, 따비, 2017.

85. 최남선,《조선상식문답》, 동명사, 1946.

86. 이성우,《한국식품사회사》, 교문사, 1984.

87. 김호, 〈조선 왕실의 약선 '전약' 연구〉,《진단학보》 100호, 2005.

88. 이성우, 《한국요리문화사》, 교문사, 1985.

89. 가사협, 《역주 제민요술》, 고자옥·홍기용·김영주 역주, 농촌진흥청, 2006; 가사협, 《제민요술》, 윤서석 외 옮김, 민음사, 1993.

90. 마빈 해리스, 《음식문화의 수수께끼》, 서진영 옮김, 한길사, 2012.

91. 심재은 외, 〈식사 구성안을 이용한 저소득층 학령기 어린이의 식생활 평가〉, 《한국영양학회지》 2009: 42(8).

92. 정혜경 외, 《한식과 인지기능 연구》(농기평 한식 기능성 연구 사업결과보고서), 2013, p. 67.

93. Haekyung chung et al, "Inflammatory potential of diet is associated with cognitive function in an older adult Korean population", *Nutrition*, 2018, pp. 55-56.

94. https://blog.naver.com/bkwinner/221252254053.

95. 구슬, 〈한국 성인의 육가공품 섭취빈도와 대사증후군과의 관련성: 2007-2008년 국민건강영양조사 자료 분석〉, 《한국영양학회지》 2011: 44(3), 406-415.

96. 도민희·이상선, 〈과일 채소 및 육류 섭취와 유방암 발생위험: 환자대조군 연구〉, 《한국영양학회학술대회발표자료집》, 2002, p. 168.

97. 도민희·이상선, 앞의 책, p. 168.

98. 문현정 외, 〈2005년, 2007년 국민건강영양조사를 이용한 중년성인의 대사증후군 유무에 따른 영양섭취 평가(1)〉, 《한국영양학회지》 2010: 43(1), 69-78.

99. 배윤정, 〈성인여성에서 비만여부에 따른 식사섭취상태 및 식사의 질 평가: 2007-2009 국민건강영양조사자료를 이용하여〉, 《한국영양학회지》 2012: 45(2), 616-623.

100. 송수진·백희영 외, 〈우리나라 성인의 인슐린 저항성과 관련된 영양소 및 식품군 섭취: 제4기 국민건강영양조사 자료를 활용하여〉, 《한국영양학회지》 2013:46(1), 61-71.

101. 유럽 심장학회 (ESC) 의회 2018(발표일: 2018 년 8월 28일) https://www.medscape.com/viewarticle/901331#vp_1.

102. Ferguson, R Lynnette. "Review Meat and cancer", *Meat Science* Volume 84, Issue 2, February 2010, pp. 308-313.

103. Elke Stehfest et al., "Clitemate Benefits of Changing Diet", *Climate Change* 95(2009): 83-102.

104. Martin C Heller, Amelia Willits-Smith, Robert Meyer, Gregory A Keoleian, Donald Rose, "Greenhouse gas emissions and energy use associated with production of individual self-selected US diets", *Environmental Research Letters* 13권 4호, 2018.

105. 마르타 자라스카, 《고기를 끊지 못하는 사람들》, 박아린 옮김, 메디치미디어, 2018.

106. "Meat Atlas", *Friends of the Earth Europe*, January 2014.

107. 송인주, 〈농업의 산업화와 한국의 축산혁명〉, 《농촌사회》 제23집 1호, 2013, pp. 143-192.

108. 조녀선 사프란 포어, 《동물을 먹는다는 것에 대하여》, 송은주 옮김, 민음사, 2011.

109. 글로벌경제신문 2018. 4. 18(http://www.getnews.co.kr).

110. www.slowfood.or.kr.

111. 마르타 자라스카, 《고기를 끊지 못하는 사람들》, 박아린 옮김, 메디치미디어, 2018.